la pratique de l'anglais

MÉTHODES ASSiMiL

Volumes reliés, abondamment illustrés
et enregistrés sur disques, bandes magnétiques ou cassettes

Série « Sans peine »

Le nouvel anglais sans peine
Le nouvel allemand sans peine
Le nouvel espagnol sans peine
L'espéranto sans peine
Le grec sans peine
Le nouvel italien sans peine
Le latin sans peine
Le portugais sans peine
Le brésilien sans peine
Le polonais sans peine
Le japonais sans peine Tome I
Le japonais sans peine Tome II
Le Japonais sans peine Tome III
Le nouveau néerlandais sans peine
Le russe sans peine
Le serbo-croate sans peine
L'arabe sans peine Tome I
L'arabe sans peine Tome II
et livret de phonétique
Le chinois sans peine Tome I
Le chinois sans peine Tome II
L'écriture chinoise
L'hébreu sans peine Tome I
L'hébreu sans peine Tome II
Le suédois sans peine Tome I
Le suédois sans peine Tome II

Série « Perfectionnement »

La pratique de l'allemand
La pratique de l'anglais
La pratique de l'italien
La pratique de l'espagnol
La pratique du néerlandais
Histoires anglaises et américaines

Série « Direct »

Let's start
Let's get better
Let's learn French
Auf geht's
Es geht weiter

Série « Langues régionales »

Le breton sans peine (1 et 2)
Le corse sans peine
L'occitan sans peine
Initiation au breton sans peine

Série « ASSiMiL Loisirs »

Le solfège sans peine (cours en 3 cassettes et un livret)
La guitare sans peine (cours en 2 cassettes et 24 fiches)
Lotolangue (existe en trois langues : anglais, allemand, espagnol)
Le bridge sans peine

Série « Affaires »

L'anglais des affaires
L'allemand des affaires
Le néerlandais des affaires

méthode quotidienne
ASSiMiL

la pratique de l'anglais

par

A. CHÉREL ❄

illustrations de
Pierre Soymier et Robert Gring

ASSiMiL

B.P. 25
13, rue Gay-Lussac, 94431 Chennevières-sur-Marne cedex
FRANCE

ISBN 2-7005-0025-3

Comment utiliser

LA PRATIQUE DE L'ANGLAIS

Destiné en principe aux étudiants qui ont terminé ***L'Anglais sans peine,*** c'est-à-dire qui ont déjà une connaissance passable de la langue, le présent ouvrage a pour but, comme son titre l'indique, de leur faciliter la pratique de l'anglais, en enrichissant leur vocabulaire et en renforçant leur savoir.

Rappelons le mécanisme de l'étude par **l'assimilation intuitive :** lire d'abord le texte anglais, en consultant le français et les notes chaque fois que l'on ne saisit pas bien le sens.

(Naturellement, si l'on possède les disques, les bandes ou les cassettes, **écouter d'abord** en s'efforçant de comprendre sans l'aide des yeux, puis en suivant sur le texte.)

Ensuite, reprendre séparément **chaque alinéa** de la leçon, le lire **à haute voix,** et le répéter aussitôt jusqu'à ce qu'on soit sûr de l'avoir fait fidèlement.

Il ne s'agit aucunement d'apprendre par cœur, *mais seulement de répéter, immédiatement le court* *texte qu'on vient de lire à haute voix, et dont on comprend bien le sens.*

Double avantage de cet exercice facile, et qui caractérise la méthode d'**assimilation intuitive :**

1) *On en vient* **automatiquement** *à associer sans traduction les tournures de phrases étrangères et leur signification, c'est-à-dire à* **penser dans la langue étudiée.**

2) *Les mots et les expressions les plus usités, se rencontrant le plus souvent, se fixent les premiers et le plus fortement dans la mémoire, ce qui assure le* **développement naturel et logique** *de votre savoir.*

Une fois arrivé à la fin du livre, on recommencera, en traduisant, cette fois chaque alinéa de français en anglais, et si possible par écrit.

L'expérience nous permet d'affirmer que cette méthode d'étude, **associée à l'audition répétée des disques,** dont les inflexions vivantes et pittoresques frappent l'esprit, **est absolument infaillible.**

Innovation agréable : les enregistrements qui correspondent à ***La Pratique de l'Anglais*** comportent plusieurs de ces chansons populaires qui font partie du patrimoine national de la " vieille Angleterre ".

A partir de la 26e, les leçons ont été enregistrées par des artistes américains, ce qui permet de se rendre compte des différences de prononciation, et de s'entraîner à mieux comprendre le " twang " de nos amis d'outre-Atlantique.

Nous avons jugé superflu de reproduire ici la liste des verbes irréguliers, qui se trouve à la fin du ***Nouvel Anglais sans peine.***

Chaque septième leçon est consacrée à la révision et aux notes, auxquelles renvoient les indications, telles que **(N. 1)** *dans le texte.*

First (1st) Lesson

Just to make sure of it

1 I found my pretty cousin, as her mother had suggested, in the stable-yard.

2 The bonnet of her little car was open, and she and Plunkett—my uncle's chauffeur *—

3 were occupied *, as far as I could judge, in diagnosing a case of engine (1) trouble.

4 " Hullo! " she called out (2), as I came nearer " you are just in time to help. "

5 " What's the matter with Emma? " I asked. For Emma is the name of my pretty cousin's little car—

6 or, rather, the name which she has chosen to bestow * on it.

7 " Nothing ", she answered, " She (3) just won't start. "

8 " I should hardly call that nothing ", I ventured * to observe *.

PRONUNCIATION. — Chauffeur : shoffër. — occupied : okkioupàïd. — bestow : bistôou. — ventured : vé'ntchiërd'. — observe : obzërv'. — blood : bleudd'. — released : rilîs't. — push : poush'. — impatiently : i'mpée'shë'n'tlé. — climbed : clàï'm'd. — Sisyphus : sissifeuss. — showers : shàouërz. — beneath : binîf. — undoubtedly : eun'daoutëdlè. — manage : mà'nèdge. — exhaust : egg'z'hosst'. — minutes : minnit's. — sufficiently : seufishë'n'tlé. — savagely : sàvédj'lé. — direction : dirèk'sh'n. — missed : miss't. — fetched : fèt'cht'.

SIMPLEMENT (JUSTE) POUR S'EN ASSURER

1 Je trouvai ma jolie cousine, comme sa mère l'avait laissé entendre (avait suggéré), dans la cour de l'écurie.
2 Le capot de sa petite auto était ouvert, et elle et Pl., le chauffeur de mon oncle,
3 étaient occupés, autant (aussi loin) que je pouvais *en* juger, à diagnostiquer un cas de dérangement du (de) moteur.
4 Ohé! s'écria-t-elle, comme je m'approchais. Vous êtes juste à temps pour *nous* aider.

1A

5 Qu'est-il arrivé à (Qu'a) Emma? demandai-je. Car Emma est le nom de la petite auto de ma jolie cousine.
6 ou, plutôt, le nom qu'elle a décidé (choisi) de lui conférer.
7 Rien, répondit-elle. *C'est* simplement (juste) *qu*'elle ne veut pas partir.
8 Je ne dirais pas que ce n'est (je n'appellerais guère cela) rien, me risquai-je à observer.

ooooooooooooooooooooooooooooooooooooooo

(1) To diagnose (dàïë) : to make a diagnostic (daïëgh'-nosstic). — **Engine** *désigne le moteur lui-même,* et **motor,** *la voiture* (motor-car). Did you come by motor? *Etes-vous venu en auto?* We had **engine trouble** on the way : *Nous avons eu des ennuis de moteur en route.* — A **breakdown**? *Une panne?*

(2) She **called out** *désigne un plus grand effort de voix que simplement :* she called.

(3) She, *Emma, la voiture personnifiée. D'ailleurs, le féminin s'emploie couramment pour les bateaux, ainsi que pour les autos :* Are you pleased with your car? — Yes, she runs **very** nicely.

9 " I mean to say (4), it's a bit of a drawback sometimes—where a car is concerned. "

10 " Funny! " said my pretty cousin scathingly (5). " Now, just for a punishment,

11 you shall have a go at swinging (6) her over. "

12 " But what's the self-starter for? " " You'd (7) better ask the makers ", said my pretty cousin.

13 " Hurry up, we're all waiting. "

14 So I bent down, grasped the starting handle, and rotated (8) it with the utmost violence.

15 Emma danced about on her springs and the blood * nearly burst through the top of my head,

16 but not so much as a solitary explosion did she vouchsafe (9).

9 Je veux dire, c'est un peu gênant (un inconvénient) quelquefois, quand il s'agit d'une voiture.
10 De l'esprit (drôle!) dit ma jolie cousine, méchamment. Eh bien, simplement, comme (maintenant, juste pour une) punition,
11 vous allez essayer *un peu* de me la démarrer (balancer par-dessus).
12 Mais pourquoi *faire* est le démarreur? — Vous feriez mieux de le demander aux fabricants, dit ma jolie cousine.
13 Dépêchez-vous, nous vous attendons, tous.
14 Alors (Ainsi), je *me* baissai, empoignai la manivelle et lui *imprimai un mouvement de rotation* avec la pire violence.
15 Emma chaloupa (dansa de-ci, de-là) sur ses ressorts, et le sang faillit me jaillir du (éclater à travers le) sommet de la tête,
16 mais elle ne daigna même pas répondre par la moindre explosion (mais elle ne daigna pas accorder autant qu'une explosion solitaire).

oooooooooooooooooooooooooooooooooooooooo

(4) I mean to say *est un pléonasme*; I mean, *suffirait au sens; mais l'expression est passée dans l'usage populaire.*

(5) Scathing (skè'e'*v*ign), scathingly : *mordant, avec méchanceté, sont les seules formes usitées de* to scathe, *qui signifie* to damage (dàmèdj'), to harm, *et a la même origine que l'allemand* schaden.

(6) Have a go at it : Have a try : *Essayez voir un coup.* — To swing : *balancer, se balancer*; to swing over : « *balancer par-dessus* » : *faire tourner*, ici : *démarrer.* — A swing : *une balançoire.* En boxe, *un coup à la volée.* — What you win on the swings, you lose on the roundabouts (*locution proverb.*) : *Ce que vous gagnez sur les balançoires, vous le perdez sur les manèges,* c'est-à-dire, *Ce qui vient de la flûte s'en va par le tambour* (*Ce qu'on gagne d'une part, on le perd de l'autre*). — The feast was in full swing : *la fête battait son plein.*

(7) You'd, *abréviation de* you had. — You had better wait (*ou simplement* Better wait) till the storm blows over : *Vous feriez mieux d'attendre que l'orage se passe.*

(8) To rotate : to revolve (*d'où* revolver, « *pistolet qui tourne* ») : to gyrate (djaïrét'). or simpler and better : to turn.

(9) To vouchsafe (vàoutch'sèe'f) : to condescend to grant. — She vouchsafed no answer : *Elle ne daigna pas répondre* (She did not deign (dén') to reply).

17 " Just as I thought ", was my cousin's only comment **(N. 1)**, as I released* the handle,

18 and staggered back, overcome with giddiness **(10)**.

19 " I'm afraid you'll have to give her a push *. " " All right ", I said. And then: " Hullo! What's happened to Plunkett? "

20 " He's gone ", said my cousin. " I told him—" " Yes, but—"

21 " Oh, come on ", she said impatiently *. " It won't hurt you to shove **(11)** Emma a few yards. "

22 I took off my coat, while she closed the bonnet again and climbed * **(N. 2)** into the driver's seat.

23 " Now, then ", she said.

24 I went round to the back and began heaving **(12)** like Sisyphus * himself.

25 " Just a second ", my pretty cousin called over her shoulder.

26 " I'd forgotten the hand-brake. " I bent down once more.

27 The gravel came in showers* from beneath my shoes, but this time Emma was undoubtedly * moving.

28 " That's right ", shouted my pretty cousin. " A bit faster, if you can manage * it. "

29 I tucked in **(13)** my head, shut my eyes; clenched my teeth, and began to run.

17 C'est bien ce que (Juste comme) je pensais, *tel* fut le seul commentaire de ma cousine, comme je lâchais la manivelle (poignée)
18 et me *redressais* en chancelant, en proie à (conquis « avec ») *un* étourdissement.
19 Je crains *bien* qu'il vous faudra lui donner une poussée. Très bien, dis-je. Et puis : Tiens ! Où est donc passé (qu'est-il arrivé à) Plunkett ?
20 Il *s'en* est allé, dit ma cousine, je lui ai dit... — Oui, mais...
21 Oh allez-y ! dit-elle impatiemment. Ça ne vous fera pas de mal de pousser Emma quelques mètres.
22 J'ôtai mon veston tandis qu'elle refermait le capot et se mettait au volant (grimpait à la place du conducteur).
23 Eh bien, voyons (maintenant alors), dit-elle.
24 Je passai (autour au) derrière, et me mis (commençai) à pousser comme Sisyphe lui-même.
25 Une petite (Juste une) seconde, cria ma cousine par-dessus son épaule.
26 J'avais oublié le frein à main. Je m'y remis (me penchai de nouveau).
27 Le gravier jaillit (vint en averses) de dessous mes souliers, mais cette fois-ci, Emma s'était, sans aucun doute indubitablement), mise en mouvement.
28 C'est cela ! cria ma jolie cousine. Un peu plus vite, si cela vous est possible.
29 Je renfonçai la (ma) tête, fermai les (mes) yeux, serrai les (mes) dents, et me mis à courir.

ooooooooooooooooooooooooooooooooooooo

(10) Stagger (st**agh**'ër) : *chanceler*, ou *faire chanceler*, ébranler. — The loss of his wife was a st**a**ggering blow to him : *La perte de sa femme lui porta un coup terrible.* — G**id**dy (gh**i**dé) : dizzy, I feel g**i**ddy *ou* d**i**zzy : *La tête me tourne.* — *Locut. famil.* : Don't play the g**i**ddy goat. (*Ne joue pas la chèvre étourdie*) : *Ne fais pas l'imbécile* (Don't play the fool).

(11) To shove (shöv') : to force or push al**o**ng. — To shove off : to push a b**oa**t from shore.

(12) To heave (hîv') : *faire effort pour pousser, ou soulever ou tirer.* — H**ea**ve ho! *Oh hisse!* — She h**ea**ved a sigh of reli**e**f (rilîf) : *Elle poussa un soupir de soulagement.*

(13) Tuck in your h**a**ndkerchief : *Rentrez votre mouchoir.* — He clenched his teeth, his fists : *Il serra les dents, les poings.*

30 " Pop " went **Emma**'s exh**au**st *. " Pop-pop! " And then, s**ud**denly: "P-p-p-pop, Bang! "

31 And as I scr**am**bled up **(14)** from where I had f**a**llen he**a**vily on my knees,

32 I was just in time to see the l**it**tle car v**a**nish-ing r**ou**nd the c**or**ner—

33 Ab**ou**t f**i**ve min**u**tes * l**a**ter, when I had c**oo**led down suff**i**ciently * to res**u**me **(15)** my c**oa**t,

34 I was st**ar**tled by the harsh shr**ie**k **(16)** of an el**ec**tric horn,

35 and the l**it**tle car c**a**me d**ash**ing back **(17)** ag**ai**n, swerved s**a**vagely * in my dir**ec**tion *,

36 m**iss**ed * me, and f**et**ched * up **(18)** in the c**oa**ch-h**ou**se with a shr**ie**k of **ag**ony from the h**a**stily-appl**ie**d br**a**kes.

37 The r**oa**r of its **en**gine died abr**up**tly aw**ay**, and my co**us**in—l**oo**king rem**ar**kably cool—came w**al**king t**ow**ards me.

38 " There ", she said, with a s**ou**nd of satisf**ac**-tion. " That's all r**igh**t. "

30 Teuf ! fit (alla) l'échappement d'Emma. — Teuf, teuf ! Et puis, soudain(ement) : T.t.t. teuf, Bang !

31 Et comme je me relevais *péniblement* d'où j'étais tombé lourdement sur les genoux,

32 je fus juste à temps pour voir la petite voiture disparaître au tournant (autour du coin)...

33 Environ cinq minutes après (plus tard), alors que (quand) j'étais (j'avais) suffisamment rafraîchi pour reprendre mon veston,

34 je tressaillis (fut secoué par le) cri strident d'un klaxon (d'une corne électrique),

35 et la petite voiture revint en vitesse, fit une embardée sauvage dans ma direction,

36 me rata, et alla s'arrêter pile dans la remise aux voitures, avec un cri d'agonie des freins hâtivement serrés (appliqués).

37 Le rugissement de son moteur mourut soudain, et ma cousine, la mine remarquablement fraîche, s'avança vers moi.

38 Là, dit-elle d'un ton (avec un son) de contentement, ça va bien.

oooooooooooooooooooooooooooooooooooooooo

(14) To scr**am**ble up : *se lever en s'aidant des mains.* — To scr**am**ble out of bed : *sortir du lit précipitamment (en dégringoler).* — *Il y a aussi idée de lutter, se débattre. Ainsi* : She lost her h**and**bag in the scr**am**ble : *Elle perdit son sac à main dans la mêlée.* — Scr**am**bled eggs : *des œufs brouillés.*

(15) To res**u**me (rizi**ou**m') *n'est pas* résumer, *mais reprendre.* — To res**u**me our talk... *pour reprendre notre conversation...* — To sum up our talk : *pour résumer notre conversation.*

(16) Progression : to call, *appeler*; to call out, to cry out : *appeler fort, crier*; to shout : *crier fort*; to shri**e**k (shr**î**k), to scr**e**am (skr**î**m) : *pousser des cris aigus, déchirants.*

(17) The w**a**ves dashed ag**ai**nst the rocks : *les vagues se jetaient sur les rochers.* The w**a**ves dashed him ag**ai**nst the rocks : *Les vagues le jetèrent contre les rochers.* — Dash! *est aussi une forme atténuée de* Damn! (dam') : Well, I'll be dashed! — *Mince, alors!* — A dash : *un tiret.*

(18) To fetch up : *s'arrêter brusquement*; to draw up : *s'arrêter* (to come to a stop).

1st LESSON

39 " But aren't you going out? " I **as**ked. "Do you **mea**n to say—"

40 " Why? " she inter**rup**ted. " Did you hope I was **lea**ving you? "

41 " No, of course not. But—" " I **on**ly **wan**ted to **ma**ke sure that I *could* start her ", she expl**ai**ned.

(**Af**ter Denis Mackail, in *How amusing*. - William Heinemann Ltd., London, **pub**lishers.)

oooooooooooooooooooooooooooooooooooooooooo

EXERCISE. — (*Phrases détachées, pour la pratique; lisez-les d'abord attentivement, puis exercez-vous à les traduire de l'anglais en français, et ensuite du français en anglais.*) — **1** As far as I can see, you did it just to pl**ea**se yours**el**f. — **2** If you ch**oo**se to go, pl**ea**se let me know in good t**i**me. — **3** I should h**ar**dly go with**out** inf**or**ming you. — **4** You had b**et**ter be c**a**reful, be**cau**se of your l**iv**er trouble. — **5** Don't give up! Have an**oth**er go at it! — **6** I can m**a**ke n**oth**ing of it; I c**an**not grasp it. — **7** He was **o**vercome with grief. — **8** I think that would be beneath you. — Und**ou**btedly. — **9** Tuck your scarf **in**side your coat. — **10** His m**oth**er still tucks him in **ev**ery night. — **11** Do you think I am going to fetch and c**a**rry for you?

39 Mais, est-ce que vous ne sortez pas? demandai-je, voulez-vous dire...
40 Comment (Pourquoi)? *m'*interrompit-elle, espériez-vous que je vous laissais?
41 Non, bien sûr *que* non. Mais... — Je voulais seulement m'assurer que je pouvais *bien* la faire partir, expliqua-t-elle...

(D'après Denis MACKAIL, dans *Comme c'est amusant*. - W. Heinemann Ltd., éditeurs.)

Dans le français, nous mettons en *italique* les mots qui ne correspondent pas à la traduction littérale, et (entre parenthèses) la traduction littérale des mots anglais, afin de vous faciliter les exercices de retraduction.

Les mots marqués d'un astérisque (*) sont ceux dont la prononciation est figurée sous le titre **Pronunciation** (proneu'nciésh'n).

Pour les lettres en gras, V. 7e leçon.

OOOOOOOOOOOOOOOOOOOOOOOOOOOOOOOOOOOOOOOO

1 Autant que je puisse voir, vous l'avez fait simplement pour votre plaisir. — **2** Si vous vous décidez à y aller, veuillez me *le* faire savoir en temps utile. — **3** Je n'irais *sans doute* (guère) pas sans vous *en* informer. — **4** Vous feriez mieux d'être prudent, à cause de votre (dérangement *du*) foie. — **5** N'abandonnez pas! Allez-y encore un coup! — **6** Je n'y comprends rien; je ne peux *rien* y saisir. — **7** Il était accablé de chagrin. — **8** Je pense que cela serait indigne (au-dessous) de vous. — Sans aucun doute. — **9** Rentrez votre écharpe dans votre pardessus. — **10** Sa mère le borde encore tous les soirs. — **11** Croyez-vous que je vais me plier à toutes vos fantaisies (Aller chercher et apporter pour vous)?

Second (2nd) Lesson

There's fate for you!

1 " Why didn't Bertha * marry that soldier * boy she was so keen (1) on? "

2 " Bertha Flight? " " Yes. I heard of her yesterday as Mrs. Dukes,

3 but the last I saw of her, in the dark ages, she was going to be Mrs. Custer. "

4 " I can tell you that. She told me the whole story. You know how casual * she is.

5 Well, when Francis Custer went up for (2) his exam he asked her for something to help him through or to give him confidence.

6 What we should call a mascot now, but the word wasn't known then.

PRONUNCIATION. — Bertha : **beur***fë*. — soldier : **sôl**'djiër. — casual : **ca**jouël. — **sov**ereign : **sov**'ri'n. — Eustace : **ioûss**'tëss'. — **cup**board : **keub**bëd. — creature : **crît**'iër. — colonel : **kërn**'l. — assure : ës'**shour**. — nourishing : **neu**rishign'. — gracious : **gré**sheuss.

LE VOILA BIEN, LE DESTIN!
(Voilà *le* destin pour vous!)

1 Pourquoi Berthe n'a-t-elle pas épousé ce jeune militaire (ce soldat garçon) dont elle était si entichée?
2 Berthe Fl.? — Oui. J'ai entendu *parler* d'elle hier comme *de* Mme Dukes,
3 mais la dernière *fois* que je l'ai vue, dans les temps reculés (les âges sombres) elle allait être Mme Custer.
4 Je peux vous le dire. Elle m'a raconté toute l'histoire. Vous savez combien elle est négligente (casuelle).

5 Eh bien, quand Fr. Cust. se présenta à (monta pour) son examen, il lui demanda quelque chose pour l'aider à *passer* (à travers), ou pour lui donner confiance.
6 Ce que nous appellerions un porte-veine (une mascotte) maintenant, mais le mot n'était pas connu de ce temps-là (alors).

OOOOOOOOOOOOOOOOOOOOOOOOOOOOOOOOOOOOOOOOO

(1) Soldier *s'applique aussi bien aux officiers qu'aux hommes de troupe. Un soldat :* a private soldier, *ou simplt.* a private. *Un simple soldat :* a common soldier. — Keen : *vif, ardent.* — I am not keen on it : *Je n'y tiens pas.* — Keen *est aussi synonyme de* sharp : A keen (*ou* sharp) knife : *Un couteau affilé.* A keen (*ou* sharp) wind : *une bise piquante.* — A keen (*ou* sharp) retort : *une aigre répartie.*

(2) I am going up for an exam (*ou* examination) : *je me présente à un examen.* — I passed my exam : *J'ai passé mon examen.* — I failed in my exam : *J'ai échoué à mon ex.* — I was plucked (pleuk't, *plumé*) *ou* ploughed (plàoud', *charrué*) : *J'ai été collé, recalé.*

2nd LESSON

7 So she **ga**ve him a ring that a **sa**ilor had **ma**de for her out of a **sov**ereign *—they had **sov**ereigns then—on a **mar**linspike.

8 They **u**sed to **ma**ke a **ho**le in the **sov**ereign and then **ham**mer it and **ham**mer it **until** it was the **ri**ght **si**ze.

9 She sent this to the **so**ldier boy, who was **ver**y sweet on her, and heard no more.

10 Not a word. She didn't wr**i**te to ask why, bec**au**se she **nev**er wr**o**te **a**nything if she could help it **(3)**.

11 **Af**ter a while **(4)** she got eng**a**ged to **Eus**-tace* **Du**kes and they were **mar**ried.

12 The day bef**ore** B**er**tha's **wed**ding her sister was cl**e**aring up **(5)** her **room** at **home**

7 Alors, elle lui donna une bague qu'un marin lui avait faite avec (av. faite pour elle hors d') un souverain — on avait des souverains de ce temps-là — sur un épissoir.

8 Ils *vous* perçaient (avaient l'habitude de faire) un trou dans le souverain, et puis ils le martelaient *patiemment* (et le martelaient), jusqu'à ce qu'il fût à la mesure (était la taille juste).

9 Elle envoya cette *bague* (ceci) au jeune militaire, qui lui *faisait les yeux* doux (était très doux sur elle), et n'entendit plus *parler de rien.*

10 Pas un mot. Elle n'écrivait pas pour *en* demander *la raison* (pourquoi), parce qu'elle n'écrivait jamais rien si elle pouvait l'éviter (l'aider).

11 Quelque temps après (apr. un espace *de temps*), elle se fiança à Eustache D., et ils se marièrent.

12 La veille de la noce de Berthe, sa sœur était *en train* de débarrasser sa chambre à la maison,

oooooooooooooooooooooooooooooooooooooo

(3) It won't help : *Ça ne servira de rien.* How can I help it? *Que voulez-vous que j'y fasse?* He could not help laughing : *Il ne put s'empêcher de rire.*

(4) It isn't worth while : *Ça n'en vaut pas la peine* (It isn't worth the trouble). — A little while ago, a long while ago : *Il y a peu de temps, il y a longtemps.* — Between whiles : Now and then : *de temps à autre.*

(5) The weather is clearing up : *Le temps s'éclaircit.* I should like to clear up this affair : *J'aimerais tirer cette affaire au clair.* — Clear the room! *Faites évacuer (ou videz) la salle!* — Clear the table : *Desservez.* — Let us clear out of here : *Filons d'ici!* — Clear out for action! *Branlebas de combat!*

13 and packing all her things off to her new house.

14 and among the things she found were a number of parcels

15 all pushed away into a cupboard* and not one of them opened.

16 Fancy not opening parcels! But that shows you what a careless creature * Bertha was, and probably still is.

17 They were years old, some of them, and among them was one containing books

18 which Bertha had lent to young Custer, and a letter in which he sent back the ring,

19 saying it had brought him luck and asking her to marry him;

20 and if she accepted him would she send him the ring again?

21 There's fate for you!" "Was she cut up (6) about it?"

22 "Very. She's never been happy with Eustace. Custer is a colonel * now."

23 "Would she have been happy with him?" "You can't say. Probably they wouldn't have hit it off (7).

13 et d'emballer ses effets *pour les envoyer* à sa nouvelle demeure (maison),

14 et parmi les choses qu'elle trouva, il y avait un tas (nombre) de colis,

15 tous fourrés dans un placard, et pas un (d'eux) *d'*ouvert.

16 *Vous* voyez *ça*! (Imaginez). Ne pas ouvrir *ses* colis! Mais cela vous montre quelle créature insouciante était Berthe, et *l'*est encore, probablement.

17 Ils avaient des années, certains d'*entre* eux, et (parmi eux) il y *en* avait un contenant des livres

18 que Berthe avait prêtés au (à) jeune Cust., et une lettre dans laquelle il renvoyait la bague,

19 en disant qu'elle lui avait porté (apporté) chance et lui demandant de l'épouser;

20 et, si elle l'acceptait, voudrait-elle lui renvoyer la bague?

21 Le voilà bien, le destin! — En fut-elle très affectée (coupée)?

22 Très. Elle n'a jamais été heureuse avec Eustache. Cust. est (un) colonel maintenant.

23 Aurait-elle été heureuse avec lui? — On ne peut pas savoir (vous ne pouvez pas dire). Probablement *que* ça n'aurait pas marché (ils n'auraient pas été d'accord).

oooooooooooooooooooooooooooooooooooooo

(6) Cut up : grieved (grîvd') : upset. — This log is too big : it must be cut up : *Cette bûche est trop grosse, il faut la couper.*

(7) To hit off : 1) *faire jaillir*, ou *enlever d'un coup*; au figuré : *réussir*; 2) *représenter, décrire exactement* : He was hit off to a T : *C'était bien lui, trait pour trait* (*tout craché*). — To hit it off : *s'accorder.*

24 Colonels can't bear people who don't open parcels."

(From *Down the Sky*, by E. V. Lucas. - Methuen & Co., publishers.)

Doctors

25 ... Every man should have three doctors, carefully selected, to consult with discretion:

26 one, when things are slackening (8) domestically, to assure * his wife that he must be fed up (9) —

27 better and more nourishing* food, oysters and so forth;

28 one when he is bored with town, to assure his wife that he is badly in need of a change

29 and ought to go off on a little holiday at once, alone;

30 and one to look after him when he is really ill.

(From *Verena in the midst*, by E. V. Lucas. - Methuen & Co., London.)

24 Les colonels ne peuvent souffrir les gens qui n'ouvrent pas les colis.

(Extrait de *En bas du ciel*, par E. V. Lucas.)

LES MÉDECINS

25 Chaque homme devrait avoir trois médecins, soigneusement choisis, à consulter avec discrétion...
26 un, quand les choses se relâchent dans le ménage (domestiquement), pour assurer *à* sa femme qu'il faut le remonter (il doit être nourri « en haut ») :
27 *des* aliments (nourriture) meilleurs et plus nourrissants, des huîtres, etc. ;

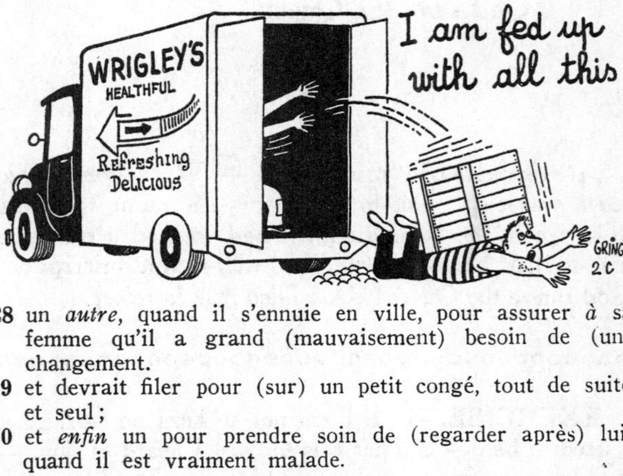

28 un *autre*, quand il s'ennuie en ville, pour assurer *à* sa femme qu'il a grand (mauvaisement) besoin de (un) changement.
29 et devrait filer pour (sur) un petit congé, tout de suite et seul ;
30 et *enfin* un pour prendre soin de (regarder après) lui, quand il est vraiment malade.

(Extr. de *Verena en plein dans...*, par E. V. Lucas.)

oooooooooooooooooooooooooooooooooooo

(8) Slack : *relâché, mou, sans vigueur.* To slack *ou* to slacken : *se relâcher, ralentir.* — I feel slack this morning : *J'ai la « flemme » ce matin.* A slacker : *un flemmard.* — The wind slackens : *Le vent mollit.* — To slack (*or* quench) one's thirst : *étancher sa soif.* — It is our slack time : *C'est la morte-saison.*

(9) To feed up : *suralimenter.* — I am fed up with all this : *J'en ai plein le dos (suis rassasié) de tout ça.*

2nd LESSON

God *save* the Queen

(English national anthem) (10)

31 God save (11) our gracious * Queen
Long live our noble Queen
God save the Queen.

32 Send her victorious,
Happy and glorious,

33 Long to reign (N. 2) over us,
God save the Queen.

A regrettable misprint. — When Queen Victoria was on a visit to Germany, she came to a little town where the good burghers had erected a triumphal ark in her honour, with this well-meant inscription : God shave the Queen! (*Que Dieu rase la reine*).

oooooooooooooooooooooooooooooooooooooooo

EXERCISE. — **1** I am not so keen on politics as I used to be. — **2** That was the last I heard of him. — **3** He is very casual with his correspondence (He is a very bad correspondent). — **4** I think a loan of £ 10 would help me through (through my difficulties). — **5** In am afraid you have a sweet tooth! — **6** Pack up your traps, and clear out! — **7** Do it now! Don't be a slacker! — **8** What a dreadful bore that chap is! — You're right, we are all fed up with him. — **9** It might be worth your while to go into the matter. — **10** This will bring you luck.

QUE DIEU PROTÈGE (SAUVE) LA REINE!
(Hymne national anglais)

31 Que Dieu protège notre gracieuse reine, que notre noble reine vive longtemps, que Dieu protège la reine!

32 Qu'il la garde (l'envoie) victorieuse, heureuse, glorieuse,

33 pour régner longtemps sur nous, que Dieu protège la reine!

ooooooooooooooooooooooooooooooooooooo

(10) *On ne dit pas* « national hymn » (him'); a hymn : *un cantique*. Anthem, *pron.* à'nfëm'.

(11) God save... Long live... Send him... : *verbes à l'impératif* (sous-entendu : Let God save..., etc.); *à l'indicatif, on aurait naturellement* God saves, long lives, sends him.

ooooooooooooooooooooooooooooooooooooo

1 Je ne suis pas si emballé sur la politique que je l'étais *autrefois*. — **2** Je n'ai pas entendu parler de lui depuis. — **3** Il est très négligent pour sa correspondance. — **4** Je crois qu'un prêt de £ 10 me tirerait d'affaire. — **5** Il me semble que vous aimez trop les friandises (je crains que vous n'ayez une « dent douce »). — **6** Faites vos paquets, et filez! — **7** Faites-le maintenant! N'ayez pas la flemme! — **8** Quel terrible raseur que ce type-là! — Vous avez raison, nous en avons tous assez de lui. — **9** Cela pourrait valoir la peine pour vous d'examiner la question. — **10** Ceci vous portera chance.

Third (3rd) Lesson

Self-expression

1 I had not **ta**ken parti**cu**lar * **no**tice of him (1) when I got **in**to the **car**riage *,

2 but at his **sud**den exclam**a**tion I **lo**wered (2) my **pa**per to look at him.

3 He was an **el**derly (3), **ne**at **lit**tle man, with the **as**pect of a res**pec**table **ra**tepayer (4),

4 but, for the **mo**ment, he was **o**vercome with al**arm** or ch**a**grin (5).

5 This was so app**a**rent that I felt I must **ta**ke some **no**tice of it;

6 he was the **on**ly **oth**er **oc**cupant of the **car**riage. I said: "What is the **mat**ter sir?"

7 He said: "Most ann**oy**ing *, most an**noy**ing", and he gl**a**red at (6) me as though I had been to bl**a**me.

8 "What is ann**o**ying?" "I have just thrown my gl**as**ses out of the **win**dow", he said.

PRONUNCIATION. — Particular : përti**ki**eulë. — carriage : **cà**rédj'. — annoying : ënoïgn', — communication : comiouni**ké**'ësh'n. — extremely : ekstrîmëlé. — realize : rîëlaïz'. — attitude : **att**'titioud'. — unreasonable : eun'**rîz**'nëb'l. — decisive : dèçaïssiv. — optician : op**tish**'n. — ginger : dji'ndjë. — biased : **bà**ïësst. — guard : **gârd**'. — language : lagn'-gouidj'. — floor : flor.

EXTÉRIORISATION
(Expression de soi-même)

1 Je ne l'avais pas particulièrement remarqué en entrant dans le compartiment (quand j'entrai dans la voiture);
2 mais, lorsqu'il s'exclama soudain (à sa soudaine exclamation) j'abaissai mon journal pour le regarder.
3 C'était un petit homme propret, assez âgé, avec l'air (l'aspect) d'un respectable bourgeois (contribuable),
4 mais pour le moment il était accablé de crainte (d'alarme) ou de dépit.
5 C'était si évident (apparent) que je sentis de mon devoir (que je devais) d'y faire quelque attention;
6 il était seul avec moi (le seul autre occupant du) dans le compartiment. Je dis : Qu'y a-t-il, monsieur?
7 Il fit (dit) : *Que c'est* (*des* plus) ennuyeux, que c'est ennuyeux, et il me regarda *d'un air furibond,* comme si j'y avais été pour quelque chose (j'avais été à blâmer).
8 Qu'est-ce qui est ennuyeux? — Je viens de jeter mes lunettes (verres) par la fenêtre, dit-il.

oooooooooooooooooooooooooooooooooooooo

(1) *Ou :* **I had not noticed him particularly.**

(2) *Distinguons :* to **lower** (**lôouër**) : *abaisser et* to **lower** (**laouër**) : *s'assombrir, se renfrogner.* Tell her to **lower** (**ô**) her voice : *Dites-lui de baisser la voix.* — The sky **lowers** (**a**) : *Le ciel se couvre* (is **clouding over**).

(3) My **elder** brother : *Mon frère aîné.* — I am the **eldest** child of the **family** : *Je suis l'aîné de la famille.* — He thinks himself **better** than his **elders** : *Il se croit meilleur que ses aînés.* — *Et par ailleurs :* **an elder-flower** : *Une fleur de sureau.*

(4) **Rates** and **taxes** : *Les contributions et les impôts.* — At the **rate** of 3 % (three per **cent**) per **annum** : *Au taux annuel de 3 %.* — At **any rate** : *dans tous les cas* (**anyway**). — *Il y a aussi* to **rate**, *réprimander :* I **rated** him **soundly** *ou* I **gave** him a good **rating** : *Je lui ai vigoureusement lavé la tête.*

(5) Chagrin (chagri'n), *anglicisé, ne signifie pas tout à fait* chagrin (**sorrow**), *mais plutôt : dépit, mortification.*

(6) To **glare** at **somebody** : *regarder quelqu'un d'un air furieux, tandis que* to **stare** *est simplt. regarder avec étonnement, ou fixement.* — To **glare** : *jeter une grande lumière, éblouir* (to **dazzle**). — The **glare** hurts my eyes : *La lumière trop vive me fait mal aux yeux.* — It is a **glaring** mistake! *C'est une erreur qui crève les yeux!*

3rd LESSON

9 "Ind**ee**d!" said I "What**ev**er did you do that for?"

10 "What a q**ues**tion to ask!" **(7)** he said. "You don't supp**o**se I did it on p**ur**pose?"

11 "Then why the d**ev**il did you do it?" I said. His tone ann**o**yed me.

12 "I must have m**ix**ed **(8)** my hands", he said. "M**ix**ed your hands! How d'you do that?"

13 "Don't you see?" he said. "I was sm**o**-king a cigar**ette** and I m**ea**nt to thr**o**w the end out of the w**in**dow.

14 I had the gl**as**ses in one hand, and, of course, I thought it was the **oth**er hand.

15 Now this hand—no, I m**ea**n the **oth**er hand—"

16 "Your trouble seems to be an exc**ess** of hands", I said unf**ee**lingly.

17 "I supp**o**se it is too late now to pull the com-munic**a**tion* cord", he said.

9 Vraiment! dis-je. *Et* pourquoi donc l'avez-vous fait?

10 Quelle question (à demander)! dit-il. Vous ne supposez pas que je l'ai fait exprès?

11 Alors, pourquoi diable l'avez-vous fait? dis-je. Son ton me prenait sur les nerfs (m'ennuyait).

12 J'ai dû me tromper de (mélanger mes) main, dit-il. — « Mélanger » vos mains? Comment vous y prenez-vous (faites-vous cela)?

13 Ne voyez-vous pas? dit-il. Je fumais une cigarette, et je voulais jeter le bout par la fenêtre.

14 J'avais mes lunettes d'une main, et naturellement, j'ai pensé que c'était l'autre main.

15 Or, cette main..., non, je veux dire l'autre main...

16 Il semble que vous souffrez (Votre ennui semble être un) d'un excès de mains, dis-je sans pitié.

17 Il sera sans doute (Je suppose que c'est) trop tard maintenant pour tirer le signal d'alarme (la corde de communication), dit-il.

oooooooooooooooooooooooooooooooooooooo

(7) **What a thing to say** *ou* **to do!** *Ce n'est pas une chose à dire ou à faire!*

(8) *J'ai dû me tromper de main* **se dit : I must have used the wrong hand.**

3rd LESSON

18 I advised ag**a**inst it, and he said: "But it is extr**e**mely* ann**o**ying. Do you r**ea**lize* that?"

19 "As a joke it will last you a l**i**fetime", I said. "Do you r**ea**lize that?"

20 "There is no joke whate**ve**r ab**ou**t it, sir", he said. "Your **at**titude* is most unf**ee**ling. Why didn't you stop me?"

21 "That seems to me an unr**ea**sonable* **ques**-tion."

22 "Is it r**ea**sonable to exp**e**ct me to be **rea**-sonable in the c**ir**cumstances?

23 Now, if you had been a man of r**a**pid and dec**i**sive* **ac**tion—". "Don't talk **non**-sense", I said.

24 We were sl**a**cking bef**o**re a st**a**tion. "I shall give them n**o**tice (**9**) ab**ou**t it here", he said. "What are the ch**a**nces of my rec**o**vering them?"

25 "N**e**gligible", I said. "But they were made by a l**ea**ding opt**i**cian*. I shall ins**i**st—".

26 The train was st**o**pping, and he put his head out of the w**i**ndow, sh**ou**ting: "Guard! St**a**tionmaster! Quick! Do not d**a**lly."

27 A p**or**ter c**a**me up, but he wasn't v**er**y quick. He didn't seem to underst**a**nd my com-p**a**nion's explan**a**tions.

18 Je le *lui* déconseillai (conseillai contre), et il dit : Mais c'est extrêmement ennuyeux. Vous en rendez-vous compte?
19 Comme bonne histoire (plaisanterie), cela vous servira (durera) toute la vie (un temps de vie), dis-je. Vous en rendez-vous compte?
20 Il ne s'agit pas du tout de bonne histoire, monsieur, dit-il. Votre attitude manque de toute charité. Pourquoi ne m'avez-vous pas arrêté?
21 Cette question ne me semble pas raisonnable (cela me semble une question déraisonnable).

22 Est-ce raisonnable de s'attendre à ce que je sois raisonnable dans *de telles* (les) circonstances?
23 Allons, si vous aviez été un homme d'action rapide et décisive... — Ne dites pas de bêtises, dis-je.
24 Nous ralentissions avant une gare. — Je vais le leur signaler (leur en donner avis) ici, dit-il. Quelles sont mes chances de les retrouver (les chances de mon)?
25 Négligeables, dis-je. — Mais elles sortent de chez (furent faites par un) opticien de premier ordre. J'insisterai...
26 Le train s'arrêtait, et il mit la tête à (hors de) la fenêtre, en criant : Conducteur! Chef de gare! Vite! Ne traînez pas.
27 Un porteur s'approcha mais sans grande hâte (il n'était pas très vite). Il ne semblait pas comprendre les explications de mon compagnon.

ooooooooooooooooooooooooooooooooooooooo

(9) Have you **given notice** of your loss to the police? *Avez-vous signalé votre perte à la police?* — He **gave notice** of his flat : *Il a donné congé de son appartement.* — The cook **gave me notice** : *La cuisinière m'a donné son congé.*

27 **twenty-seven**

28 He said we had no b**us**iness to throw things out on the l**i**ne; a pal (**10**) of his had been n**ea**rly **kil**led by a g**in**ger*-beer (**11**) b**ot**tle.

29 My imp**ul**sive friend told him he was a st**u**pid fool, and ag**ai**n sh**ou**ted for the st**a**tionmaster, who pr**es**ently h**ur**ried up.

30 He was unsympath**et**ic, p**o**ssibly b**i**ased* by the p**or**ter's **au**dible opin**i**on that the gent was off his nut (**12**).

31 He turned to me, and I tr**ie**d to expl**ai**n that it was a simple case of m**ix**ing hands.

32 "There are two of them", he said. "The train's l**a**te alr**ea**dy."

33 He w**a**ved his hand, the guard* wh**is**tled, and off we went.

34 My friend's l**an**guage* was terr**if**ic, and he shook both his fists at the rec**e**ding st**a**tion-master.

35 But as we drew out of the st**a**tion he caught s**i**ght of its n**a**me on the board, and his **out**-cries took a sh**ar**per note.

36 "What st**a**tion is this?" he cr**ie**d. "Why! This is where I get out. This is the j**un**ction."

37 "D'you mean t'say" — I beg**an**, but he was sn**at**ching things off the rack, sh**ou**ting meanwhile: "Stop it! Stop it!"

38 "Don't be an ass", I said. "You can't stop it."

39 I thought he was going to **o**pen the door and I caught him round the w**ai**st.

28 Il dit que nous n'avions que faire de jeter des objets (hors) sur la voie; un copain à lui avait failli être tué par une bouteille de limonade (bière ou gingembre).

29 Mon impulsif *compagnon* (ami) le traita de (lui dit qu'il était un) stupide idiot, et se remit à appeler le chef de gare, qui arriva bientôt *en courant.*

30 Il ne *fit preuve d'aucune* sympathie, sous l'influence peut-être (possiblt. « biaisé par ») de l'opinion *exprimée à haute voix* (audible du) *par le* porteur que le monsieur avait perdu la boule.

31 Il se tourna vers moi, et j'essayai d'expliquer que c'était un simple cas de mélange de mains.

32 Il y en a deux, dit-il. Le train a déjà du retard (est déjà tard).

33 Il agita la main, le garde siffla, et nous filâmes.

34 Le langage de mon ami était effrayant et il brandit (secoua) ses deux poings vers le chef de gare *qui* disparaissait (s'éloignait).

35 Mais comme nous sortions de la gare il en aperçut le nom sur le panneau, et ses clameurs devinrent plus vives (prirent une note plus vive).

36 Quelle gare est-ce? cria-t-il. Mais c'est là que je descends, c'est l'embranchement!

37 Vous voulez dire?... fis-je (commençai-je), mais il attrapait vivement *ses* affaires dans le filet, tout en criant : Arrêtez-le! Arrêtez-le!

38 Ne faites pas l'âne, dis-je. Vous ne pouvez pas l'arrêter.

39 Je crus (pensai) qu'il allait ouvrir la portière et je le saisis par la taille.

oooooooooooooooooooooooooooooooooooooo

(10) A pal (pàl) : a chum : a **mate** : *un copain.*

(11) Ginger-beer : *Limonade au gingembre, n'est pas plus de la bière que* beef-tea (*très fort consommé*) *n'est du thé.*

(12) Nut, *pour* head; *on peut penser à* cocoa-nut (kôko), *noix de coco.* — He is **nutty, potty,** touched (teutch't), *il est piqué, timbré, dingo.* He's lost a slate (*Il a perdu une ardoise*) : *Il a une araignée au plafond.*

3rd LESSON

40 Struggling, we fell to the floor*. "All right, all right", he said, "don't make a fool of yourself."

41 We scrambled up and sat down opposite to one another. I watched him closely.

42 He said: "My luck's out (13) today. I didn't like the look of you when you got into the carriage."

43 "As to that", I said, "my thumbs began to prick (14) the moment I saw you."

(To be continued.)

ooooooooooooooooooooooooooooooooooooooooo

EXERCISE. — **1** That will make him sit up and take notice. — **2** I would not call him elderly, but merely middle-aged. — **3** No thanks, no soda, I'll drink my whisky neat. — **4** At the rate he is going, he will soon see the end of his money. — **5** He was the only other witness of the accident. — **6** She is not to blame in the matter. — She leads a blameless life. — **7** I have taken the wrong hat. — Don't take the wrong turning. — **8** This fountain-pen will last you a lifetime. — **9** What are the chances of his recovering? — **10** I don't like the look of him.

40 *Dans la* lutte (Luttant), nous tombâmes sur le plancher. Ça va, ça va, dit-il, ne faites pas l'idiot.
41 Nous nous ramassâmes et nous assîmes l'un en face de l'autre. Je le surveillai étroitement.
42 Il dit : Je ne suis pas en veine (ma v. est sortie) aujourd'hui. Votre tête (mine) ne m'a pas plu, quand vous êtes monté dans le compartiment.
43 Pour ce qui est de cela, dis-je, vous m'avez porté sur les nerfs (les pouces ont commencé à me démanger) du (le) moment que je vous ai vu.

(A suivre.)

oooooooooooooooooooooooooooooooooooooo

(13) *Ou :* I am out of luck. — My luck is in today, *ou :* I am in luck today.

(14) *Plus usuel serait :* my fingers began to itch (*les doigts se sont mis à me démanger*). — To prick *est piquer :* A policy of pin-pricks : *Une politique de coups d'épingle.*

Les alinéas *sont calculés de telle sorte qu'il doit vous être relativement facile de les répéter de mémoire, immédiatement après les avoir lus à haute voix.*

N'oubliez pas que c'est là l'essentiel de votre travail.

Il existe en anglais un genre de ponctuation spécial, qui consiste à mettre en *italique* (ou à souligner dans le texte manuscrit) les mots qu'on prononce avec plus de vigueur, pour en renforcer le sens.

Ainsi, si : Are you going to do it? *signifie* Allez-vous le faire? *par contre :* Are *you* going to do it? *sera :* Est-ce vous qui allez le faire? *et :* Are you *going* to do it? *correspondra à :* Allez-vous vraiment le faire?

oooooooooooooooooooooooooooooooooooooo

1 Cela lui mettra la puce à l'oreille. — **2** Je ne dirais pas qu'il est vieux, mais simplement d'âge moyen. — **3** Non merci, pas d'eau de seltz, je prendrai mon whisky pur. — **4** Au train dont il y va, il verra bientôt la fin de son argent. — **5** Il était le seul autre témoin de l'accident. — **6** Il n'y a rien à lui reprocher dans l'affaire. — Elle mène une vie sans reproche. — **7** Je me suis trompé de chapeau. — Ne faites pas fausse route (prenez pas le mauvais tournant). — **8** Avec ce stylo, vous en aurez pour la vie. — **9** Quelles chances a-t-il de s'en tirer (guérir)? — **10** Sa tête ne me revient pas.

Fourth (4th) Lesson

Self-expression

(continued)

1 "What on earth do you **mean**?" he said. "Do try to talk int**el**ligibly."

2 "V**er**y well," I said, "I will **try** to keep down to your **lev**el."

3 "We shall **quar**rel if you are not **ca**reful," said he.

4 "I shouldn't w**on**der", said I, "but it would be **in**teresting to see what you cons**id**er qu**ar**reling."

5 "It m**igh**t give you a shock", he said.

6 "Well", I said, "I shall soon be rid of **(1)** you. I pres**ume*** you'll get out at the next st**a**tion."

7 "Why should I?" said he. "I might pref**er** to stay and ref**u**te **ev**ery point you make."

8 "You haven't ref**u**ted **a**nything yet," I said. "You've m**e**rely beh**a**ved like a **tom**fool **(2)**.

PRONUNCIATION. — Presume : prizioum'. — henpecked : hè'npèkt'. — skull : skeull. — guardian : gârdië'n.

EXTÉRIORISATION *(suite)*

1 Que *pouvez-vous bien* (sur terre) vouloir dire? dit-il. Tâchez donc de parler (causer) intelligiblement.
2 Très bien, dis-je, je tâcherai de ne pas m'élever au-dessus de (de rester en bas à) votre niveau.
3 Nous nous disputerons si vous ne faites pas attention (n'êtes pas soigneux), dit-il.
4 Ça (Je) ne m'étonnerais pas, dis-je, mais il serait intéressant de voir ce que vous entendez par (considérez) se disputer.

5 Cela pourrait vous causer une *mauvaise surprise* (v. donner un « choc »), dit-il.
6 Allons (Eh bien), dis-je, je serai bientôt débarrassé de vous. Je suppose que vous descendrez (sortirez) à la prochaine station.
7 Pourquoi *cela* (le *ferais-je*)? dit-il. Je pourrais préférer rester pour (et) réfuter tout ce que vous avanceriez (chaque « point » que vous faites).
8 Vous n'avez encore rien réfuté, dis-je. Vous vous êtes simplement conduit comme un nicodème.

ooooooooooooooooooooooooooooooooooooooo

(1) I can't get rid of this **habit** : *Je ne puis me défaire de cette habitude.* — Good **rid**dance! *Bon débarras!*

(2) Tom, *abrév. de* Thomas (tomës), *se retrouve dans* a **tom**fool : *un nigaud*; a **tom**boy : *un garçon turbulent, ou pour les filles, un garçon manqué*; Tom-thumb : *le petit Poucet*; a tom-cat : *un matou*; a tom-tit (*ou* titmouse) : *une mésange.* — Tommy *donne :* a Tommy, *ou* Tommy Atkins, *un soldat, équivalent de notre Pitou, et compagnon de* Jack Tar : *le marin, Mathurin.* — This is **tommy**-rot : *c'est de la fichaise* (**non**sense, **tom**foolery).

4th LESSON

9 If this is a **sample** of your beh**a**viour your **life** must be a t**ur**moil **(3)**. Your rel**a**tions with **ev**erybody ab**ou**t you—"

10 He interr**up**ted me. "As I m**i**ght have expected", **(N. 3)** he said, "you are **ut**terly **(4)** and precisely wrong.

11 I am a man of the most c**a**reful and r**e**gular h**a**bits, a punct**i**lious h**us**band, a m**o**del pa-rent **(5)**, an ex**em**plary c**i**tizen."

12 "I know n**oth**ing ab**ou**t that", I said, "You seem to be a man of wildly err**a**tic h**a**bits"—

13 "Stay", he cried. "I m**en**tion a simple point. Did you **ev**er meet a man who ch**an**ged his b**oo**tlaces bef**ore** they broke?"

14 "N**ev**er", I said. "I don't beli**e**ve there is such a man."

"I am that man," he said.

15 "Perh**ap**s you have a d**u**al person**a**lity like Dr. J**e**kyll and Mr. Hyde?" I said.

16 "No", said he, "but I will tell you this: I will give you my c**on**fidence **(7)** so far.

17 There are t**i**mes when I feel that I do not ass**er**t mys**elf** suff**i**ciently.

9 Si c'est *là* un échantillon de votre conduite, votre vie doit être un *beau* tumulte. Vos relations avec votre entourage (tout le monde autour de vous)...
10 Il m'interrompit. — Comme j'aurais pu m'y attendre (je pouvais *m'y* « avoir » attendu), dit-il, vous vous trompez totalement et précisément.
11 Je suis un homme aux (des) habitudes les plus soigneuses et régulières, un mari pointilleux, un père (parent) modèle, un citoyen exemplaire.
12 Je n'en sais rien, dis-je. Vous me semblez être un homme d'habitudes follement extravagantes...
13 Halte-là (Restez !) cria-t-il. Je *veux* vous citer une simple chose (point). Avez-vous jamais rencontré un homme qui changeait ses lacets avant qu'ils ne cassent?
14 Jamais, dis-je ; je ne crois pas qu'il y ait un pareil (tel) homme. — Cet homme-là, c'est moi (je suis cet h.), dit-il.
15 Peut-être avez-vous une double (« duelle ») personnalité, comme le Dr Jekyll et M. Hyde? dis-je.
16 Non, dit-il, mais je vous dirai ceci : je vous ferai (donnerai ma) confiance jusque-là.
17 Il y a des moments (temps) où (quand) je sens que je ne me fais pas valoir suffisamment.

oooooooooooooooooooooooooooooooooooooo

(3) Turmoil (**teur**moïl), *tumulte, agitation,* n'a aucune parenté avec oil, *l'huile, le pétrole.*

(4) **U**tter : complete, total. — **U**ttermost : **ut**most : *extrême, le plus reculé. Ne pas confondre avec* to **ut**ter : *proférer, émettre.* He did not **ut**ter a sound : *Il ne souffla mot.* With un**ut**terable joy : *Avec une joie indicible.*

(5) *Rappelons que* **pa**rent *désigne uniquement le père ou la mère*; the **grand**parents : *les grands-parents. Les parents (cousins, oncles, etc.), sont :* the **re**latives, *ou* re**la**tions.

(6) Dual (**diou**ël), *mot manquant en français, qui pourtant a* dualisme, dualité. *Se prononce pratiquement comme* a **duel**, *un duel* — Le Dr. **Je**kyll et Mr. **Hyde** sont des personnages d'une nouvelle de R. L. Stevenson.

(7) **Con**fidence (**co**'nfidë'ns') : *confiance,* ou aussi *confidence.* — I have the **ut**most **con**fidence in her : *J'ai la plus grande confiance en elle.* — I tell you that in **con**fidence : *Je vous dis cela en confidence.* — You may confide (co'nfaïd) in me : *Vous pouvez vous fier à moi.* A **con**fidence-trick : *Un vol à l'américaine.*

4th LESSON

18 To do so at home would be—well, inconvenient.

19 But today, for instance, I have been provoked to a form of self-expression that is vital to my being.

20 It is a natural relief". "I think I understand," I said.

21 "I have heard of henpecked* (8) husbands before, and I accept your apology."

22 "There is no apology," he said. "Don't make any mistake about that.

23 I am merely trying to cram (9) a little sense into your thick skull*."

24 The train was slowing down. "It is some satisfaction to know that we are not likely to meet again," he said.

25 I disgraced (10) myself; I admit it. As he got out I cried: "Henpecked! Yah!"

26 I reverted to the worst period of my boyhood, (11) and I am sorry to say that I enjoyed it.

27 I was hardly surprised to see him sprinting along the platform.

28 He seemed to be shouting indiscriminate abuse (12).

29 And then I caught a word that startled me.

30 I drew in my head and looked around hastily.

18 Le faire chez moi, ce serait, *disons*... gênant (*eh* bien, incommode).
19 Mais aujourd'hui, par exemple, j'ai été poussé (provoqué) à une forme d'extériorisation (expression de moi-même) qui est essentielle (vitale) à mon être.
20 C'est un soulagement naturel. — Je crois comprendre, dis-je.
21 J'ai *déjà* (avant) entendu *parler* de maris jobards, et j'accepte vos (votre) excuse(s).
22 Il n'y a aucune excuse, dit-il. Ne vous y trompez pas.
23 Je m'efforce simplement de faire entrer (fourrer) un peu de *bon* sens dans votre crâne épais.
24 Le train ralentissait. — C'est *un* certain plaisir (satisfact.) de savoir qu'il n'est pas probable que nous nous retrouvions, dit-il.
25 Je me déshonorai (me « disgraciai »), j'en conviens. Comme il descendait (sortait), je criai : Jobard! Hou!
26 J'*en* revins à la pire période de mon *âge ingrat* (de garçon), et je regrette de dire que cela me fit plaisir (j'en jouis).
27 Je ne fus guère surpris de le voir piquer un *cent mètres* (sprinter) sur le quai.
28 Il semblait crier des injures confuses.
29 Et alors, je saisis un mot qui me fit tressaillir.
30 Je rentrai la tête et jetai un coup d'œil rapide autour *du compartiment.*

oooooooooooooooooooooooooooooooooooooooo

(8) A henpecked husband (« *becqueté par la poule* ») : *un mari dont la femme « porte la culotte », un mari jobard.*

(9) To cram : *bourrer, fourrer dans.* The room was crammed with people : *La salle était bourrée de monde.* — I will cram it down his throat : *Je le lui ferai avaler de force.* — He is cramming for his exam : *Il se bourre pour son examen.* A cramming-place : *Une « boîte à bachot ».*

(10) It's a disgrace! *ou* It's disgraceful! *C'est une honte!* Plus fort que : What a shame! *qui correspond plutôt à Quel dommage!* — He is a disgrace to his family : *Il fait la honte de sa famille.*

(11) *La petite enfance :* babyhood, childhood; *l'enfance, l'adolescence :* boyhood, girlhood; *l'âge viril, le courage :* manhood; *l'état de femme, la féminité :* womanhood.

(12) To abuse (ëbiouz) : *abuser ou injurier.* To injure (i'ndjiër) *est faire du tort à, blesser* (to hurt). — Was he seriously injured? *A-t-il été grièvement blessé?*

4th LESSON

31 The fool had taken my suit-case instead of his own.

(Allan N. Monkhouse, in *The Manchester Guardian**.)

For he's a jolly good fellow

32 For he's a jolly good fellow,
For he's a jolly good fellow,
For he's a jolly good fellow.
33 And so say all of **(13)** us! (*ter*).

For he's a jolly good fellow (sur l'air de Malbrouck s'en va-t-en guerre) se chante en chœur, à peu près dans les circonstances où, en France, on réclame : « Un ban! » en l'honneur de quelqu'un.

oooooooooooooooooooooooooooooooooooooo

EXERCISE. — **1** Don't presume too much upon his ignorance : it might give you a shock. — **2** He is an utter stranger to me. — **3** He would do anything to gain his point. — **4** He will never give up his point. — **5** Your confidence has been misplaced. — **6** Won't you confide in me? — **7** I am confident that he will succeed in the end. — **8** I have heard of that before. — **9** He is simply crammed with silly ideas. — **10** Aren't you ashamed of yourself? You are a disgrace to the whole school! — **11** That is adding insult to injury.

31 L'imbécile avait pris ma valise au lieu de la sienne (propre).

(Allan N. MONKHOUSE, dans *le Gardien de Manchester.*)

CAR C'EST UN RUDEMENT CHIC TYPE
(Joyeux, bon camarade)

32 Car c'est un rudement chic type.
33 Et nous sommes tous là pour le dire (et ainsi disons-nous tous).

OOOOOOOOOOOOOOOOOOOOOOOOOOOOOOOOOOOOOOO

(13) And so say all of us *ou* and so we all say. — Have you read all these books? — I have read them all, *ou* I have read all of them.

This takes the biscuit (bisskett) *correspond à notre* : Ça gagne le coquetier! *ou* Après cela il faut tirer l'échelle!

To lie, *être couché, reposer* ou *mentir, prend un* **y** *au participe présent.* — He was lying quite still. — He is a lying scoundrel (*coquin*) : *C'est un fieffé menteur!*

OOOOOOOOOOOOOOOOOOOOOOOOOOOOOOOOOOOOOOO

1 Ne présumez pas trop de son ignorance : cela pourrait vous faire une mauvaise surprise. — **2** Je ne le connais ni d'Eve ni d'Adam. — **3** Il ferait n'importe quoi pour en arriver à ses fins. — **4** Il n'en démordra pas. — **5** Votre confiance a été mal placée. — **6** Ne voulez-vous pas vous confier à moi? — **7** J'ai la conviction qu'il finira par réussir. — **8** J'en ai déjà entendu parler. — **9** Il est tout simplement farci de niaiseries. — **10** N'avez-vous pas honte? Vous êtes le déshonneur de toute l'école. — **11** C'est insulter l'âne jusqu'à la bride (ajouter l'insulte au dommage).

Fifth (5th) Lesson

Rake's progress (1)

1 "You really must make a start on the garden this afternoon", said Edith* (2), "and I'll lend you a hand.

2 We ought to have swept up (N. 4) all the dead leaves when they fell in the autumn.

3 And I expect it will take us the whole afternoon to rake them into piles (3) and cart them away.

4 It's no good trying to do anything else, because the whole place is covered by the beastly (4) things, all sodden and squashy*."

5 "But we've only got one rake", I said.

6 "You can spend a jolly afternoon raking away (5) to your heart's content, and I'll go off and play golf.

PRONUNCIATION. — Edith : îdi*f*. — squashy : skouoshé. — strolling : strôlign'. — seize : sîz. — obey : obé. — thorns : *f*orn'z.

HISTOIRE D'UN RATEAU
(Progrès de libertin)

1 Il faut tout de même (réellt.) que tu te mettes au jardin cet après-midi, dit Edith; et je te donnerai *un coup* de (prêterai une) main.
2 Nous aurions dû balayer toutes les feuilles mortes quand elles tombèrent en automne,
3 et je crois bien (m'attends) que ça nous prendra tout l'après-midi pour en faire des tas avec des râteaux (les râteler en tas) et les emmener (les charrier au loin).
4 Il n'y a pas moyen (pas bon) d'essayer de faire autre chose, parce que tout (toute la place) est couvert de cette saleté (choses « bestiales ») toute détrempée et spongieuse.
5 Mais nous n'avons qu'un *seul* râteau, dis-je.
6 Tu peux passer un joyeux après-midi à râteler *tant que le cœur t'en dira* (au contentement de ton cœur), et *moi*, je m'en irai jouer au golf.

oooooooooooooooooooooooooooooooooooooo

(1) Rake's progress : *jeu de mots,* rake *signifiant* râteau *ou* libertin. Rake's progress *est le titre d'une série de tableaux de Hogarth, représentant la carrière d'un libertin.*

(2) Make a start on it : begin it; set to it : set about it.

(3) 1) A pile of books, of wood, etc.; a heap (hîp) : *un tas, un monceau.* He's made his pile : *Il a fait fortune, amassé son magot.* — 2) A pile : *un pieu, pilotis.* To drive piles into the mud : *Enfoncer des pilotis dans la boue.* — 3) *Une pile électrique peut se dire aussi* a pile, *mais le terme* battery *est plus courant.* — 4) He is suffering from piles : *Il a des hémorroïdes.*

(4) Beastly (bîsstlé) : *bestial, brutal,* s'emploie largement dans le sens de *dégoûtant, infect* (filthy). What beastly weather! *Quel sale temps!* — She played a beastly trick on him : *Elle lui a joué un « tour de cochon ».*

He tread on my toe (tô) *et non « toes » : Il me marcha sur les pieds. De même, au singulier :* He walked on tip-toe to prevent attracting attention : *Il marchait sur la pointe des pieds pour ne pas attirer l'attention.*

(5) Rake away : *ratisser « à perte de vue ».* — Work away! *Travaillez toujours!*

5th LESSON

7 Then tom**orr**ow m**or**ning *I*'ll do a bit of **ra**king".

8 "**Non**sense!" said **E**dith. "I'll b**orr**ow a **ra**ke from **Co**lonel Hogg."

9 She b**or**rowed a **ra**ke from **Co**lonel Hogg and st**ar**ted work, but when I went to the t**oo**l-shed to get m**i**ne,

10 I s**ud**denly rem**em**bered that I had lent it to the V**i**car (**6**) in the **au**tumn.

11 I expl**ai**ned to **E**dith that I must just pop al**ong** to the V**ic**arage to get my **ra**ke,

12 and **af**ter (**N. 5**) l**oo**king in the t**oo**l-shed to f**i**nd that it *was* m**is**sing,

13 she told me to h**urr**y up ab**out** it and went back to her work.

14 I found the V**i**car in his g**ar**den, **al**so **u**sing a **ra**ke.

15 "That's my **ra**ke, I think", I said, "that you b**or**rowed in the **aut**umn.

16 **E**dith and I are to spend the **af**tern**oon** **le**af-rem**o**ving (**7**), and I'd be glad to have it back."

17 "This isn't your **ra**ke", said the V**i**car, sh**o**wing it to me; "it's a new one I've just bought.

18 I lent yours to J**ohn**son-Cl**ith**eroe. I hope you don't m**i**nd?"

7 Puis demain matin, *c'est* moi *qui* ferai un peu de râtissage.
8 *Tu es* bête! (non-sens!) dit Edith. Je vais emprunter un râteau au colonel Hogg.
9 Elle emprunta un râteau au colonel H. et se mit à l'ouvrage, mais quand j'allai à la cabine aux outils pour prendre le mien,
10 je me rappelai soudain que je l'avais prêté au pasteur en automne.

5A

11 J'expliquai à Edith qu'il me fallait faire un saut jusqu'au presbytère pour avoir mon râteau,
12 et, après avoir regardé dans la cabine pour constater (trouver) qu'il était *bien* manquant,
13 elle me dit de faire vite et retourna à son travail.
14 Je trouvai le pasteur dans son jardin; *lui* aussi était *en train* de se servir d'un râteau.
15 C'est *là*, je crois, mon râteau, dis-je, que vous avez emprunté en automne.
16 Edith et moi, *nous* allons passer l'après-midi à enlever des feuilles, et je serais content de le ravoir.
17 Ce n'est pas votre râteau, dit le pasteur, en me le montrant; c'en est un neuf que je viens d'acheter.
18 J'ai prêté le vôtre à Johnson-Clith. J'espère que ça ne vous fait rien?

oooooooooooooooooooooooooooooooooooooo

(6) *Rappelons que* **the vicar** *est le supérieur du* **curate**, *à l'inverse du français* **vicaire** *et* **curé**.

(7) *Ou* **removing leaves.** — **Do you go in for stamp-collecting** (*ou* **collecting stamps**)? *Vous occupez-vous de collectionner des timbres?*

19 "Not in the least", I said. It was much pl**ea**santer str**o**lling* ab**ou**t **Lit**tle W**ob**bley sm**o**king a pipe than st**and**ing kn**ee**-deep in mud and l**ea**ves (**N. 6**).

20 I p**o**pped (**8**) acr**oss** the C**o**mmon to J**ohn**son-Cli**th**eroe's house and found him al**one** exc**ept** for a b**ot**tle of wh**is**ky and a s**i**phon (**9**).

21 "Thanks", I said, "I will. Just p**op**ped in to coll**ect** (**10**) my r**a**ke.

22 I lent it to the V**i**car in the **au**tumn, and he says he passed it on (**11**) to you."

23 "That's r**i**ght", said J**ohn**son-Cli**th**eroe. "I rem**em**ber b**or**rowing a r**a**ke from the V**i**car in Nov**em**ber. I exp**ect** it's in the t**oo**l-shed."

24 We insp**ect**ed the coll**ect**ion of exh**ib**its in the t**oo**l-shed, but my r**a**ke wasn't there.

25 "Come back **in**to the house", said J**ohn**son-Cli**th**eroe, "and we'll p**on**der for a bit."

19 Rien du tout, dis-je. C'était beaucoup plus agréable de flâner dans Lit. W. en fumant une pipe que d'être (debout) jusqu'aux genoux dans la boue et les feuilles.
20 Je filai par la place du village vers la maison de Johns.-Cl., et le trouvai seul, à part (excepté pour) une bouteille de whisky et un siphon.
21 Merci, dis-je, *ce n'est pas de refus* (je veux). Je suis venu en passant pour *faire* rentrer mon râteau.
22 Je l'ai prêté au pasteur en automne, et il dit qu'il vous l'a fait passer.
23 C'est juste, dit J.-Cl. Je me rappelle avoir emprunté un râteau au (du) pasteur en novembre. Je suppose (m'attends) qu'il est dans la cabine aux outils.

24 Nous inspectâmes la collection d'objets exposés dans la cabine, mais mon râteau n'y était pas.
25 Rentrez dans la maison, dit J.-Cl. et nous *y* réfléchirons un brin (morceau).

ooooooooooooooooooooooooooooooooooooooo

(8) To pop *vient de l'onomatopée* pop! *correspondant à notre* paf! *ou* crac! *et donne l'idée de vitesse ou de surprise.* — I'll just pop there and back : *Je ne fais qu'aller et venir.* — Pop off! *Filez!* — A pop-gun : *un fusil (ou pistolet) à bouchon.* — I could pop him off at that distance : *Je pourrais le descendre (d'un coup de fusil) à cette distance.* — To pop the question : *Faire sa demande (en mariage) à l'improviste.*

(9) Siphon *ou* syphon (saïf'n).

(10) The tax-collector : *le percepteur.*

(11) Pass on! *Passez votre chemin!* — While that passed on... *Tandis que cela se passait...* — Pass this on to your neighbour : *Faites passer ceci à votre voisin.*

5th LESSON

26 "I have a faint recoll**ec**tion that s**om**ebody c**a**me h**e**re in Dec**em**ber to b**o**rrow a r**a**ke when I was in bed with flu (**12**).

27 My w**i**fe would pr**ob**ably recoll**ec**t who it was.

28 She'll be in pr**es**ently if you'd c**a**re to wait."

29 She didn't come in, as it h**ap**pened, unt**il** half-an-hour had el**ap**sed, but that wasn't my fault.

30 We **as**ked her if she rem**em**bered l**en**ding a r**a**ke to **a**nybody.

31 "That's r**i**ght", said Mrs. J**ohn**son-Cl**ith**eroe. "I rem**em**ber l**en**ding it to s**om**ebody when George had flu."

32 "Who was it?" I **as**ked.
"I can't just think for the m**o**ment,"
said Mrs. J**ohn**son-Cl**ith**eroe, "but it'll come to me soon, I exp**ec**t.

33 You'd b**et**ter stay and have a cup of t**ea** with us."

34 We had f**in**ished tea when it c**a**me to her, and **E**dith was most unr**e**asonably cross when I got back.

35 "How could I f**i**nd my r**a**ke", I said repr**o**achfully, "when *you* were **u**sing it?

26 J'ai un vague souvenir que quelqu'un est venu ici en décembre pour emprunter un râteau, quand j'étais au lit avec la grippe.

27 Ma femme se rappellerait probablement qui c'était.

28 Elle sera ici (dans) tout de suite, si vous voulez bien (vous soucieriez d') attendre.

29 Il se trouva qu'elle ne rentra pas (Elle ne rentra pas, comme il se trouva, jusqu'à) avant qu'une demi-heure se fût écoulée, mais ce n'était pas ma faute.

30 Nous lui demandâmes si elle se rappelait avoir prêté un râteau à quiconque.

31 C'est juste, dit Mme J.-Cl., je me rappelle l'avoir prêté à quelqu'un quand G. avait la grippe.

5D

32 Qui était-ce demandai-je. — Je ne peux pas *me le* rappeler (penser) au juste pour le moment, dit Mme J.C., mais ça va me revenir bientôt, je suppose (m'attends).

33 Vous feriez mieux de rester (et avoir) prendre une tasse de thé avec nous.

34 Nous avions fini le thé quand ça lui *re*vint, et Edith se montra sans raison d'une humeur massacrante (fut fort déraisonnablement, fâchée) quand je rentrai.

35 Comment pouvais-je trouver mon râteau, lui dis-je avec reproche, quand *c'est* toi *qui* t'en servais?

oooooooooooooooooooooooooooooooooooooooo

(12) Flu (flioû) : influenza.

36 The **Vic**ar lent it to **J**o**hn**son-Cl**ith**eroe, and **J**o**hn**son-Cl**ith**eroe lent it to C**ol**onel Hogg—".

(From *Punch.*) **(13)**

Thorns *live* and *roses* *die*

37 Why do our joys dep**art**
For c**a**res to s**ei**ze* the heart?
38 I know not **(14)**. N**a**ture says:
Ob**ey***; and Man ob**ey**s.
39 I see, and know not why
Thorns* l**iv**e and r**o**ses d**ie**.

Nous espérons que vous apprécierez la façon charmante dont cette « bluette » est dite sur le disque, à la suite de la leçon suivante.

oooooooooooooooooooooooooooooooooooooo

EXERCISE. — **1** He's a b**ea**st, but he's got p**i**les (*ou* tons) of m**o**n**e**y. — **2 Af**ter I have gone, you can sing aw**ay** to your heart's cont**en**t. — **3** I am no good at l**e**tter-wr**i**ting (*ou* at wr**i**ting l**e**tters). — **4** Let us pass on to the next man. — Pass it on to the next man. — **5** Why do you look so cross? — **Ev**erything is going wrong with me today. — **6** This m**a**tter needs p**on**dering **o**ver. — **7** Tom lent me £ 5; I b**or**rowed £ 5 from Tom; Tom m**a**de me a loan of £ 5; I rec**ei**ved a loan of £ 5 from Tom. — **8** Is your aunt in? — She isn't, but I exp**e**ct she'll be in pr**e**sently, if you'd c**a**re to wait. — **9** He is down with flu. — **10** He is a m**e**re tool in their hands. — **11** K**ee**p still, or I'll punch your h**ea**d.

36 Le pasteur l'a prêté à J.-Cl et J.-Cl. l'a prêté au colonel Hogg...

(Extrait de *Punch*.)

LES ÉPINES VIVENT ET LES ROSES MEURENT

37 Pourquoi nos joies s'en vont-elles, tandis (pour) que les soucis *nous* saisissent le cœur?
38 Je ne sais. La nature dit : Obéis, et l'homme obéit.
39 Je vois, et ne sais pourquoi, les épines vivre et les roses mourir.

oooooooooooooooooooooooooooooooooooooo

(13) A Punch and Judy show : *Un théâtre de Guignol.* (Judy *est la femme de* Punch.) — Punch (peu'n'tch), *à part la boisson, désigne aussi un violent coup de poing. Il dérive alors de* to punch, *poinçonner, perforer,* et aussi *taper fort.*

(14) I know not : *licence poétique, pour* I do not know.

Punch (the English " Guignol ") is the title of the best-known comic and satirical weekly paper in Great Britain.

Inspector : " Got away, has he? Did you guard all the entrances? "

Country Constable : " Yes, but we think he must have left by one of the exits. "

Judge : "The two men were fighting with chairs. Didn't you try to establish peace? "

Witness : " No, there was not a third chair. "

1 C'est une brute, mais il a des tas d'argent. — **2** Quand je serai parti (Après que j'ai parti), vous pourrez chanter tout votre saoul. — **3** Je ne vaux rien pour écrire des lettres. — **4** Passons au suivant. — Faites-le passer au suivant. — **5** Pourquoi avez-vous l'air de si mauvaise humeur? — Tout me va de travers aujourd'hui. — **6** Cette question demande qu'on y réfléchisse. — **7** Tom m'a prêté £ 5; j'ai emprunté £ 5 à Tom; Tom m'a fait un prêt de £ 5; j'ai fait un emprunt (reçu un prêt) de £ 5 à (de) Tom. — **8** Votre tante est-elle à la maison? Non, mais je pense qu'elle ne va pas tarder, si vous voulez bien attendre. — **9** Il est au lit avec la grippe. — **10** Il n'est qu'un instrument entre leurs mains. — **11** Tiens-toi tranquille ou je te frotterai les oreilles.

Sixth (6th) Lesson

Such is life

1 ... When I was at Bart.'s (1) I had a great friend, another student, named Lewis*.

2 That was, let me see, more than forty years ago.

3 We were both devoted to music; I played the violin, he the 'cello (2); and we spent a great deal of time at the opera.

4 When we were through (3), I stayed on for a while as H. P. (4),

5 and Lewis went on a P. & O. boat as ship's doctor,

6 and taking a fancy (5) to the East remained out there.

7 Well, when we parted on the night before he sailed,

PRONUNCIATION. — Lewis : lou'iss. — knob : nob. — Britain : brit'n. — azure : ëjeuër.

C'EST ÇA (Telle est) LA VIE

1 ... Quand j'étais à l'*hôpital* St-B., j'avais un grand ami, étudiant comme moi (un autre étud.), nommé Lewis.

2 Il y a de cela, voyons (c'était, laissez-moi voir) plus de quarante ans.

3 Nous nous adonnions (étions dévoués) tous deux à la musique; je jouais du violon, lui du violoncelle; et nous passions une grande partie de *notre* temps à l'Opéra.

4 Quand nous eûmes fini *nos études,* je demeurai quelque temps (pour un espace de t.) comme médecin attaché *à l'hôpital,*

5 et L. s'embarqua (alla) sur un bateau de la Penins. & Or. comme médecin du bord (docteur de navire)

6 et prenant goût (une fantaisie) à l'Orient (l'Est), *il* resta là-bas (hors là).

7 Alors (Bien), quand nous nous séparâmes le soir d'avant son départ (avant qu'il mît à la voile),

oooooooooooooooooooooooooooooooooooooo

(1) Bart's : St-Bartholomew's *Hospital* (barfolomioû'z).

(2) The cello (tchéll'lo) : *diminutif usuel de* violoncello (vaï).

(3) To go through with something : to accomplish to the end. — I must carry this work through : *Il faut que je mène cet ouvrage à bonne fin.* — I am through with you! *J'en ai assez de vous, je ne veux plus entendre parler de vous.* — I stayed on : *Je continuai de rester. On indique la continuation* : Carry on with your work : *Continuez votre travail.*

(4) H. P. (étch pî) *n'est pas ici* horse power, *mais* house physician (fizish'n) : *médecin, interne.* — *Au paragraphe suivant,* P. & O. : Peninsular (pèni'nsioulër) and Oriental (oriènt'l).

(5) He took a fancy to the place : *Il s'attacha à (se prit d'affection pour) l'endroit.* — I rather fancy your tie : *Votre cravate me plaît beaucoup.* — He fancies himself a lot : *Il est entiché de lui-même.*

8 we m**a**de an **un**dertaking that whene**v**er we next met, and at all our f**u**ture m**ee**tings,

9 **e**ach of us would greet the **oth**er by whi**st**ling the **o**pening notes of B**ee**thoven's Fifth S**ym**phony.

10 You know how it goes—

11 Well, when we m**a**de that pr**om**ise we exp**ec**ted to meet **of**ten,

12 for he had then no int**en**tion of s**ett**ling in Jap**an**.

13 But s**ett**le he did, and he c**a**me back to **E**ngland for the first t**i**me **o**nly last week.

14 I had heard from **(6)** him now and then, and a bri**e**f l**et**ter c**a**me the **oth**er day ann**ou**ncing his arr**i**val,

15 and **as**king me to d**i**ne with him at his hot**el**.

16 "Come up to my room", he **ad**ded. So I went.

17 He was on the top-floor, and as I appr**oa**ched **(7)** his room

18 a ch**a**mbermaid c**a**me al**on**g and told me he was there and the door had been left **o**pen for me.

19 Just as I put my hand to the knob* I recol**lec**ted our old agr**ee**ment and,

20 st**a**nding on the door-mat, I beg**an** to whi**s**tle.

8 nous prîmes (fîmes un) l'engagement que quand (jamais) nous *viendrions* à nous retrouver (nous nous rencontrerions la prochaine *fois*), et à toutes nos rencontres futures,
9 chacun de nous saluerait l'autre en sifflant les premières (ouvrantes) notes de la 5e Symphonie de Beethoven.
10 Vous savez comment ça va...
11 Eh bien, quand nous fîmes cette promesse, nous comptions nous rencontrer souvent,
12 car il n'avait alors aucune intention de se fixer au Japon.

13 Mais *voilà*, il s'y fixa (se fixer il fit), et il est revenu revint) en Angleterre pour la première fois la semaine dernière seulement.
14 J'avais eu de ses nouvelles de temps à autre, et une brève lettre *m'*arriva l'autre jour, annonçant son arrivée,
15 et m'invitant (demandant) à dîner avec lui à son hôtel.
16 Montez à ma chambre, ajoutait-il. Aussi, j'y allai.
17 Il était jusqu'en haut (à l'étage *du* sommet), et comme j'approchais *de* sa chambre,
18 une femme de chambre vint (le long) *vers moi*, et me dit qu'il y était, et que la porte avait été laissée ouverte pour moi.
19 Juste comme je mettais la (ma) main à la poignée, je me souvins de notre vieil accord, et
20 restant (debout) sur le paillasson, je me mis à siffler.

ooooooooooooooooooooooooooooooooooooo

(6) Have your heard from him? *Avez-vous de ses nouvelles de lui (directement)?* — Have you heard of him? *Avez-vous entendu parler de lui?*

(7) I approached his room : I came near, I drew near to his room.

6th LESSON

21 Funny I should have forgotten it till I was so near him; but I had.

22 He made no response (8), but, hearing him moving about inside, I repeated it louder.

23 Again he did not respond; so I pushed the door open (9)

24 and marched in in full blast (10) like a drum and fife band.

He did not want to marry, but marry he did, and his troubles began

25 He ran to grasp my hand, shook it warmly and thrust me into a chair.

26 "But why didn't you whistle too?" I asked him.

27 He looked at me blankly (11) for a moment

28 and then fetched an ear-trumpet from the table.

29 He had become totally deaf.

(From *Loiterer's Harvest*, by E. V. Lucas. Methuen & Co., publishers.)

21 *C'est* drôle que je l'aie (l'aurais) oublié jusqu'à ce que je fusse (j'étais) si près de lui, mais *c'était comme ça* (j'avais).
22 Il ne fit aucune réponse; mais, l'entendant remuer (environ) à l'intérieur, je recommençai (le répétai) plus fort.
23 De nouveau, il ne répondit pas; alors j'ouvris la porte *d'une* poussée
24 et fis mon entrée à grand (en plein) fracas, comme une musique de tambours et de fifres.
25 Il *ac*courut me saisir la main, la serra (secoua) chaudement et me poussa (fourra) dans une chaise.
26 Mais pourquoi n'as-tu pas sifflé, *toi* aussi? lui demandai-je.
27 Il me regarda un moment *sans comprendre* (vide)
28 et puis alla prendre (chercher) un cornet acoustique sur (de) la table.
29 Il était devenu totalement sourd.

(De *Récolte de flâneur*, par E. V. Lucas.)

Once bitten twice shy. — " Why did that old **gentleman** jump out of your way as you passed? "

" Oh, he **used** to be my **dancing master**. "

oooooooooooooooooooooooooooooooooooooo

(8) He **made** no **response** (risspo'n'ss) : he **gave** no reply *ou* **answer**. — To **move** (moûv) : *bouger*; to **move about** : *se déplacer, remuer.*

(9) I pushed the door **open** : I **opened** the door with a push. — I threw the door **open** : *J'ouvris violemment la porte.*

(10) Blast : 1) *le son d'un instrument à vent*; 2) *la bise, rafale de vent*; 3) *l'explosion d'une mine.* The blast of a **trumpet** : *le son d'une trompette*; the cold **northern** blast : *la froide bise du nord.* — To blast : *flétrir, dessécher (les plantes), détruire, faire sauter.* The fruit-trees were **blasted** by the frost : *Les arbres fruitiers furent brûlés par la gelée.* — He **marched** in in full blast : *la répétition de in n'est pas très heureuse; mais il s'agit d'anglais usuel, et non littéraire.*

(11) A blank **space** : *un espace resté vide, un blanc*; a blank **page** : *une page blanche.* His mind *ou* His **memory** is a blank : *Il a la tête vide, ou il ne se rappelle rien.*

6th LESSON

Rule Britannia

30 When Britain* first at Heav'n's command (12)
31 Arose from out the azure* main, (13)
Arose, arose from out the azure main,

32 This was the charter, the charter of the land,
And guardian angels sang this strain (14) :
33 Rule Britannia! Britannia rule the waves;
Britons never, never, never shall be slaves.

oooooooooooooooooooooooooooooooooooooooo

EXERCISE. — **1** Before giving your opinion on this book, you should read it through. — **2** Somehow, I don't fancy going to the pictures tonight. — **3** When I see him next, I'll give him a piece of my mind. — **4** He did not want to marry, but marry he did, and his troubles began. — **5** Ask him to ask your friend to dinner. — **6** Come along with me, I promise you lots of fun! — **7** Now, keep smiling, don't move! — **8** Move up a little, please, that this lady may sit! — Move on! — **9** I kicked the door open. — **10** The war blasted all his hopes. — **11** He fired at her point-blank, and missed her.

RÈGNE (régis) BRITANNIA .

30 Quand *la Grande*-Bretagne d'abord, sur l'ordre du Ciel,
31 Surgit (s'éleva) de l'immensité azurée *des mers*,
32 Voici *quelle* (Ceci) fut la charte, la charte du pays, et *les* anges gardiens chantèrent ces accords :
33 Règne (régis), Britannia, Brit. règne *sur* les flots; les Britanniques ne seront jamais (*ter*) esclaves.

OOOOOOOOOOOOOOOOOOOOOOOOOOOOOOOOOOOOOO

(12) Great Britain : *la Grande-Bretagne.* Brittany (brit-ëné) : *la Bretagne.* — The inhabitants of Great Britain are called Britons, or (more modern) Britishers. — *Les Bretons :* the Bretons (brèt'nz).

(13) Arose from out the *pour :* arose out of the. — When the sun arose : *Quand le soleil se leva. Mais* arise *est moins usuel que* rise, *et on dira :* The sun rises at 6 o'clock, and sets at 9 : *Le soleil se lève à* 6 h. *et se couche à* 9. — Main *ici terme poétique pour* Océan, immensité marine. — I agree with you in the main : *Je suis d'accord avec vous sur l'essentiel.* — He struggled with might and main : *Il se débattit de toutes ses forces.* — The main-building : *le bâtiment principal.*

(14) Strain, *ici* accords, chant, *plus usité dans le sens de* tension, effort : It is a great strain upon our resources : *C'est un grand effort, pour nos moyens.* Don't carry that heavy chest, or you'll strain yourself : *Ne portez pas cette lourde caisse, ou vous vous ferez du mal (un effort).* — To strain *est aussi filtrer, passer :* a tea-strainer, *une passoire à thé.*

OOOOOOOOOOOOOOOOOOOOOOOOOOOOOOOOOOOOOO

1 Avant de donner votre avis sur ce livre, vous devriez le lire jusqu'au bout. — **2** Je ne sais pourquoi (De façon ou d'autre) ça ne me dit rien d'aller au cinéma ce soir. — **3** La prochaine fois que je le verrai, je ne lui mâcherai pas les mots (lui donnerai un morceau de mon esprit). — **4** Il ne voulait pas se marier, mais voilà, il se maria, et ses ennuis commencèrent. — **5** Demandez-lui d'inviter votre ami à dîner. — **6** Venez-vous-en avec moi, je vous promets de la rigolade! — **7** Allons, souriez (gardez le sourire), ne bougez plus! — **8** Serrez-vous un peu, s.v.p., que cette dame puisse s'asseoir. — Circulez! — **9** J'ouvris la porte d'un coup de pied. — **10** La guerre ruina toutes ses espérances. — **11** Il fit feu sur elle à bout portant et la manqua.

Seventh (7th) Lesson

REVISION AND NOTES

1. Comment *est un de ces mots dont l'accent se déplace, suivant qu'ils sont substantifs ou verbes :*

He **ma**de no **co**mments (comë'nt's) on the **sub**ject.

Mais :

He comm**en**ts (comè'nt's) up**on** it with**ou**t end.

De même, nous aurons : an **in**sult, to ins**ul**t; a **re**bel (rèbël), to reb**el** (ribèl), *se révolter*; a pr**e**sent (prèz'n't), to pres**en**t (prizèn't) ; he is **ab**sent (**ab**së'n't) ; he abs**en**ts (absè'n'ts) hims**el**f;

Exp**en**se is no **ob**ject with him : *il ne regarde pas à la dépense*; I have n**o**thing to obj**ec**t against him : *je n'ai rien à dire contre lui.*

Is he a Br**i**tish s**ub**ject? *Est-il sujet britannique?* — You will **o**nly subj**ec**t yours**el**f to r**id**icule : *Vous ne ferez que vous exposer au ridicule.*

To br**ea**k (*or* b**ea**t) a r**ec**ord (rècörd') : *battre un record... ou, avec* to br**ea**k : *briser un disque.* — I can rec**o**rd (ricord') it p**er**fectly well : *je m'en souviens parfaitement*; fr**e**quent (frikouë'nt') : *fréquent*; to frequ**en**t (frikouèn't) : fréquenter, etc., etc.

Nous voyons donc que l'accent est sur la première syllabe pour le nom, et sur la seconde pour le verbe. Mais ce n'est pas une règle absolue, et nous aurons, par exemple :

A w**it**ness, *un témoin*; to w**it**ness : *témoigner.*

A q**uar**rel, to q**uar**rel.

An **ex**ercise (**è**ksësaïz), to **ex**ercise.

A rev**ol**t (riv**o**lt'), to rev**ol**t.

A ret**ur**n (rit**eu**rn), to ret**ur**n.

A m**ar**vel (m**â**rv'l), to m**ar**vel.

A rev**en**ge (riv**è**'ndj'), to rev**en**ge, etc., etc.

2. Rappelons que le b est muet après un m, *comme dans* cl**i**mb (cl**aï**'m), *grimper*; thumb (*f*eum'), *pouce*; comb (côm'), *peigne*; tomb (toum'), *tombeau*; pl**um**ber (pl**eu**mër), *plombier.*

On dira donc :

I was c**o**mbing (c**ô**mign) my hair : *je me peignais, en prononçant bien l'***ô** *pour distinguer de :*

I was c**o**ming (c**ö**mign') mys**e**lf : *je venais moi-même.*

Le b est également muet *dans* doubt (d**a**out) *et ses composés :* und**ou**btedly, d**ou**btful, d**ou**btless, *etc.*

Comme autres lettres " à éclipse ", notons le **g** *avant l'***n** *et l'***n** *après l'***m** :

F**or**eign (f**o**ri'n) ; deign (dè'n) ; reign (ré'n) ; **sov**ereign (söv'ri'n), etc.

To gnash (nash) one's teeth : to grind one's teeth : *grincer des dents.* — To gnaw (n**o**r) : *ronger*; — A gnat (nat') : *un moucheron.*

Hymn (hi'm) ; **aut**umn (**o**rteum') *quoi qu'on dise* aut**um**nal (ort**eum**'nël).

Le **k** *devant* **n** :

To know (n**ô**ou), kn**u**ckle (n**eu**k'k'l) knock-kneed (n**o**k-nîd) : *aux jambes cagneuses*; knob (nob), *pommeau, grosseur*; knot (not'), *nœud*; kn**i**ght (n**aï**t'), *chevalier*; kn**i**fe (n**aï**f) *couteau*; to knit (nit'), *tricoter, et* knack (nak), *le tour de main, ou le truc.*

It is a m**e**re knack : *ce n'est qu'un simple truc.* It is **e**asy; once you have caught the knack of it : *C'est facile, une fois que vous en avez attrapé le chic.*

3. Construction à retenir : As I m**i**ght have exp**e**cted : *Comme j'aurais pu m'y attendre (je pourrais m'y être attendu).* — We ought to have done it : *Nous aurions dû le faire (Nous devrions l'avoir fait)*, etc.

4. Up *après un verbe en renforce le sens.* He drank his m**e**dicine : *Il but sa potion.* He drank up his m**e**dicine : *Il but toute sa potion, il l'avala d'un coup.* — He came to me : *il vint à moi*; he c**a**me up to me : *Il s'approcha de moi, vint droit à moi.* H**u**rry! *Dépêchez-vous est moins idiomatique que* H**u**rry up! — Will you t**i**e this? *ne se dit guère, mais :* Will you t**i**e this up? *Voulez-vous attacher ceci?*

5. L'emploi du participe présent ou du gérondif *n'est pas soumis à des règles strictes; on peut dire par exemple :* I rem**em**ber b**or**rowing it *ou* I rem**em**ber I b**or**rowed it : *je me rappelle l'avoir emprunté.* — After l**oo**king at it, he went aw**ay** *ou* After he had l**oo**ked at it, he went aw**ay**. — *La phrase est allégée par l'emploi du gérondif :* Up**on** my g**iv**ing it to him *au lieu* de When I had g**iv**en it to him. — After your d**o**ing it *au lieu de* After you have (*ou* had) done it, etc.

6. A leaf, the leaves : *une feuille, les feuilles.* De même : thi**e**f, thi**e**ves (*voleurs*) ; calf, calves (veaux) ; half, halves (*moitiés*) ; mais h**an**dkerchief *fait* h**an**dkerchiefs : scarf, scarfs (*écharpes*) ; h**oo**f, h**oo**fs, *ou moins usité*, h**oo**ves (*sabots d'animal*) ; r**oo**f, r**oo**fs, (*toits*) ; beli**e**f, beli**e**fs (bilîfs, *croyances*).

7. La prononciation *n'est pas fixée pour* towards (t**ô**ouëdz *ou* tôou**a**rdz), **ei**ther, n**ei**ther, (**a**ïvër, n**a**ïvër, *ou* îvër, nîvër) ; fin**an**ce (fin'**a**'nce *ou* faïn**a**'nce) ; dir**ec**tor (dir**ec**tër *ou* daïr**ec**tër).

⁂

Phtholognyrrh. — " I bet you ", said Jack " you can't pron**ou**nce this corr**ec**tly. Oh, it doesn't m**ea**n **a**nything d**i**fficult — just a well-kn**o**wn **E**nglish s**ur**name. " And he wrote down : **Phtholognyrrh.**

We prot**e**sted : " You call this breakjaw (br**è**kdjor : " *casse-mâchoire* ") a well-kn**o**wn **E**nglish s**ur**name? "

" And so it is, **o**nly the origin**a**lity lies (*repose*) in the sp**e**lling (*l'orthographe*). — I'll r**e**ad it out for you : T**ur**ner. "

" Why! how can this be Turner? "

" I'll m**a**ke it qu**i**te cl**ea**r :

Phth, as pron**ou**nced in phth**i**sical (t**i**zic'l, *phtysique*) stands for **T**;

Olo is **ob**viously **ur,** as pron**ou**nced in c**olo**nel;
As for **gn,** it is **n** as you have it in gnat (nat', *moucheron*).
And fi**n**ally **yrrh** is t**a**ken from myrrh (meur : *myrrhe*) ! "

Su**r**name (sërnè'ëm') : *nom de famille.* — Chr**is**tian n**a**me : *nom de baptême.* — First n**a**me : *prénom.* — N**ick**name : *surnom, sobriquet.*

***

Tongue-twisters. — Say : She sells shell-fish (*coquillages* ou *crustacés*) on the s**e**a-shore.

Rep**e**at fi**v**e t**i**mes **qui**ckly : " The horn of the hunter was heard on the hill " (*On entendit le cor du chasseur sur la colline*).

***

Conundrums. — (A con**un**drum is a k**i**nd of r**id**dle, the **an**swer to which inv**ol**ves a pun : *calembour.*)

When were there **o**nly two **vow**els (**va**ouëlz, *voyelles*) ?
In the time of Noah (no A), which was bef**o**re U (*you*) and I were born. (N**o**ah : *Noé*).

What is the **dif**ference betw**ee**n a rej**e**cted **lo**ver and a dev**o**ted h**us**band?

One m**i**sses the k**i**sses and the **oth**er k**i**sses the " m**i**ssus " (la " bourgeoise ").

Why is a dog's tail like the **in**side of a tr**ee**?

Bec**au**se it is f**ar**thest from the bark.

(Bark : 1) *aboiement;* 2) *écorce.*)

NOS SIGNES CONVENTIONNELS

Récapitulation

ë : son de e muet, comme dans *me, je, te.*

ö : o prononcé presque *eu*, du bout des lèvres.

à : entre a et è.

ou : ou assourdi, rapproché de *eu* ou *au*.

où : même son qu'en français.

v, f : prononciation provisoire du *th* doux et du *th* dur.

r : r très atténué; prolonge le son de la voyelle qui le précède.

LETTRES EN GRAS

Elles indiquent l'accent tonique. Quand une **voyelle seule est en gras**, c'est qu'elle a le son « plein » : **é**e pour **a**, a**ï** pour **i**, **î** pour **e**, **ô** ou **ou** pour **o** (note, m**o**ve), iou pour **u**, *etc.*, ou qu'elle domine dans le groupe, comme p. ex. dans a gr**ea**t deal (gr**é**'ët' dîl).

Quand **la voyelle et la consonne suivante sont en gras**, c'est que la voyelle a un « son court ».

Pour **ou**, le gras est **a**ou (ab**ou**t), le maigre **ô** ou **eu** suivant les cas.

Pour ow, le son **a**ou est indiqué par **o**w, le son **ô**ou par **ow** : br**o**w (br**a**ou) : *front* ou *sourcil*; best**ow** (bist**ô**ou) : *conférer à.*

7th LESSON

Eighth (8th) Lesson

The *Or*der of the Bath

1 "We must **re**ally do s**o**mething ab**ou**t the bath", said Celia.

2 "We must", I agr**ee**d. At pr**e**sent **(1)**, what we do is this.

3 P**un**ctually at six-th**ir**ty or n**i**ne, or whene**v**er it is, Celia goes in to m**a**ke hers**elf** cl**ea**n and **beau**tiful for the new day, while I am**u**se mys**elf** with a r**a**zor.

4 **Af**ter a q**uar**ter of an **hour** or so she gives a whi**st**le* to impl**y** that the b**ath**room is now v**a**cant,

5 and I give an**oth**er one to **in**dicate that I have **o**nly cut mys**elf** **o**nce.

6 I then go h**o**pefully in and f**i**nd the bath **(2)** is half full of w**a**ter;

7 wh**e**reup**on*** I go back to my r**oo**m and engage in Dr. Hugh's phy**s**ical **ex**ercises for the mi**d**dle-**a**ged.

8 **Af**ter these are **o**ver I t**a**ke an**oth**er look at the bath, disc**o**ver that it is now thr**ee**-eighths full,

PRONUNCIATION. — **Whistle** : houiss'l. — **whereupon** : houèr'eupo'n. — **Horace** : **hor**éce. — **plumber** : pleum'ĕr. — **cheque** : tçhèk. — **emergency** : imĕrdjè'nsé.

L'ORDRE DU BAIN

1 Il faut *tout de même* (réellement) que nous fassions quelque chose au sujet de la baignoire, dit Celia.
2 Il *le* faut, acquiesçai-je. A présent, voici ce que nous faisons.
3 Ponctuellement à 6 h. 30, ou à 9 h., ou quand (jamais) ça *se trouve*, Célia y va, *afin* de se faire propre et belle pour la journée nouvelle, tandis que je m'amuse avec un rasoir.

4 Au *bout* (après) *d'*un quart d'heure ou *à peu près* (ainsi), elle siffle un coup (donne un sifflet) pour *me faire savoir* (indiquer) que la salle de bains est (maintenant) libre,
5 et je siffle aussi un coup (j'en donne un autre) pour indiquer que je ne me suis coupé qu'une seule fois.
6 J'entre alors plein d'espoir et trouve que la baignoire est à moitié pleine d'eau;
7 sur quoi je retourne à ma chambre et *me livre* (engage dans) aux exercices physiques du Dr H., pour (les) *personnes* d'âge moyen.
8 Quand (Après) ceux-ci sont terminés, je jette (prends) un autre coup d'œil (regard) sur la (à la) baignoire, découvre qu'elle est *encore* (maintenant) pleine *aux* trois huitièmes.

ooooooooooooooooooooooooooooooooooooooo

(1) **At present** : *à présent. Mais* **presently** : *bientôt, tout à l'heure.*

(2) The bath (bâf) : *le bain* ou *la baignoire, qu'on peut aussi appeler* bath-tub. (V. *L'Anglais sans peine*, leç. 119, par. 10.)

9 and return to my room and busy myself with Dr. Marshall's mental drill for busy men.

10 By the time I have committed three Odes of Horace* to memory (3) it may be low tide or it may not;

11 if not, I sit on the edge of the bath with the daily paper and read about the latest strike—

12 my mind occupied equally with wondering when the water is going out and when brick-layers are (4).

13 And the thought that Celia is now in the dining-room eating more than her share of the toast does not console me in the least.

14 "Yes", I said, "it's absurd to go on like this. You had better see about it today, Celia."

15 Celia gave a sigh of resignation,
"All right", she said, "I'll go to the plumber* today."

16 "Not the plumber", I begged. "On the contrary. The plumber is the man who *stops* the leaks (5). What we really want is an **un**plumber."

9 et retourne à ma chambre, et m'occupe avec l'entraînement mental du Dr M., pour hommes affairés.
10 Lorsque (Par le temps) j'ai appris par cœur (« commis à mémoire ») trois Odes d'Horace, il se peut ou non que ce soit marée basse (il peut être marée basse ou il ne peut pas) ;
11 si *c'est* non, je m'assieds sur le rebord de la baignoire avec le journal *du jour* (quotidien) et lis *les nouvelles* (au sujet) de la dernière grève,
12 l'esprit également occupé à me demander quand l'eau va s'écouler (va sortir) et quand les maçons vont *se mettre en grève* (V. note).
13 Et la pensée que Celia se trouve alors (est maintenant) dans la salle à manger, en train de prendre (manger) plus que sa part de rôties, ne me console pas le moins *du monde.*

14 Oui, dis-je, c'est absurde de continuer comme ceci. Tu ferais mieux de t'en occuper (d'y voir) aujourd'hui, Celia.
15 Celia *poussa* (donna) un soupir de résignation. — C'est bon, dit-elle, j'irai *chez le* (au) plombier aujourd'hui.
16 Pas le plombier, *la* priai-je. Au contraire. Le plombier est l'homme qui bouche les fuites. Ce qu'il nous faut vraiment, c'est un « déplombier ».

oooooooooooooooooooooooooooooooooooooo

(3) To commit to memory : to learn by heart.

(4) *C'est pour le jeu de mots* (to go out on strike : *se mettre en grève*), *que l'auteur dit :* when the water is going out, *au lieu de* is running out : *s'écoule.*

(5) My petrol-tank is leaking : *Mon réservoir d'essence fuit.* — There is a leak somewhere : *Il y a une fuite q.que part.* — The leek (même prononciation) : *Le poireau.*

8th LESSON

17 We fell **in**to **si**lence a**gain**.
"But how **si**lly we are!" cried Celia **sud**denly. "Of course!"

18 "What's the **mat**ter now"?
"The bath is the *landlord's* b**us**iness! W**ri**te and tell him."

19 "But—but what shall I say?" **Som**ehow I knew Celia would put it on to me.

20 "Why, just—*say*. When you're p**a**ying the rent, you know."
"I—I see."

21 I re**ti**red to the **li**brary (**6**) and thought it out. I **hate** writing b**us**iness **let**ters.

22 The re**sult** is a **mix**ture of for**mal**ity and ch**at**tiness which s**ee**ms to me all wrong.

23 My first **let**ter to the **land**lord went **like** this—

24 "Dear Sir.—I enc**lose** che**que*** in p**a**yment of last q**uar**ter's rent. Our bath won't run out pr**o**perly. Yours f**a**ithfully."

25 It is **dif**ficult to say just what is wrong with that **let**ter,

26 and yet it is **ob**vious that **som**ething has **hap**pened to it. It isn't *right*. I tr**i**ed a**gain**.

17 Nous retombâmes dans *le* silence. — Mais que nous sommes bêtes! s'écria soudain Celia. Bien sûr.
18 Qu'est-ce qui se passe maintenant? — La baignoire, c'est l'affaire du propriétaire! Ecris-*le* (et dis-)lui.
19 Mais... mais que dirai-je? Je savais bien que Celia *s'arrangerait pour* me mettre *la chose sur le dos.* (De façon ou d'autre, je savais que C. me la mettrait dessus.)
20 Mais, dis-*le tout simplement* (juste). En (Quand) payant le loyer, vois-tu (tu sais). — Je... je vois.
21 Je *me* retirai dans la bibliothèque et y réfléchis. Je déteste écrire des lettres d'affaires.

22 Le résultat est un mélange de formalité et de bavardage qui me paraît tout de travers.
23 Ma première lettre au propriétaire était (allait) comme *suit* (ceci) :
24 Cher Monsieur, Je vous mets ci-inclus *un* chèque en paiement du dernier terme de loyer. Notre baignoire ne se vide pas (veut pas se vider) comme il faut. Sincères salutations.
25 Il est difficile de dire au juste ce qui ne *va pas* (est faux avec) *dans* cette lettre,
26 et pourtant, il est évident qu'il lui est arrivé quelque chose. Ce n'est pas ce qu'il faut. J'essayai de nouveau.

oooooooooooooooooooooooooooooooooooooooo

(6) The library : *la bibliothèque*. The book-shop : *la librairie*; the bookseller : *le libraire*. — D'autre part, the booking-office *n'a rien à voir avec les livres*, c'est *le bureau de vente des billets* (*gares ou théâtres*). — Have you booked your seats? *Avez-vous pris vos places* (*vos billets*)?

8th LESSON

27 "Dear Sir—Encl**o**sed pl**ea**se f**i**nd ch**eq**ue in p**a**yment of encl**o**sed acc**ou**nt.

28 I must ask you **ei**ther to enl**ar**ge the **ex**it to our bath or to suppl**y** an em**er**gency* door **(7)**.

29 At pr**es**ent my m**or**ning and **e**vening baths are in s**e**rious d**a**nger of cl**ash**ing **(8)**. Yours f**a**ithfully."

30 My third att**empt** had more sting **(9)** in it:—

"Dear Sir,—Unl**ess** you do s**om**ething to our bath,

31 I c**an**not send you encl**o**sed ch**eq**ue in p**a**yment of encl**o**sed acc**ou**nt. **Oth**erwise I would have. Yours f**a**ithfully."

32 At this point I wh**is**tled to C**e**lia and laid the l**et**ters bef**ore** her.

33 "You see what it is", I said "I'm not q**ui**te g**et**ting the note."

34 "But you are so abr**upt**", she said. "You must rem**em**ber that this is all c**om**ing qu**i**te as a surpr**i**se to him.

35 You want to l**e**ad up to it more gr**ad**ually."

36 I tore the l**et**ters up and t**ur**ned to C**e**lia. "I'm a f**oo**l," I said.

37 "I've just thought of s**om**ething which will s**a**ve me all this r**ot**ten b**u**siness **ev**ery m**or**ning."

27 Cher Monsieur, Ci-inclus veuillez trouver *un* chèque en paiement du compte ci-joint.
28 Il faut que je vous demande, soit d'agrandir l'écoulement (la sortie, V. note) de notre baignoire, *soit* (ou) de fournir une porte de secours.
29 Présentement, *il y a sérieux danger de heurt entre mon bain du matin et celui du soir* (Mes bains du matin et du soir sont en sérieux danger de se heurter). Sincères salutations.
30 Ma troisième tentative fut plus mordante (avait plus de piqûre dedans) : — Cher Monsieur, A moins que vous ne vous occupiez de (ne faites q.q.ch. à) notre baignoire,
31 je ne puis vous envoyer le chèque inclus, en paiement du compte inclus. Autrement, je l'aurais *fait*. Sincères salutations.
32 A ce moment (point), je sifflai *pour appeler* (à) Celia, et lui soumis les lettre (posai les l. devant elle).
33 Tu vois ce que c'est, dis-je, je n'attrape pas tout à fait le ton.
34 Mais tu es si cassant (abrupt), dit-elle. Il faut te rappeler que tout ceci lui vient à l'improviste (tout à fait comme une surprise).
35 Il faut que tu amènes la *chose* plus graduellement.
36 Je déchirai les lettres et *me* tournai vers Celia. — Je suis un imbécile, dis-je.
37 Je viens de penser à quelque chose qui m'épargnera tous ces fichus embêtements (toute cette affaire pourrie) tous les matins.

ooooooooooooooooooooooooooooooooooooooo

(7) *Expressions de théâtre :* **exit (egg'zit')** : *sortie*; **emergency door** : *sortie de secours.*

(8) To clash : *se heurter violemment, s'entre-choquer,* et aussi *se contrarier.* The **clashing** of swords : *Le cliquetis de sabres.* — Our opinions clash on this point : *Nos avis s'opposent sur ce point.* — Pink clashes with red : *Le rose jure avec* (*se heurte au*) *le rouge.*

(9) Sting : *aiguillon, dard.* To sting (stung, stung) : *piquer.* — I was stung by a wasp : *J'ai été piqué par une guêpe.* — His words stung her to the quick : *Ses paroles la piquèrent au vif.*

8th LESSON

38 "I'm so glad. What is it?"

39 "Why, of course—in future *I* will go to the bath first."

40 And I do. It is a ridiculously simple solution, and I cannot think why it never occurred to me before.

(After A. A. Milne, in *Once a week*. - Methuen & Co., publishers.)

Half a loaf is better than no bread, *dit le proverbe, c'est-à-dire qu'il faut savoir se contenter de peu.* A loaf : *un pain entier* (pluriel loaves).

oooooooooooooooooooooooooooooooooooooo

EXERCISE. — **1** What about the strike? — The bricklayers walked out this morning. — **2** Take another look at the map, and you will understand my meaning (*ou* what I mean). — **3** Won't you stop (your) sawing? It sets my teeth on edge. — **4** In case of emergency, you need only call me up. — **5** What are you leading up to? (*ou* What are you driving at?) — **6** How did you like the play? — It was rotten. — **7** His eyes were full of tears; he could not tear himself away from her. — **8** You have torn your trousers. — **9** She tore her veil (vé'el) to shreds. — **10** In his anger, he tore up the newspaper. — **11** He tore downstairs.

38 Ça me fait bien plaisir (je suis si contente). Qu'est-ce que c'est?
39 Mais, naturellement, à l'avenir, *c'est* moi *qui* prendrai mon (irai au) bain *le* premier.
40 Et *c'est ce que* je fais. C'est une solution ridiculement simple, et je ne peux pas me figurer (penser) comment elle ne m'était jamais venue à l'esprit auparavant.

(D'après A. A. Milne, dans *Une Fois par semaine.*)

Aux phrases **24, 27** *et* **31**, *nous avons des échantillons du style commercial :* **business English,** *caractérisé par la suppression des articles :* **I enclose (a) cheque...** *et les clichés usuels :* **Enclosed please find (a) cheque.**

To hear, to feel, to see, to make, to watch, *comme vous le savez par la pratique, gouvernent l'infinitif incomplet* (*sans to*). **I heard him do it :** *Je l'entendis le faire.* Tandis que, p. ex. : **I helped him to do it :** *Je l'aidai à le faire.* — **I can't make him understand it,** *mais* : **I can't force him to understand it,** etc.

OOOOOOOOOOOOOOOOOOOOOOOOOOOOOOOOOOOO

1 Quoi de neuf sur la grève? — Les maçons ont « débrayé » ce matin. — **2** Jetez encore un coup d'œil à la carte et vous comprendrez ce que je veux dire. — **3** Ne voulez-vous pas vous arrêter de scier? Cela m'agace les dents. — **4** En cas de besoin, vous n'avez qu'à me téléphoner. — **5** Où voulez-vous en venir? — **6** Comment avez-vous trouvé la pièce? — Elle était mauvaise. — **7** Il avait les yeux pleins de larmes; il ne pouvait s'arracher d'elle. — **8** Vous avez fait un accroc à votre pantalon. — **9** Elle mit (déchira) son voile en pièces. — **10** Dans la colère il mit (déchira) le journal en morceaux. — **11** Il descendit l'escalier quatre à quatre.

8th LESSON

Ninth (9th) Lesson

What things *have* *come* to

1 While the train was st**o**pping—much too long—just outs**i**de some co**un**try st**a**tion,

2 I w**a**tched* three f**a**rm-l**a**bourers h**o**eing **(1)**, and all three were sm**o**king cigar**et**tes.

3 Now, bef**ore** the war you n**ev**er saw a f**arm**-**la**bourer with a cigar**ette** and you r**a**rely saw him sm**o**king d**u**ring work.

4 I am qu**i**te c**er**tain **al**so that you can't sm**o**ke a cigar**ette** and h**oe**

5 with**out** d**o**ing inj**us**tice **ei**ther to the tob**a**cco or to the crop.

6 No f**ar**mer today would, how**ev**er, have the c**ou**rage* to prot**est**.

7 "But," I said to a man the **oth**er week when he was bl**a**ming one of his m**es**sengers for an unp**ar**donable del**ay***,

PRONUNCIATION. — Watched : **ouotch't.** — **courage** : **keurédj'.** — delay : **dilê.** — khaki : **kâki.** — **worry** : **oueuré.**

OU NOUS EN SOMMES
(A quoi sont venues *les* choses)

1 Tandis que le train *restait* arrêté (s'arrêtait), beaucoup trop longtemps, juste à *la sortie* (au dehors) d'une gare rurale *quelconque* (quelque gare rur.),
2 j'observai (guettai) trois ouvriers agricoles *en train* de biner (binant), et tous trois fumaient des cigarettes.
3 *Comme vous savez* (Maintenant), avant la guerre vous ne voyiez jamais un ouvrier agricole avec une cigarette, et vous le voyiez rarement fumer pendant *le* travail.

9A

4 Je suis aussi tout à fait sûr qu'on ne peut (que vous ne pouvez) fumer une cigarette et biner
5 sans faire injustice soit au tabac, soit à la récolte.
6 Aucun fermier *d'*aujourd'hui n'aurait cependant le courage de protester.
7 Mais, dis-je à quelqu'un (à un homme) l'autre semaine, alors qu'(quand) il *pestait* contre (blâmait) un de ses garçons de course (messagers) pour un retard impardonnable,

oooooooooooooooooooooooooooooooooooooo

(1) To hoe (hô) : *biner, labourer avec une houe, sarcler.* — To labour (lé'ebër) *ne correspond pas* à labourer la terre, *mais à* travailler, faire des efforts, se donner du mal. — He is labouring under great difficulties : *Il lutte contre de grandes difficultés.* — The labour-party : *le parti travailliste.* — He was sentenced to six months' hard labour : *Il fut condamné à 6 mois de travaux forcés.* — A labourer : *un manœuvre, un homme de peine.* — A farm-labourer : *un ouvrier agricole.* — To till the ground : *labourer, cultiver la terre.*

Have you got a fag? *As-tu une « sèche »?* The fag-end, *ou* stub : *Le mégot, le bout de cigarette.*

8 "if he behaves like that, it is your business as an employer to sack (2) him."
9 "Sack him!" he replied blankly. "Employers don't give the sack any more; they get it."
10 And this is true. But a change must come,
11 and the interesting thing will be to see how complete that change is.

12 One thing is certain, and that is that Capital and Labour will never resume their old relations;
13 Labour has tasted too much blood.
14 And you can't put servants into khaki* and tell them they are our saviours
15 and then expect them to return to the status of servitude—at any rate not the same ones.
16 The process (3) of grinding the working classes back to their old position of subjection is going to be impossible;
17 and the statesmen will find that reconstruction must be based on foundations
18 which are set on a higher level than the old.

8 s'il se conduit comme cela, c'est votre affaire comme patron de le congédier.
9 Le congédier ! répliqua-t-il sans détours. Les patrons ne donnent plus congé ; *c'est* eux *qui* le reçoivent.
10 Et c'est vrai. Mais un changement doit se produire (venir)
11 et l'intéressant(e chose) sera de voir *jusqu'à quel point* (comment) ce changement *sera* (est) complet.
12 Une chose est sûre, et c'est que le capital et le travail ne reprendront jamais leurs anciens (vieux) rapports ;
13 le travail a trop pris le goût du sang (a goûté trop de sang).
14 Et vous ne pouvez mettre des domestiques en khaki et leur dire qu'ils sont nos sauveurs
15 et puis vous vous attendre à ce qu'ils reviennent à la condition (au statut) de servitude — du moins pas les mêmes.
16 (Le processus de) Refouler les classes ouvrières dans leur ancien état (position) d'asservissement (sujétion) *cela* va être impossible ;
17 et les hommes d'Etat reconnaîtront (trouveront) que *la* reconstruction doit être basée sur des fondements
18 établis (qui sont placés) à (sur) un niveau plus élevé que les anciens.

oooooooooooooooooooooooooooooooooooooo

(2) To sack : 1) *renvoyer, mettre à la porte* (to dismiss) ; 2) *saccager, mettre à sac* (to ransack). — The employer : *le patron* ; the employee (é'mploï) : *l'employé* (dans un sens général). *Un employé de banque :* a bank-clerk. *Un employé de magasin :* a shop-assistant. *Un employé des P.T.T. :* A post official.

(3) Process : 1) *le processus, la façon dont se fait une chose, le cours, l'enchaînement.* The natural process of things : *le cours naturel des choses.* — In process of time : *dans la suite des temps.* — 2) *procédé, opération.* By a chemical (kèmik'l) process : *par un procédé chimique.* — 3) *la procédure, la sommation (judiciaire) :* To serve a process on somebody : *signifier une sommation à quelqu'un.* — *Un procès se dit :* a lawsuit (lorsioût). — *Intenter un procès à q.qu'un :* To bring a lawsuit against somebody. — To grind : 1) *moudre, broyer, opprimer* ; 2) *grincer (des dents).* He ground his teeth with rage : *Il grinçait des dents de rage* ; 3) *apprendre laborieusement.* By dint of grinding : *à force de bûcher, de potasser.*

9th LESSON

The charwoman's point of view

19 Here's a nice thing my sister Violet's charwoman (4) said yesterday.

20 Violet seems to have been looking rather more wistful (5) than usual, but for no particular reason.

21 The charwoman, however, noticed it and commented upon it.

22 "You look very sad this morning", she said. "But then", she added, "ladies generally do."

23 "Why is that?" Violet asked. "They have such difficult lives", she said. "It is their husbands, I think."

24 "But you have a husband." "Yes, but we don't notice our husbands as much as you do.

25 They come in and they're cross and they swear, and we let them.

26 We've got our work to get on with.

27 But with ladies it's different; they take notice."

(From *Loiterer's Harvest*, by E. V. Lucas. Methuen & Co., publishers.)

LE POINT DE VUE DE LA FEMME DE MÉNAGE

19 Voici une jolie chose que la femme de ménage de ma sœur Violette *a* dite hier.
20 Il semble que Violette avait (V. semble avoir eu) l'air beaucoup plus préoccupée que d'habitude mais *sans* (pour) aucune raison *en* particulier.
21 La femme de ménage, toutefois, s'en aperçut, et *fit des remarques* (commenta) à ce *sujet*.
22 Vous avez l'air très triste ce matin, dit-elle. *Aussi bien* (mais alors), ajouta-t-elle, les dames sont (font), généralement *comme ça*.

9d

23 Pourquoi (est) cela? demanda Violette. — Elles ont la vie (des vies) si difficile, dit-elle. C'est *à cause de* leurs maris, je pense.
24 Mais *vous aussi*, vous avez un mari. — Oui, mais *nous autres*, nous ne faisons pas attention à nos maris autant que vous.
25 Ils rentrent, et ils sont de mauvaise humeur, et ils jurent, et nous les laissons *faire*.
26 Nous avons notre travail à *terminer* (avancer avec).
27 Mais pour (avec) les dames, c'est différent; elles *y* font attention.

(De *Moisson de flâneur*, par E. V. Lucas.)

oooooooooooooooooooooooooooooooooooooo

(4) Charwoman (tch**a**r) : *femme de journée, femme de ménage. — Les corvées (militaires), les gros travaux domestiques* : **ch**o**res** (tchorz) (*familier*).

(5) Wistful : pensive from the absence or want of something.

9th LESSON

There is a tavern in the town

(A drinking-song)

28 There is a tavern in the town,
29 And there my dear love sits him (6) down,
30 And drinks his wine 'mid laughter (7) free
And never, never thinks of me.
31 Fare thee well, for I must leave thee,
32 Do not let the parting grieve thee,
33 And remember that the best of friends must part.
34 Adieu (8), adieu kind friends adieu,
I can no longer stay with you;
35 I'll hang my harp on a weeping willow tree.
And may the world go well with thee.

oooooooooooooooooooooooooooooooooooooo

EXERCISE. — **1** He will have his labour for his pains. — He labours in vain. — **2** Our car laboured up a steep hill. — **3** Get on with your work, or else you'll get the sack. — **4** Get away with you, you've nothing to do round here. — **5** You won't get away with it so easily. — **6** Don't cry over spilt milk. — **7** I shouldn't worry if I were you. — **8** He looks fagged out with all these worries. — **9** Do you buy your coffee ground or whole (*or* in beans)? — **10** Their car was smashed at a level-crossing. — **11** He levelled his opera-glasses at her. — **12** The house was levelled to the ground.

IL Y A UNE TAVERNE DANS LA VILLE
(Chanson à boire)

28 Il y a une taverne dans la ville,
29 Et là mon cher amour s'assied.
30 Et boit son vin parmi les *rires déchaînés* (libre). Et jamais, jamais ne pense à moi.
31 Porte-toi bien, car il faut que je te quitte,
32 Ne laisse pas la séparation te chagriner,
33 Et rappelle-*toi* que les meilleurs (des) amis doivent se quitter.

9 D

88

34 Adieu, adieu, *mes* bons amis, adieu, Je ne puis plus rester avec vous ;
35 J'accrocherai ma harpe *à* (sur) un saule pleureur. Et puissent *les choses* (le monde) aller bien *pour* (avec) toi.

oooooooooooooooooooooooooooooooooooooo

(6) Sits him down *pour* sits down.
(7) Mid **laugh**ter (lâftër) : amid **laugh**ter.
(8) Adieu (ëdioû), *équivalent archaïque de* Farewell.

oooooooooooooooooooooooooooooooooooooo

1 Il en sera pour sa peine. — Il travaille pour le roi de Prusse. — **2** Notre auto montait péniblement une forte côte. — **3** Poursuivez votre travail, ou autrement vous serez mis à la porte. — **4** Filez, vous n'avez rien à faire par ici. — **5** Vous ne vous en tirerez pas si facilement. — **6** Inutile de se lamenter, ce qui est fait est fait (Ne pleurez pas sur le lait répandu). — **7** Je ne me tracasserais pas à votre place (si j'étais vous). — **8** Il a l'air éreinté, avec tous ces ennuis. — **9** Achetez-vous votre café moulu ou en grains ? (fèves). — **10** Leur auto fut tamponnée à un passage à niveau. — **11** Il pointa sa jumelle sur elle. — **12** La maison fut *entièrement* rasée.

9th LESSON

Tenth (10th) Lesson

Kipps has *come* *in*to a *for*tune (1)

(*Kipps, a modest draper's assistant, has been left unexpectedly twenty-six thousand pounds.*)

1 At last Kipps's flaring (2) candle went up the narrow uncarpeted staircase (3) to the little attic

2 that had been his shelter and refuge during all the days of his childhood and youth.

3 His head was whirling.

4 He had been advised, he had been warned, he had been flattered and congratulated,

5 he had been given whisky and hot water and lemon and sugar, and his health had been drunk in the same.

6 He had also eaten two Welsh rarebits (4) — an unusual supper.

7 His uncle was chiefly for his going into Parliament *; his aunt was consumed with a great anxiety *.

8 "I'm afraid he'll go and marry beneath 'im."

PRONUNCIATION. — **Parliament** : pârlimë'nt'. — **anxiety** : a'ng'zaïëté. — **precious** : prèsheuss. — **costume** : cosst'ioum'. — **tugged** : teugh'd. — **quilt** : kouilt'.

KIPPS HÉRITE D'UNE (est venu dans une) FORTUNE

(Kipps, (un) modeste calicot, a reçu (a été laissé) à l'improviste *un legs de* £ 26.000.)

1 Enfin, la bougie vacillante de Kipps monta l'escalier étroit *et* sans tapis de (à) la petite mansarde
2 qui lui avait *servi* d' (qui avait été son) abri et *de* refuge pendant tout *le temps* (les jours) de son enfance et de sa jeunesse.
3 La tête lui tourbillonnait.
4 On l'avait conseillé, averti, flatté et félicité,
5 on lui avait donné du whisky *avec* (et) de l'eau chaude, du citron et du sucre, et on en avait bu *à* sa santé.

6 Il avait aussi mangé deux rôties au fromage, (un) souper exceptionnel.
7 Son oncle tenait surtout *à ce* qu'il devienne député (était principalement pour qu'il entre au Parlement), sa tante *avait* été (était) dévorée (consumée) d'une grande anxiété.
8 J'ai peur qu'il n'aille se marier au-dessous de lui.

oooooooooooooooooooooooooooooooooooooo

(1) He came into money : he was left money. — When I came of age : *Quand je devins majeur.* — He will come to no good : *Il ne fera rien de bon.*

(2) To flare : *brûler avec une lueur inégale,* et aussi *avec un éclat aveuglant.* — He flares up like a bonfire : *Il prend feu comme de l'amadou* (*se met en colère*). — A bonfire : *un feu de joie.*

(3) *Ou* stairs. — Winding-stairs : *Escalier en colimaçon.*

(4) Welsh rarebit *ou mieux* Welsh rabbit (*lapin gallois*) : *tranche de pain beurré et de fromage frits.*

10th LESSON

9 "Y'ought to ave a bit o' shootin' somewheer," **(5)** said old Kipps.

10 " It's your *duty* to marry into a county family **(6)**, Artie—remember that."

11 "There's lots of young gentlemen 'll be glad to 'eng on to you", said old Kipps—"you mark my words—

12 and borry your money. And then good-day to ye. "

13 "I got to be precious * careful", said Kipps. "Mr. Bean said that."

14 "And you got to be precious careful of this old Bean", said old Kipps.

15 "We may be out of the world in Noo Romney, but I've 'eard a bit about solicitors for all that.

16 You keep your eye on old Bean, me b'y.

17 'Ow do we know what 'e's up to **(N. 1)**, with your money even now?"

18 "'E *looked* very respectable", said Kipps—

19 Kipps undressed with great deliberation and with vast gaps of pensive margin. Twenty-six thousand pound!...

20 ...A terrific multitude of plans of what he might do, and in particular of what he might buy, came crowding into his brain,

9 I't' faudrait une p'tite chasse quéq'part, *avait* dit le vieux Kipps.
10 C'est ton devoir de t'allier à (marier dans) une famille huppée (de comté), *mon petit* Arthur, rappelle-toi ça.
11 Il y a des tas de jeunes messieurs *qui* seront contents de s'accrocher à toi, *avait* dit le vieux Kipps, tu m'entends bien (note mes paroles, toi),
12 et d'emprunter ton argent. Et puis, bien le bonjour (bonjour à toi).
13 Il faut que je sois rudement (précieusement) prudent, *avait* dit Kipps. *C'est* M. Bean *qui* l'a dit.
14 Et il faut que tu sois rudement prudent avec (de) ce vieux Bean, *avait* dit le vieux Kipps.

15 Il se peut que nous soyons dans un trou (hors du monde) *ici* à N. R., mais *n'empêche* que j'ai entendu *parler* un peu des hommes de loi (pour tout cela).
16 Garde *bien* (toi) l'œil sur le vieux Bean, mon gars.
17 Comment savons-nous ce qu'il trafique avec ton argent, maintenant même?
18 Il avait la mine très respectable, *avait* dit Kipps...
19 Kipps se déshabilla *sans aucune hâte* (avec grande délibération) et avec de grands intervalles d'*absorption* (de marge) pensive. Vingt-six mille livres!
20 Une effrayante multitude de projets *sur* (de) ce qu'il pourrait faire, et en particulier *sur* (de) ce qu'il pourrait acheter se pressait en foule dans son cerveau,

ooooooooooooooooooooooooooooooooooooooo

(5) **"Dropping aitches"** (*laisser tomber les h*) est la caractéristique du parler populaire. *Ici, nous avons en plus la déformation locale de l'accent* **somewheer** *pour* **somewhere**, *paragr.* **11**, **to 'eng** *pour* **to hang**; *par.* **12** : **borry** *pour* **borrow**; *par.* **15** : **Noo** *pour* **New**; *par.* **16** : **b'y** *pour* **boy**.

(6) **County families** (*familles de comté*) : *l'aristocratie locale.* — **Artie** : **short for Arthur** (**ar***fër*).

10th LESSON

21 and he did not so much fall asleep as pass into a disorder of dreams,
22 in which—he was wearing innumerable suits of clothes,
23 and through some terrible accident wearing them all wrong.
24 Consequently he was being laughed at—.

25 He was wearing golfing suits and a silk hat.
26 This passed into a nightmare that he was promenading in a Highland costume*,
27 with a kilt that kept shrinking.
28 He could feel the kilt creeping (7) up his legs.
29 He would have tugged* at (8) it to pull it down, only his arms were paralysed.
30 He had an impression of giddy crises (9).
31 He uttered a shriek of despair.
32 He woke in horror—his quilt* had slipped off the bed.
33 He had a fancy he had just been called,
34 that he had somehow overslept (N. 2) himself and missed going down for dusting.

21 et *s'il* s'endormit, ce *fut* pour entrer (il s'endormit moins qu'il passa) dans une confusion (désordre) de rêves,
22 dans lesquels... il portait d'innombrables (complets de) vêtements,
23 et par *on ne sait quel* (quelque) terrible accident, les portait tout de travers.
24 En conséquence, on riait de lui...
25 Il portait des complets de golf et un chapeau de soie.
26 Ceci devint (passa dans) un cauchemar : (qu') il faisait une promenade en costume écossais,
27 avec une petite jupe qui ne *cessait de* (continuait à) se rétrécir.
28 Il la sentait (pouvait la sentir) remonter *tout doucement* (ramper en haut) *le long* de ses jambes.

29 Il aurait tiré dessus pour la rabaisser, *mais* (seulement) il avait les bras paralysés.
30 Il eut l'impression d'accès d'étourdissements (de crises étourdies).
31 Il poussa un cri de désespoir.
32 Il se réveilla dans l'horreur... son couvre-pieds avait glissé *en bas* du lit.
33 Il se figura (eut une fantaisie) qu'on venait de l'appeler,
34 qu'il s'était (de façon ou d'autre) laissé aller au sommeil et avait manqué *l'heure* de descendre épousseter.

oooooooooooooooooooooooooooooooooooooooo

(7) To creep : to crawl : *ramper, se traîner*. Creeping plants *ou* creepers : *des plantes grimpantes*.

(8) He kept tugging at his moustache (meusstâche) : *Il se tirait constamment la moustache.* — A steam-tug : *un remorqueur à vapeur.* — Tug of war : *la lutte à la corde.*

(9) Crisis (craïciss) *fait au pluriel* crises (craïcëz).

10th LESSON

35 Then he perc**ei**ved it was still n**i**ght, and l**i**ght by **rea**son of the m**oo**nlight,

36 and that he was no **lon**ger in the Emp**o**rium **(10)**.

37 He w**on**dered where he could be.

38 It occ**ur**red to him that perh**ap**s he was mad.

39 Then he rem**em**bered b**et**ter. He sat on the edge of his bed for some t**i**me.

40 Could **a**ny one have seen his f**a**ce, they would have seen it wh**i**te, and drawn with st**a**ring eyes.

41 Then he groaned w**ea**kly. "Tw**en**ty-six th**ou**sand pounds!" he wh**is**pered.

42 Just then it pres**en**ted its**el**f in an **al**most h**or**ribly overh**el**ming **(11)** mass.

43 He rem**a**de his bed and ret**ur**ned to it. He was still dr**ea**dfully w**a**keful.

44 It was s**ud**denly cl**e**ar to him that he need **(N. 3)** n**ev**er trouble to get up p**un**ctually at s**ev**en ag**ai**n.

45 That fact shone out **(12)** up**on** him like a star through cl**ou**ds.

46 He was free to l**i**e in bed as long as he l**i**ked, get up when he l**i**ked, go where he l**i**ked;

47 have eggs **ev**ery **mor**ning for br**ea**kfast, or ra**sh**ers, or bl**o**ater p**a**ste, or— **(13)**

48 He was aw**a**kened by a thrush s**in**ging in the fresh dawn.

35 Puis il s'aperçut qu'il *faisait* (était) encore nuit, et *que* la clarté *venait* (par raison) du clair de lune,
36 et qu'il n'était plus aux Magasins.
37 Il se demanda où il pouvait *bien* être.
38 L'idée lui vint que peut-être il était *devenu* fou.
39 Puis il se rappela mieux. Il *resta* assis quelque temps sur le bord de son lit.
40 Si on (quelqu'un avait pu voir sa figure, on [ils]) l'aurait vue blanche et tirée, avec les yeux fixes.
41 Puis il gémit faiblement. — Vingt-six mille livres! murmura-t-il.
42 *A cet instant* (juste alors), cela se présentait *comme* (dans) une masse presque horriblement accablante.
43 Il refit son lit, et y retourna. Il *se sentait* (était) encore terriblement éveillé (vigilant).
44 Il vit (ce lui fut) soudain clair*ement* qu'il n'*aurait* plus jamais à se tracasser pour se lever ponctuellement à sept heures.
45 Cela (ce fait) brilla *à ses yeux* (sur lui) comme une étoile à travers des nuages.
46 Il était libre de rester au lit tant qu'il *voudrait* (aimait), de se lever quand il voudrait, d'aller où il voudrait;
47 *d'*avoir des œufs chaque matin pour déjeuner, ou des tranches *de lard*, ou de la pâte de harengs *fumés*, ou...
48 Il fut réveillé par une grive *qui* chantait (chantant) dans la fraîcheur de l'aube (l'aube fraîche).

oooooooooooooooooooooooooooooooooooo

(10) Emporium (è'mpôrieum') : *nom prétentieux pour un magasin : Grands Magasins, Magasins Généraux.*

(11) To overwhelm (overhouèlm) with grief : *accabler de chagrin.* — With overwhelming superiority : *Avec une supériorité écrasante.*

(12) To shine : *briller, luire.* To shine out, *ou* forth : *éclater, se manifester.* — The truth shone out upon me : *La vérité éclata à mes yeux.* — To outshine : *surpasser en éclat. éclipser.* — He outshone all his competitors : *Il éclipsa tous ses concurrents.*

(13) A rasher : a slice of bacon for frying. — A bloater (blôtër) : a smoke-dried herring. — A rash : an eruption on the skin. — A rash man : one who undergoes risk from natural impulsiveness.

10th LESSON

49 The whole **room** was flooded **(14)** with warm g**o**lden s**un**shine.

50 He sat up in bed and **rub**bed the sleep from his eyes with his kn**uck**les **(15)**.

51 Then he jumped out of bed and beg**an** dre**ss**ing **very e**agerly.

52 He did not want to l**o**se **a**ny **time** in beginning the new l**i**fe.

(From *Kipps*, a **no**vel by H. G. Wells. - Nelson's Library.)

Bean (bî'n) *signifie haricot (soissons)*. French b**ea**ns *ou* H**a**ricot beans : *haricots verts :* — How are you, old bean? *Comment ça va, vieille branche?* — He hasn't a bean : *Il n'a pas le rond.*

oooooooooooooooooooooooooooooooooooooo

EXERCISE. — **1** Well, folks (fôkss), if you don't mind, I am for g**o**ing to bed. — **2** How can you live all the y**e**ar round in such an out of the world pl**a**ce? — **3** He m**a**rried **in**to m**o**ney. — **4** Pl**e**ase underl**i**ne **a**ny di**f**ficult expr**e**ssion, and mark it with a p**en**cil-stroke in the m**a**rgin. — **5** Are you still aw**a**ke? — Yes, I can't go to sleep, I am still dre**a**dfully w**a**keful. — **6** He k**ee**ps f**a**lling asl**ee**p as soon as you t**a**ke your eye off him. — **7** This shirt was guarant**ee**d unshr**in**kable; pl**e**ase see for yours**e**lf how it has shrunk. — **8** These gh**o**st-stories **al**ways give me the cr**ee**ps. — **9** Why will p**e**ople crowd **in**to the s**a**me c**a**rriage, when there is pl**en**ty of room **el**sewhere? — **10** Tell him he n**ee**dn't trouble to call **a**ny more. — **11** Look bef**o**re you l**e**ap; don't be rash. — **12** He'll get r**ap**ped on the kn**uck**les.

49 Toute la chambre était inondée de chaud soleil doré.

50 Il s'assit dans son lit et frotta (le sommeil des) ses yeux ensommeillés (avec les jointures de ses doigts).

51 Puis il sauta *en bas* (hors) du lit et se mit à s'habiller *avec ardeur* (très ardemment).

52 Il ne voulait pas perdre de temps pour commencer (en commençant) sa (la) nouvelle vie.

(Extrait de *Kipps*, roman de H. G. Wells.)

I do not want to be **u**sed as a stop-gap : *Je ne veux pas servir de bouche-trou.* — Don't stand **ga**ping in the air : *Ne reste pas à bayer aux corneilles.*

OOOOOOOOOOOOOOOOOOOOOOOOOOOOOOOOOOOOOO

(14) A flood (floud) : *une inondation.* — The whole **coun**tryside was flooded **o**ver : *Toute la région était inondée.* — That h**a**ppened bef**o**re the Flood : *Cela s'est passé avant le Déluge.* Floods of ink have been shed on that s**u**bject : *Des flots d'encre ont été répandus à ce sujet.*

(15) The kn**u**ckles (n**eukk**'l'z) : the joints of the fingers. — A kn**u**ckle-d**u**ster : *un coup de poing américain.*

OOOOOOOOOOOOOOOOOOOOOOOOOOOOOOOOOOOOOO

1 Eh bien, mes amis (gens), si ça ne vous fait rien, je suis d'avis (pour) d'aller me coucher. — **2** Comment pouvez-vous vivre d'un bout de l'année à l'autre dans un trou pareil? — **3** Il épousa une grosse dot. — **4** Veuillez souligner toute expression difficile, et la marquer au crayon en marge. — **5** Etes-vous encore éveillé? Oui, je ne peux pas m'endormir, je n'ai encore aucune envie de dormir (suis encore terriblement vigilant). — **6** Il s'endort continuellement, dès que vous cessez d'avoir l'œil sur lui. — **7** Cette chemise était garantie irrétrécissable; veuillez voir vous-même comment elle s'est rétrécie. — **8** Ces histoires de revenants me donnent toujours la chair de poule. — **9** Pourquoi les gens s'entassent-ils *toujours* dans le même compartiment, quand il y a (beaucoup) de la place ailleurs? — **10** Dites-lui qu'il ne se donne plus la peine de revenir. — **11** Réfléchissez bien (regardez avant de sauter); ne faites pas (soyez pas) d'imprudence. — **12** Il se fera donner sur les doigts.

Eleventh (11th) Lesson

The *washing*

1 ... We affect Hampstead (1) for some reason.

2 Every week a number of shorts and things go all the way out to Hampstead and back.

3 I once sent a Panama to Paris to be cleaned,

4 and for quite a year afterwards I used to lead the conversation round to travel,

5 and then come out with:—"Ah, I well remember, when my Panama was in Paris—".

6 So now, when I am asked:—"Do you know Hampstead at all?"

7 I reply, "Well, I only know it slightly myself;

8 but my collars* spend about half the year there. They are in with all the best people."

PRONUNCIATION. — Collar : colër. — colour : kölër. anarchist : anërkisst. — design : dizaï'n. — quill : kouïl. — grenadier : grènadîer. — Alexander : alegza'ndër. — Hercules : hërkiouless. — Lysander : laïça'ndër.

LE BLANCHISSAGE

1 ... Nous préférons (affectons) Hampstead, *je ne sais pour* quelle raison.
2 Chaque semaine, (un) nombre de " shorts " et d'*effets* (choses) s'en vont jusqu'à (tout le chemin à) Hampst. et retour.
3 J'ai envoyé une fois un panama à nettoyer (à être nett.) à Paris,
4 et *pendant toute* (pour tout à fait) une année après, j'avais l'habitude d'amener *graduellement* (autour) la conversation sur *les* (au) voyages,
5 puis de *placer* (sortir avec) : Ah je me rappelle bien, quand mon panama était à Paris...

6 Alors maintenant, quand on me demande : Connaissez-vous Hampstead (du tout) ?
7 je réplique : Ma foi, je ne le connais que peu (légèrement) moi-même ;
8 mais mes cols y passent à peu près la moitié de l'année. Ils *fréquentent le dessus du panier* (sont « dedans » avec toutes les meilleures gens).

OOOOOOOOOOOOOOOOOOOOOOOOOOOOOOOOOOOOOOOO

(1) The **washing** *est le linge à laver* ou *la lessive.* — **Hampstead** (hà'm'stèd) : *localité de la banlieue de Londres.* — To **affect** : 1) *affecter*; 2) *choisir habituellement, préférer.* — This does not **affect** me in the **least** : *Cela ne me touche pas le moins du monde.* — He **affects** loud ties : *Il aime les cravates criardes.* — *Notez que* for some **reason** (*pour une raison quelconque*) correspond à *pour je ne sais quelle raison.*

11th LESSON

9 I can bel**ie**ve that I am not p**op**ular in H**am**pstead, for I give my l**aun**dress a lot of trouble.

10 T**a**ke a l**it**tle thing l**i**ke h**an**dkerchiefs.

11 My rooms are at the v**er**y top of the b**uil**ding, and there is no lift.

12 **U**sually I w**ai**t till I am just out **in**to the street bef**ore** I disc**ov**er that I have forg**ot**ten my h**an**dkerchief.

13 It is q**ui**te imp**os**sible to cl**i**mb all the stairs ag**ai**n, So I go and b**uy** one for the day.

14 This h**ap**pens ab**ou**t three t**i**mes a week.

15 The res**ul**t is that n**e**arly all my h**an**dkerchiefs are s**in**gle ones—

16 there are no l**it**ters **(2)** of twelve, no twins **e**ven, or tr**ip**lets.

17 Now when you have a lot of str**a**ngers in a dr**aw**er like this,

18 with no f**am**ily t**i**es (or **a**nything) to keep them toge**th**er,

19 what w**on**der if they gr**ad**ually drift **(3)** aw**ay** from **ea**ch **oth**er?

20 My l**aun**dress does her best for them.

21 She works a sort of b**ir**thmark in red c**ot**ton in the c**or**ner of **ea**ch, so that she shall know them ag**ai**n.

9 Je crois *facilement* (je peux croire) que je ne suis pas *apprécié* (populaire) à Hampstead, car je *cause* (donne) des (un) tas d'ennuis à ma blanchisseuse.

10 Prenez une petite chose, comme les mouchoirs.

11 Mon logement est (Mes chambres sont) jusqu'en haut (en haut même) de l'immeuble, et il n'y a pas d'ascenseur.

12 Habituellement, j'attends d'être *déjà* (jusqu'à ce que je sois juste dehors) dans la rue pour découvrir (avant que je découvre) que j'ai oublié mon mouchoir.

13 Il est tout à fait impossible de grimper de nouveau tous les étages (escaliers) ; aussi, je vais en acheter un pour la journée.

14 Ceci arrive environ trois fois par semaine.

15 Le résultat, c'est que presque tous mes mouchoirs sont uniques,

16 il n'y a pas de portées de douze, ni même de jumeaux, *ni* (ou) de triplés.

17 Or, quand vous avez un tas d'étrangers dans un tiroir comme ça,

18 sans aucun lien(s) de famille *ni* (ou) quoi que ce soit pour les tenir ensemble,

19 comment s'étonner qu' (quel étonnement s') ils s'éloignent (dérivent) graduellement les uns des autres ?

20 Ma blanchisseuse fait *tout ce qu'elle peut* (son mieux) pour eux.

21 Elle confectionne (œuvre) une sorte de marque de naissance au fil (en coton) rouge dans le coin de chacun, de façon à les reconnaître (qu'elle les reconnaîtra).

oooooooooooooooooooooooooooooooooooooo

(2) Litter : 1) *civière* ; 2) *litière* ; 3) *portée* (*d'animaux*) ; 4) *désordre, saleté.* — **This room is a real litter** : *Cette chambre est une véritable écurie.*

(3) To drift : *s'en aller à la dérive,* ou *poussé par le vent.* **Drift-wood** : *du bois flotté* ou *flottant.* — **I cannot gather the drift of your discourse** : *Je n'arrive pas à voir* (*à « cueillir »*) *où vous voulez en venir.*

11th LESSON

22 When I saw it first I was frightened.

23 It looked like the pass-word of some secret society.

24 "Are there many aliens (4) in Hampstead?" I asked the housekeeper.
"I don't know, sir."

25 "Well, look here, what I found on my handkerchief.

26 That's a secret signal of some sort, you know, that's what it is.

27 I shall get mixed up in some kind of anarchist* row (5) before I know where I am.

28 Will you arrange about getting my clothes washed somewhere else, please?"

29 "That's because you haven't got your name on it. She must mark them somehow."

30 "Then, why doesn't she mark them with my name? So much simpler."

31 "It isn't her business to mark your clothes", said the housekeeper.

32 That, I suppose, is true; but it seems to me that she is giving us both a lot of unnecessary trouble.

22 Quand je vis cela *pour* la première *fois*, je m'effrayai (*fus* effrayé).
23 Cela avait l'air du mot de passe de quelque société secrète.
24 Y a-t-il beaucoup d'étrangers à Hampstead? demandai-je à ma (la) gouvernante. — Je ne sais pas, monsieur.
25 Eh bien, voyez *un peu* (ici) ce que j'*ai* trouvé sur mon mouchoir.
26 C'est une sorte de signal secret (un sign. secr. de q.que sorte), vous savez; voilà ce que c'est.
27 Je serai fourré dans quelque espèce d'*histoire* (tapage) anarchiste avant de savoir où j'*en* suis.
28 Voulez-vous voir à ce que (arranger au sujet de) mes effets (vêtements) soient lavés ailleurs, s.v.p.
29 C'est parce que vous n'avez pas votre nom marqué dessus. Il faut *bien* qu'elle les marque (de façon ou d'autre).

30 Alors, pourquoi ne les marque-t-elle pas *à* (avec) mon nom? *C'est* tellement plus simple.
31 Ce n'est pas son affaire de marquer vos effets, dit la gouvernante.
32 Cela est vrai, *sans doute* (je suppose); mais il me semble qu'elle nous *cause* (donne) à tous deux un tas d'ennuis superflus.

OOOOOOOOOOOOOOOOOOOOOOOOOOOOOOOOOOOOOOOOO

(4) Alien (élië'n) : foreign (fori'n) *ou* **foreigner (forinër)**, *généralement pris en mauvaise part. A la même origine que notre* **aliéner**, *mais ne signifie jamais* **aliéné (fou)** *qui est* **insane** *ou* **lunatic**. — **He cannot alienate (éeliënéte) his estates** : *Il ne peut aliener ses domaines.*

(5) A row (rôou) : *une rangée*; **a row (raou)** : *une bagarre, un scandale.* **In the row (raou) she lost her row (rôou) of pearls (peurlz)** : *Dans la bagarre, elle perdit son rang de perles.*

33 Every week I pick out (6) this decorative design* with a penknife, and every week she works it in again.

34 When you consider the time and the red cotton wasted it becomes clear

35 that a sixpenny (7) bottle of marking ink and a quill* pen would be cheaper to her in the long run.

(From *The Day's Play,* by A. A. Milne. - Methuen & Co., Ltd., publishers.)

The British Grenadiers*

36 Some talk of Alexander*,
And some of Hercules*,
37 Of Hector and Lysander*,
And such great names as these;

38 But of all the world's brave heroes (8)
There's none that can compare,
39 With a tow row, row, row, row, row,
To the British Grenadiers.

33 Chaque semaine, j'arrache ce motif décoratif avec un canif, et chaque semaine elle *s'évertue à le refaire* (le « retravaille dedans »).

34 *Si* on considère (Quand v. considérez) le temps et le fil rouge gaspillés, il *est* (devient) clair

35 qu'une bouteille de 6 d. d'encre à marquer et une plume d'oie lui *reviendraient* (seraient) meilleur marché à la longue.

(Extrait de *le Jeu de la Journée*, d'A. A. Milne.)

LES GRENADIERS BRITANNIQUES

36 Certains parlent (causent) d'Alexandre, Et certains d'Hercule,

37 d'Hector et Lysandre. Et d'*autres* (de tels) grands noms comme ceux-ci ;

38 Mais de tous les braves héros du monde, Il n'y en a aucun qui puisse *se* comparer

39 Avec un plan plan rataplan plan plan, Aux grenadiers britanniques.

ooooooooooooooooooooooooooooooooooooooo

(6) To pick : *cueillir, détacher, séparer, curer.* I was picking flowers : *J'étais en train de cueillir des fleurs.* — He picks (out) the best of everything : *Il se réserve ce qu'il y a de mieux.* — You may have your pick : *Vous pouvez faire votre choix.* To pick one's teeth (with a tooth-pick) : *Se curer les dents (avec un cure-dents).* — I have a bone to pick with you : *J'ai un vieux compte à régler avec vous.* — To pick up : *ramasser, relever.* She spends her time picking up straws (*ramasser des pailles*). *Elle passe son temps à enfiler des perles (à ne rien faire).* — Where did you pick up your English? *Où avez-vous appris votre anglais?* — This is a wonderful pick-me-up : *C'est un merveilleux remontant (stimulant).* — Le pick-up, *mot employé en français, correspond au « ramasseur ».*

(7) A sixpenny bottle *et non* a sixpence bottle, *le nom employé adjectivement étant invariable.*

(8) Hero (hîro) *fait au pluriel* heroes (hîroz), *comme* potato, potatoes, foe (fô), foes (fôz), tomato (tométo), tomatoes, etc.

11th LESSON

40 None of those **an**cient heroes
E'er saw a **can**non-ball,
41 Or knew the force of p**ow**der,
To slay their foes with**al** **(9)** ;

42 But our br**a**ve boys do know it,
And b**a**nish all their f**ea**rs,
43 **Sing**ing tow, row, row, row, row, row,
To the **Brit**ish Grenad**iers**.

oooooooooooooooooooooooooooooooooooooo

EXERCISE. — **1** You will f**i**nd my **wash**ing in the b**ot**tom dr**aw**er; bes**i**des, there's this suit to be dr**y**-cl**ea**ned and pressed. — **2** Do you know him at all? — I **o**nly know him by s**igh**t (n**a**me), but I h**ea**r he is in with all the best p**eo**ple. — **3** We **u**sed to be **ve**ry thick tog**eth**er, but we gr**a**dually dr**i**fted ap**ar**t from **each** **oth**er. — **4** You should **re**gister at the **A**lien-**Of**fice, to av**oi**d unpl**ea**santness. — **5** Let us be off : it is not worth **kick**ing up a r**ow** ab**ou**t. — **6** It is no b**us**iness of yours. — **7** Pick and ch**oo**se, and t**a**ke the worst. (Pr**o**verb). — **8** I don't want to pick a qu**ar**rel with him. — **9** How do you m**a**nage to pick up a l**i**velihood? — **10** In the long run, I picked up en**ough** **E**nglish to m**a**ke mys**e**lf underst**oo**d.

40 Aucun de ces héros antiques Ne vit jamais un boulet de canon.
41 *Ni* (ou) *ne* connut la force de la poudre, Pour tuer *ses* (leurs) ennemis avec;
42 Mais nos braves gars, *eux*, la connaissent. Et bannissent toutes leurs craintes,
43 Avec un plan plan, etc.

ooooooooooooooooooooooooooooooooooooooo

(9) To slay their foes with**a**l (fôz oui*v*orl) : *style noble, pour :* to kill their **e**nemies with.

She l**oo**ks at if b**u**tter wouldn't melt in her m**ou**th : *littéralement : Elle a l'air « comme si du beurre ne fondrait pas dans sa bouche » :* Elle prend des airs de sainte nitouche.

Faites-vous bien attention à l'accent tonique? Et vous rappelez-vous nos conventions (page **62**) pour les lettres en gras? Supposons que vous ignoriez la prononciation de **tri**plet, **an**cient, **ba**nish, *vous devez savoir maintenant qu'elle est :* **trip**'let', **é**'nsh'nt, **ba**nish. *Tandis que, p. ex.,* tripe, **an**cestor, pane, *se disent :* **traïp**', **a**'ncesstër, **pée**'**n**'.

N'imitez pas les "speakers" (en anglais, "ann**ou**ncers") de T.S.F. qui vous parlent du "*forègne office*". Dites bien **fori'n of**fiss.

ooooooooooooooooooooooooooooooooooooooo

1 Vous trouverez mon linge sale dans le tiroir d'en bas; en outre, il y a ce complet à faire nettoyer à sec et presser. — **2** Le connaissez-vous (du tout)? — Je ne le connais que de vue (nom), mais je crois savoir (j'entends) qu'il fréquente (est dedans avec) la meilleure société. — **3** Nous étions très liés (épais ensemble), mais peu à peu nous nous sommes éloignés l'un de l'autre. — **4** Vous devriez vous faire inscrire au Bureau des Etrangers, pour éviter des désagréments. — **5** Filons : ça ne vaut pas la peine d'en faire une histoire. — **6** Ce n'est pas votre affaire. — **7** Qui trop choisit, prend le pire. — **8** Je ne veux pas lui chercher querelle. — **9** Comment arrivez-vous à gagner de quoi vivre? — **10** A la longue, j'appris assez d'anglais pour me faire comprendre.

11th LESSON

Twelfth (12th) Lesson

At the pawnbroker's (1)

In **An**glo-S**ax**on **coun**tries, there is no **of**ficial Mont-de-Piété, but pr**i**vate p**aw**nbrokers, at the s**i**gn of the three balls (*à l'enseigne des trois boules*).

1 The door of the shop swung **o**pen, and the w**om**an **en**tered.
2 Her f**a**ce was red from **(2)** emb**ar**rassment and sh**a**me.
3 She took in the grim **out**line of the **of**fice with a half-sc**a**red gl**a**nce.
4 With **trem**bling **fin**gers she laid a little coll**ec**tion of **ob**jects on the h**i**gh c**oun**ter.
5 Her lips m**o**ved spasm**od**ically*, but no sound c**a**me from betw**ee**n them.
6 L**ar**son l**oo**ked at the little coll**ec**tion with sc**or**nful susp**i**cion.
7 There was a watch of g**o**ld worn to the th**in**ness of a d**i**me.
8 There was a long thin chain of g**o**ld, too, h**ar**dly th**ick**er than a thr**ea**d.
9 There were a couple of s**il**ver-backed brushes, a m**ir**ror, and a nail file **(3)**.

PRONUNCIATION. — Spasm**od**ically : spazmodikëlé. — weighed : ouéïëd. — **in**tricate : i'ntriket'. — ex**am**ined : eggzami'n'd. — antique : a'ntîk. — lois : loïss.

CHEZ LE PRÊTEUR SUR GAGES

1 La porte de la boutique s'ouvrit (« balança ouverte »), et la femme entra.
2 Elle avait la figure rouge d'embarras et de honte.
3 Elle embrassa (absorba, « prit dans ») les contours sévères du bureau *d'*(avec) un regard à demi effrayé.
4 *Les* (Avec) doigts tremblants, elle posa une petite collection d'objets sur le haut comptoir.
5 Ses lèvres *eurent un* mouvement spasmodique (bougèrent spasmodiquement), mais aucun son n'*en* sortit (d'entre elles).

6 Larson regarda la petite collection avec *un* mépris soupçonneux (suspicion méprisante).
7 Il y avait une montre en or usée, *aussi mince qu'* (jusqu'à la minceur d') une pièce de 10 cents.
8 Il y avait une longue chaîne mince, en or aussi, à peine plus épaisse qu'un fil.
9 Il y avait un couple de brosses *montées sur* (à dos d') argent, un miroir, et une lime à ongles.

What is your rank? *Quel est votre grade?* — He rose from the ranks : *Il est sorti du rang.* — The rank and file : *la troupe, les soldats et caporaux.*

oooooooooooooooooooooooooooooooooooooo

(1) A broker : *un courtier*; an insurance (i'nshourë'nss) broker : *un courtier en assurances.* — Pawn (porn) : *gage*; to pawn : *mettre en gage.* A pawn *est aussi* un pion, *aux échecs.*
(2) *Ou* red with.
(3) A file : 1) *une lime*; 2) *un dossier, une liasse de papiers*; 3) *une file.* — I'll look it up in my files : *Je le chercherai dans mes dossiers* (ou *fiches*).

12th LESSON

10 Larson saw her shiver (4) slightly as he picked them up, glanced at them contemptuously, and threw them back on the counter.

11 She cowered (5) into the shadow.

12 "Two dollars," Larson snapped (6).
"Can't you—" she began.

13 Her voice was hard and dry, as if her throat were like leather.

14 "I can't. Two dollars. Take it or leave it."

15 He saw her nod nervously and was preparing to go to the desk and make out the ticket.

16 "Is this any good?" she asked. Her voice came in a hoarse whisper.

17 She held out a worn wedding-ring.

18 Larson held it up to the light a moment, and weighed* it tentatively in his hand.

19 It was old—probably her mother's.
"Fifty cents," he offered.

20 A sort of stifled sob came to his ears. He looked towards her.

21 She was standing bolt (N. 4) upright and if she was crying she was making a game (7) effort to conceal it.

22 "Wait a moment. I've got something else."

23 Larson knew she was tugging at her finger behind the counter.

10 Larson la vit frissonner légèrement comme il les ramassait, les regardait *d'un œil* dédaigneux, et les rejetait sur le comptoir.
11 Elle se rencoigna dans l'ombre.
12 Deux dollars, *jeta* (cassa) Larson. — Ne pouvez-vous... commença-t-elle.
13 Sa voix était dure et sèche, comme si sa gorge était *en* (comme du) cuir.
14 Je ne peux pas. Deux dollars. A prendre ou à laisser.
15 Il la vit *faire* un signe *de tête* nerveux(sement), et se préparait à aller au pupitre pour établir la reconnaissance (le ticket).
16 Est-ce que cela vaut quelque chose? demanda-t-elle. Sa voix *était* (venait en) un chuchotement enroué.
17 Elle tendit une alliance usée.
18 Larson l'éleva un moment à la lumière, et la soupesa (la pesa « tentativement »), (*à titre d'essai*) dans sa main.
19 Elle était vieille, probablement *celle* de sa mère. — Cinquante cents, offrit-il.
20 Une espèce de sanglot étouffé lui vint aux oreilles. Il regarda vers elle.
21 Elle se tenait droite *comme un* trait, et si elle pleurait, elle faisait un effort courageux pour le cacher.
22 Attendez un moment. J'ai autre chose.
23 Larson *s'aperçut* (sut) qu'elle était en train de tirer sur son doigt, derrière le comptoir.

oooooooooooooooooooooooooooooooooooooo

(4) Shiver : 1) *frissonner*; 2) *fracasser, d'où le juron nautique :* Shiver my timbers! (*poutres*), *correspondant à* Mille millions de sabords!

(5) To cower (caouër) : *s'affaisser, se courber* (*de peur*) : to shrink.

(6) To snap : 1) *casser net*; 2) *faire claquer*; 3) *happer*; 4) *prendre en photo* (*instantané*). — The mast snapped in two : *Le mât se cassa en deux.* — I snap my fingers at it : *Je m'en moque.* — The little cur snapped at my legs : *Le roquet essaya de me mordre les jambes.* — Snappy (*adjectif d'origine américaine*) : *brusque, vif, débrouillard.* He snapped me unawares : *Il me photographia à l'improviste.*

(7) Game, *adjectif, signifie, soit brave* (having the spirit of a game-cock, *coq de combat*), *soit détraqué, abîmé :* He runs well, in spite of his game leg : *Il court bien, malgré sa mauvaise jambe.*

12th LESSON

24 He moved uneasily from one foot to the other.
25 She held something over to him.
26 It was a ring, and he saw it was of silver, tarnished by wear.
27 A blue stone winked dully from an intricate* maze (8) of metal-work.
28 He carried it to the window and examined* it. He looked up.
29 Her hand was nervously tapping (9) the counter. Her eyes followed him anxiously.
30 "Where did you get this?" he demanded.
31 "A friend—an uncle—gave it to me. Is it worth anything?"
32 Larson held it up to the light.

33 The blue stone shone with a steady light as the sun trickled in (10) through the window.
34 Larson ran his fingers across its dull surface.
35 His brows knitted hard together. He looked out of the window.
36 Behind him he could hear her fingers beat a nervous tattoo (11) on the counter.

24 Il se déplaça, *gauchement* (mal à l'aise) d'un pied sur (à) l'autre.
25 Elle lui tendit quelque chose.
26 C'était une bague, et il vit qu'elle était en argent, ternie par l'usage.
27 Une pierre bleue clignotait *sans éclat* (*d'une façon* terne) *dans* (d')un réseau compliqué de (travail de) métal. .
28 Il la porta à la fenêtre et l'examina. Il *releva la tête* (regarda en haut).
29 *De la* (sa) main, *elle* tapait nerveusement sur le comptoir. *Elle le* suivait anxieusement des yeux (Ses yeux le suivaient).
30 Où avez-vous eu cela? demanda-t-il.
31 Un ami — un oncle — me l'a donnée. Est-ce que ça vaut quelque chose?
32 Larson l'éleva à la lumière.
33 La pierre bleue brillait d'une lumière soutenue, comme le soleil s'infiltrait par la fenêtre.
34 Larson *passa* (courut) les doigts sur (à travers) sa surface terne.
35 Ses sourcils se nouèrent durement (ensemble). Il regarda par la fenêtre.
36 Derrière lui, il entendait *les* (ses) doigts *de la femme* tambouriner nerveusement sur le comptoir.

oooooooooooooooooooooooooooooooooooooo

(8) A **maze** : *un labyrinthe, un fouillis. D'où :* **amaze,** *ahurir, stupéfier.* **Isn't it amazing?** *N'est-ce pas stupéfiant?* — **To my amazement...** : *A ma stupéfaction...*

(9) To **tap** : 1) *taper, frapper légèrement*; 2) *mettre en perce.* A **tap** : 1) *un coup léger*; 2) *un robinet.* — A **tap-room,** a **tap-house** : *un débit de boissons.*

(10) To **trickle** : 1) *couler goutte à goutte*; 2) *s'infiltrer.* — The **tears trickled** down her **cheeks** : *Les larmes coulaient sur ses joues.* — There was a **thin trickle** of blood : *Il y avait un mince filet de sang.*

(11) Tattoo (tat**oû**) : *sonnerie de l'appel du soir à la caserne.* — To **beat** the **Devil's tattoo** : *tambouriner nerveusement avec les doigts.* — To **tattoo** est aussi *tatouer*; **tattooing** : *tatouage.*

37 "It's an antique* ring," he drawled. He looked at it again.

38 "It's worth a good deal. How much do you want on it?"

39 "Could I get twenty-five dollars?"

40 Her hand closed on the counter in a grip of desperation.

41 The furrows **(12)** about her mouth deepened.

42 Her eyes seemed to shimmer with intensity.

43 "All right." He went to the desk.

44 "Twenty-five and two and fifty cents make—

45 You don't want to pawn the wedding ring, did you say? All right! Suit **(13)** yourself.

46 Twenty-seven dollars. Name? Lois* Cumberley. Here's your ticket."

47 The pimply-faced assistant began to take the things away.

48 The door shut to **(14)** behind the woman with a swish and a click.

49 Larson looked out of the window with a twist of contempt on his mouth.

37 C'est une bague ancienne (antique), *fit*-il d'une voix traînante. Il la regarda encore une fois.
38 Elle a de la valeur (vaut une bonne quantité). Combien voulez-vous dessus?
39 Pourrais-je avoir 25 dollars?
40 Sa main se referma sur le comptoir, dans une étreinte de désespoir.
41 Les rides autour de sa bouche s'approfondirent.
42 Ses yeux semblèrent *jeter une* lueur d'intensité.
43 Ça va... Il alla au pupitre.
44 Vingt-cinq *dollars* et 2 *dollars* (et) 50 font...

45 Vous ne voulez pas engager l'alliance, *avez*-vous dit? C'est bon. Comme vous voudrez.
46 Vingt-sept dollars. *Votre* nom? Lois Cumb. Voici votre reconnaissance (ticket).
47 Le commis à la figure boutonneuse se mit à enlever les objets (choses).
48 La porte se referma derrière la femme avec un *bruit de* soufflet et un claquement *sec*.
49 Larson regarda par la fenêtre, la bouche tordue de mépris.

oooooooooooooooooooooooooooooooooooooo

(12) Furrow (feurôou) : 1) *sillon*; 2) *ride* **(wrinkle).**

(13) Suit (sioût') yourself *ou* **: Please yourself. — That does not suit me :** *Cela ne me convient pas.*

(14) The door shut to : *le* **to** *renforce le* **shut** *: la porte se referma. — Notez le pittoresque imitatif de :* **with a swish and a click.**

12th LESSON

50 "Damned fool!" he muttered.
"Who?" demanded the assistant.

51 He stopped with the watch and ring in his hands.

52 Larson turned on him like a flash **(15)**.
"You get on and mind your own business, do you hear?" he shouted.

53 "If you worked as hard at your work as you do at minding other people's business, you'd be worth something to me.

54 What am I paying you for? Go on, now! Never mind who."

(From *Sentiment*, a short story by Donn Byrne, in *The Argosy*.)

The Argosy (argoci) is a monthly story-magazine, price one shilling, published by The Amalgamated Press Ltd., London.

EXERCISE. — **1** Are you so very hard-up? — I tell you I'm quite broke; I have pawned everything pawnable. — **2** I did see somebody; but in the dark, I could not make out who it was. — **3** Read this letter, and tell me what you make out of it. — **4** It will require some time to make out your passport. — **5** I don't care a snap (*or* give a rap) what he does. — **6** This is no good to me, although it may be worth a good deal. — **7** The heat is stifling. — **8** Please turn on the hot water tap. — **9** I gave my arm a bad twist. — **10** Her face is full of pimples.

50 *Bougre* (Damné) d'imbécile! murmura-t-il. — Qui *ça*? demanda le commis.
51 Il *s'était* arrêté, la montre et la bague dans les mains.
52 Larson se *re*tourna sur lui, *vif* comme l'éclair. — Vous, allez et occupez-vous de ce qui vous regarde, *m'*entendez-vous? cria-t-il.
53 Si vous travailliez aussi dur à votre travail que vous le faites à vous occuper de ce qui *ne vous regarde pas* (des affaires des autres), vous me *rendriez service* (vaudriez q.q.ch.).
54 Pourquoi est-ce que je vous paye? Filez donc! Ne vous occupez pas *de* qui *c'est*.

(Extrait de *Sentiment*, nouvelle de Donn Byrne, dans *le Galion*.)

OOOOOOOOOOOOOOOOOOOOOOOOOOOOOOOOOOOOOOOOOOO

(15) Like a flash (of lightning) : *comme l'éclair.* — Like a shot : *vite, sans hésiter.* I would do it like a shot! *Tu parles si je le ferais!*

He took to drink : *Il se mit à boire (devint ivrogne).* — He took to his heels : *Il tourna les talons.* I could not take to him : *Je ne pus me faire à lui.*

OOOOOOOOOOOOOOOOOOOOOOOOOOOOOOOOOOOOOOOOOOO

1 Etes-vous si gêné que cela? — Je vous dis que je suis absolument « fauché »; j'ai engagé tout ce qui pouvait l'être. — **2** J'ai bien vu quelqu'un; mais dans l'obscurité je n'ai pu distinguer qui c'était. — **3** Lisez cette lettre, et dites-moi comment vous la comprenez. — **4** Cela demandera q.q. temps pour établir votre passeport. — **5** Je me moque absolument de ce qu'il fait. — **6** Ceci ne me sert à rien, quoique cela puisse valoir beaucoup. — **7** La chaleur est étouffante. — **8** Faites couler le robinet d'eau chaude, s.v.p. — **9** Je me suis tordu le bras. — **10** Elle a la figure pleine de boutons.

Thirteenth (13th) Lesson

A *mod*el d*i*alogue*

1 In which is shown how the drawing-room juggler (1) may be permanently cured of his card trick.

2 The drawing-room juggler, having slyly (2) got hold of the pack of cards at the end of the game of whist, says :

3 "Ever see any card tricks? Here's rather a good one; pick a card."

4 "Thank you. I don't want a card."

5 "No, but just pick one, any one you like, and I'll tell which one you pick."

6 "You'll tell who?" (3).

PRONUNCIATION. — Dialogue : daïëlogue. — Cæsar : cîzër. — Moses : môziz. — supreme : siouprime. — cursed : keursst'. — Stephen : stîv'n.

(UN) DIALOGUE MODÈLE

1 Dans lequel on montre comment le faiseur de tours (le jongleur) de salon peut être guéri *de façon* permanente de son tour de cartes.

2 L'escamoteur de salon, s'étant saisi sournoisement du jeu (paquet) de cartes à la fin de la partie (jeu) de whist, dit :

3 *Avez-vous* jamais vu des tours de cartes? En voici un très (plutôt) bon; choisissez une carte.

4 Merci, je ne veux pas de carte.

5 Non, mais choisissez-en *seulement* (juste) une, celle que vous voudrez, et je dirai laquelle vous *aurez choisie* (choisissez).

6 Vous *le* direz à qui?

oooooooooooooooooooooooooooooooooooooo

(1) Juggler (djeug'lër) : *jongleur* — **conjurer** (kön'djërër); *escamoteur, prestidigitateur.*

(2) Sly : *sournois, fin, rusé*; **cunning, crafty** : *rusé, astucieux.* A sly look : *un regard en dessous.* — To do something on the sly : *faire q.q.ch. en catimini.* — He is a sly dog : *c'est un cachotier.*

(3) You'll tell who? is colloquial (kol'lôkouiël) English (*anglais familier*). Grammatically, it should be : You'll tell whom?

7 "No, no; I mean, I'll know which it is, don't you see? Go on now, pick a card."

8 "Any one I like?"
"Yes."
"Any colour at all?"
"Yes, yes."
"Any suit?" (4)
"Oh, yes; do go on."

9 "Well, let me see, I'll—pick—the—ace of spades."

10 "Great Cæsar*! I mean you are to pull a card out of the pack."

11 "Oh, to pull it out of the pack! Now I understand.

12 Hand me the pack. All right—I've got it."

13 "Have you picked one?"

14 "Yes, it's the three of hearts. Did you know it?"

15 "Hang it! Don't tell me like that. You spoil the thing. Here, try again. Pick a card."

16 "All right, I've got it."

7 Non, non ; je veux dire que je saurai laquelle c'est, *comprenez-vous* (ne voyez-vous pas) ? Allez-y maintenant, choisissez une carte.

8 N'importe laquelle (je voudrai) ? — Oui. — N'importe quelle couleur ? — Oui, oui. — N'importe quelle série ? — *Mais* (oh) oui ; allez-y donc.

9 Eh bien, voyons (laissez-moi voir), je — choisirai — l'as de pique.

10 *Sapristi!* (Grand César !) Je veux dire que vous devez tirer une carte (hors) du jeu.

11 Oh ! la tirer (hors) du jeu. Maintenant, *j'y suis* (je comprends).

12 Passez-moi le jeu. Ça va, je l'ai.

13 *En* avez-vous choisi une ?

14 Oui, c'est le trois de cœur. Le saviez-vous ?

15 *Diable!* (Pendez-le). Ne me *le* dites pas comme cela. Vous gâtez *tout* (la chose). *Là* (ici), essayez encore. Choisissez une carte.

16 Bien, je l'ai.

oooooooooooooooooooooooooooooooooooooooo

(4) There are four suits of cards : hearts (*cœur*), diamonds (*carreau*), spades (*pique*) and clubs (*trèfle*). — The king of clubs : *le roi de trèfle*; the queen of hearts : *la reine de cœur*; the knave (*ou* jack) of diamonds : *le valet de carreau*; the ace of spades : *l'as de pique*. To deal the cards : *Donner les cartes*; to cut : *couper*. To shuffle : *battre les cartes*. A pack of cards : *Un jeu de cartes*. A game of cards : *une partie de cartes*.

17 "Put it back in the pack. Thanks. (Shuffle, shuffle (5), shuffle—flip)—There, is that it?" (triumphantly).

18 "I don't know. I lost sight of it."

19 "Lost sight of it! Confound it, you have to look at it and see what it is."

20 "Oh, you want me to look at the front of it!"

21 "Why, of course! Now then, pick a card."

22 "All right, I've picked it. Go ahead." (Shuffle, shuffle, shuffle—flip.)

23 "Say, confound you, did you put that card back in the pack?"

24 "Why, no. I kept it."

25 "Holy (6) Moses*! Listen. Pick—a—card—just one—look at it—see what it is—then put it back—do you understand?"

26 "Oh, perfectly. Only I don't see how you are ever going to do it.

27 You must be awfully clever." (Shuffle, shuffle, shuffle—flip.)

17 Remettez-la dans le jeu. Merci. — *Il* bat *et re*bat *les cartes, en* sort *une.* Et triomphalement : Là, est-ce celle-là ?

18 Je ne sais pas. Je l'ai perdue de vue.

19 Perdue de vue ! *Nom de nom* (« confondez »-le), il vous faut la regarder et voir ce que c'est.

20 Oh ! vous voulez que je regarde la face (front) ?

21 Mais bien sûr ! *Voyons* (maintenant alors), choisissez une carte.

22 C'est bon. Je l'ai choisie. Allez de l'avant. (*Il* bat *et re*bat *les cartes, en* sort *une.*)

23 Dites donc, *le diable soit de* (« confonde ») vous, avez-vous remis cette carte dans le jeu ?

24 Mais non, je l'ai gardée.

25 *Tonnerre de tonnerre* (Saint Moïse). Ecoutez. Choisissez une carte, une *seule* (juste une), regardez-la, voyez ce que c'est, puis remettez-la... comprenez-vous ?

26 Oh, parfaitement. Seulement, je ne vois pas comment vous allez jamais *pouvoir le faire.*

27 Il faut que vous soyez rudement adroit. (*Il* bat, *re*bat, etc.).

oooooooooooooooooooooooooooooooooooooooo

(5) Sh**u**ffle, sh**u**ffle—flip : *imitation pittoresque du bruit des cartes qui glissent l'une contre l'autre.* Flip-flap : *flic flac.* — To sh**u**ffle : *remuer, changer de place.* Don't sh**u**ffle your feet so! *Ne remue pas les pieds comme ça!* — Don't drag your feet so! *Ne traîne pas les pieds comme ça!*

(6) Holy (hôlé) : *saint, sacré*; (the Holy Ghost : *le Saint-Esprit.* — The Holy of holies : *le Saint des saints.* — The Holy See : *le Saint-Siège.* — Holy Thursday : *le Jeudi-Saint, l'Ascension.* — The Holy Week : *la Semaine Sainte.* — The Holy Alliance (ëlaïë'nss) : *la Sainte Alliance.* — The Holy Land : *la Terre Sainte.* — The Holy Orders : *les ordres sacrés.* — A holy man : *un saint homme.* — The saints (sé'e'ntss) : *les saints.* Saint Peter : *saint Pierre.* All Saints' Day : *la Toussaint.* The saints of paradise (parëdaïss) : *les saints du paradis.*

13th LESSON

28 "There you are; that's your card, now, isn't it?"

29 (This is the supreme* moment) **"No. That is not my card."**

30 (That is a flat lie (7), but Heaven will pardon you for it.)

31 "Not that card!!! Say—just hold on a second.

32 Here, now, watch what you're at (8) this time.

33 I can do this cursed* thing, mind you, every time.

34 I've done it on father, on mother, and on every one that's ever come round our place.

35 Pick a card. (Shuffle, shuffle, shuffle—flip, bang.) There, that's your card."

36 **"No. I am sorry. That is not my card.** But won't you try it again?

37 Please do. Perhaps you are a little excited—
I'm afraid I was rather stupid.

38 Won't you go and sit quietly by yourself on the back verandah for half an hour and then try?

28 *Et* (vous) voilà; c'est votre carte maintenant, n'est-ce pas?
29 (C'est le moment suprême.) — Non. Ce n'est pas ma carte.
30 (C'est un *parfait* (plat) mensonge, mais le Ciel vous le pardonnera.)
31 Pas cette carte-là! Dites, *attendez donc* (persévérez juste) une seconde.
32 *Voici* (ici), maintenant, *faites bien attention* (guettez) *à* ce que vous *faites,* cette fois-ci.
33 Je *réussis ce truc* (peux faire cette maudite chose), chaque fois, *vous savez* (prenez garde à vous).

34 Je l'ai fait *à* (sur) *mon* père, à *ma* mère; et à tous ceux qui sont jamais venus *chez nous* (autour de notre endroit).
35 Choisissez une carte. (*Il* bat, *re*bat...) Là, voilà votre carte.
36 Non. Je regrette. Ce n'est pas ma carte. Mais *si vous voulez* (ne voulez-vous pas) essayer encore *une fois*?
37 Je vous en prie. Peut-être êtes-vous un peu excité. — Je crains *d'avoir été* (j'étais) très stupide.
38 *Si vous alliez* (Ne voulez-vous pas aller) vous asseoir tranquillement *tout* seul une demi-heure sur la véranda de derrière, *avant d'* (et alors) essayer?

ooooooooooooooooooooooooooooooooooooo

(7) Flat, *plat, signifie aussi* net, absolu : a flat denial (dinaïel) : *un démenti catégorique.* — Egalement *insipide* : flat beer : *de la bière sans saveur.*

(8) What you are at, *ou* what you are about : what you are doing.

39 You have to go **ho**me? Oh, I'm so **sor**ry. It must be such an **aw**fully **cle**ver **lit**tle trick. Good night!"

(From *Literary Lapses*, by Stephen* Leacock - John Lane, The **Bod**ley Head, **Lon**don, **pub**lishers.)

Three blind mice

(A **nur**sery **rhy**me)

40 Three blind mice,
See how they run.

41 They all ran **af**ter the **far**mer's wife

42 Who cut off their tails with a **car**ving (9) knife,

43 Did you **ev**er see such fun in your life,

44 As three blind mice, etc.

ooooooooooooooooooooooooooooooooooooo

EXERCISE. — **1** Now leave off **grum**bling, don't be a spoil-sport! — **2** He fell flat on his **stom**ach. — **3** His jokes **al**ways fall flat. — **4** Will you **ev**er **par**don me (*or* for**give** me) for it? — **5** When I asked him to come round to our pl**a**ce, he fl**at**ly ref**u**sed. — **6** What are you d**o**ing all by your**self**? — **7** Did you do it your**self**? — **8** It was gr**ea**t fun. We had lots of fun. — **9** The more, the **mer**rier. (**Pro**verb). — **10** The more I think of it, the less I l**i**ke it.

39 Vous devez rentrer chez vous? Oh, comme je *le* regrette. Ce doit être un petit tour si épatant (terriblement adroit). Bonne nuit!

(Extrait de *Lapsus littéraires*, d'Etienne Leacock.)

TROIS SOURIS AVEUGLES

Ronde enfantine (rime de nursery)

40 Trois souris aveugles, Voyez comme elles courent.
41 Elles couraient toutes après la fermière (femme du fermier),
42 Qui leur coupa la queue avec un couteau à découper,
43 Avez-vous jamais (dans votre vie) vu rien d'aussi amusant
44 Que trois souris aveugles, etc.

OOOOOOOOOOOOOOOOOOOOOOOOOOOOOOOOOOOOOOOOO

(9) To **car**ve (câ**r**ve) : *découper* (*de la viande à table*) ou *sculpter, entailler*. — A dre**ss**er of **car**ved oak : *un dressoir en chêne sculpté*. — He **car**ved their **ini**tials (inishëlz) on the bark of a tree : *Il grava leurs initiales sur l'écorce d'un arbre*.

OOOOOOOOOOOOOOOOOOOOOOOOOOOOOOOOOOOOOOOOO

1 Allons, cessez de grogner, ne faites pas le rabat-joie! — **2** Il tomba à plat ventre. — **3** Ses plaisanteries tombent toujours à plat. — **4** Me le pardonnerez-vous jamais? — **5** Quand je lui demandai de venir chez nous, il refusa net. — **6** Que faites-vous là tout seul? — **7** L'avez-vous fait tout seul (vous-même)? — **8** C'était tout à fait rigolo. Nous avons bien rigolé. — **9** Plus on est de fous, plus on rit. — **10** Plus j'y pense, moins ça me sourit.

13th LESSON

Fourteenth (14th) Lesson

REVISION AND NOTES

1. Up to peut être simplement *jusqu'à*, synonyme de **till** ou **until.** Ainsi : I stood in the water up to my knees : *j'étais dans l'eau jusqu'aux genoux.* — Up to now. I hadn't seen anything like it : *jusqu'à présent, je n'avais rien vu de pareil.* — Your furniture is not quite up-to-date : *Vos meubles ne sont pas tout à fait dernier genre.* — I don't feel up to the mark today : *Je ne me sens pas dans mon assiette (pas à la hauteur) aujourd'hui.*

Mais nous avons d'autres emplois de **up to :**

It is up you to talk him over : *C'est à vous, il ne tient qu'à vous, de le décider.* — I am up to his tricks : *Je connais bien ses ruses.* — He is up to a thing or two : *Il est au courant, on ne lui en remontre pas facilement.*

What is he up to? *Que mijote-t-il?* — I am afraid he is up to no good : *Je crains qu'il ne mijote rien de bon.*

2. Over. — It is all over the town : *C'est répandu dans toute la ville.* — All the world over, *ou* the world over : in the whole world : *dans le monde entier.*

Sorry I cannot stay over the week : *Je regrette de ne pouvoir rester au-delà de la semaine.* — She was in Russia (reushë), over three years : *Elle a été plus de trois ans en Russie.*

I shall have to do it all over again : *Il faudra que je le refasse entièrement.*

Come over to us this evening : *Venez donc chez nous ce soir.* I am going over to the Continent next month. *Je vais en Europe (sur le Continent) le mois prochain.* (*On remarquera que dans ces deux cas,* over *n'est pas strictement nécessaire au sens de la phrase, mais c'est lui qui apporte l'élément idiomatique.*)

They were sitting quietly over their beer : *Ils étaient tranquillement installés à boire de la bière.*

The snow is over : *La neige a cessé.* — It is all over with my plans : *C'en est fait de mes projets.*

Les composés de over sont nombreux; ils donnent en général l'idée de surabondance, d'excès. (*L'accent tonique n'est pas sur* over) :

He overcharged her shamefully : *Il l'a " estampée " honteusement.* — The river overflew the whole countryside : *La rivière inonda* (flooded : fleudëd) *toute la région.* — The garden is overgrown with weeds : *Le jardin est envahi par les mauvaises herbes.* He has overeaten, overslept himself : *Il a trop mangé, trop dormi.*

Cependant, overlook, outre son sens de *dominer, avoir vue sur* (The tower overlooks the valley), a celui *d'insuffisance, d'oubli.* — I shall overlook it for this time : *Je fermerai les yeux pour cette fois-ci.* — He had overlooked it : *Cela lui avait échappé.*

Mais : I shall look it over : *Je l'examinerai soigneusement.* — He had looked over it : *Il l'avait bien examiné.*

To overhear : *entendre par hasard.* I overheard what they were saying : *Je surpris leurs paroles.*

3. To need *peut s'employer sans auxiliaire, comme* must, can, may, *etc.* On peut dire : you needn't come *ou* you do not need to come : *Vous n'avez pas besoin de venir.* — Need I do it? *ou* Do I need to do it? *Ai-je besoin de le faire?*

A noter la tournure : I needs must (*ou* must needs) swallow it : *Il faut bien que je l'avale.* — If you will needs be gone : *Si vous tenez absolument à vous en aller.* — If needs be... *S'il en est besoin...*

4. Bolt, substantif, est 1) *Un trait, un javelot.* A fool's bolt is soon shot : *Un niais a bientôt dit sa pensée.* — 2) *Un verrou, une targette, ou une cheville.* Don't you dare to draw the bolt! *N'ayez pas l'audace de tirer le verrou!* — 3) *Un élan, une course.* I think we'd better make a bolt of it : *Je crois que nous ferions mieux de nous enfuir.*

Le verbe a des significations correspondantes : 1) *Lancer, pousser, faire précipitamment* : He bolted out the truth : *il " lâcha le morceau ", la vérité lui échappa.* — Don't bolt your food : *N'avale pas sans mâcher.* — 2) He bolted himself in : *Il s'enferma au verrou.* — 3) He bolted from his creditors : *Il a levé le pied.*

He was standing bolt upright : *Il se tenait droit comme une flèche.*

Conundrums. — What is it that a blind man cannot feel, but can see?
— A good joke.
(Feel *est ici tâter, et non sentir*).

— What has four legs and flies?
— Two ducks.

— Why is the water of a fountain (*jet d'eau*) like the Prince of Wales?
— One is thrown into the air, the other is heir to the throne.
(*Double calembour* : thrown et throne, air et heir (*h muet.*)

— Why is the letter F like a banana?
— Because they both make all fall.

A sum (*Un problème*). — " Now, Charles, " said the teacher, " if your father can do a piece of work in one hour and your mother can do it in one hour, how long would it take both of them to do it? '

" Three hours, " answered Charles, " counting the time they would waste in arguing. " (ârgou'ign.)

I think we'd better make a bolt of it

14th LESSON

Fifteenth (15th) Lesson

Going up to the line

1 ... The battalion passed the zone of the heavy guns and forward dumps (1)...

2 breaking up first into companies, then into platoons, and marching in silence.

3 The night was fine and dry, the deepening silence was punctuated* by a noise,

4 that was to become as much a part of life as the ticking of a clock

5 in the midnight silence of home—a noise as of some insane woodpecker:

6 the rat-tat-tat of the indefatigable (2) German machine-guns.

7 On a crest that rose slightly above the dead (3) level of the plain,

8 a greenish glare soared up (4), hung a moment, and wasted out.

PRONUNCIATION. — Punctuated : peugn'ktiouétëd. — developed : divèlop't. — floored : flor'd. — passage : pàssédje. — guide : ghaïd'. — overdue : overdioû. — sarcasm : sârcaz'm. — fierce : fïërss. — cemetery : cèmètëré. — ammunition : amiounish'n. — finality : faïnalité. — base : béce.

MONTÉE EN (à la) LIGNE

1 Le bataillon franchit la zone des canons lourds et des dépôts avancés...
2 en se fractionnant d'abord en compagnies, puis en sections (pelotons), et marchant en silence.
3 La nuit était belle et sèche, le silence *de plus en plus* profond (s'approfondissant) était ponctué par un bruit
4 qui devait devenir une partie de l'*existence* (vie) autant que le tic-tac d'une horloge
5 dans le silence de minuit (de) chez soi, *on eût dit* un bruit (comme de quelque) pivert *devenu* fou :
6 le tac-tac des infatigables mitrailleuses allemandes.
7 Sur une crête qui s'élevait légèrement au-dessus du niveau *plat* (*mort*) de la plaine,
8 une lueur verdâtre jaillit, *resta* un moment suspendue, et s'épuisa.

OOOOOOOOOOOOOOOOOOOOOOOOOOOOOOOOOOOOO

(1) Dump *donne l'idée de q.q.ch. jeté en vrac,* ici, amas de munitions et approvisionnements : *dépôts.* A dumping-ground : *terrain vague pour jeter les ordures. Le* " dumping " *est l'écoulement à vil prix de marchandises à l'étranger. Dans un autre sens,* dumps (*pluriel*) *signifie tristesse, mélancolie.* — He is in the dumps : he's got the blues (*or* the hump) : *Il a le cafard.*

(2) Indefatigable (i'ndifatighëb'l) : tireless.

(3) Dead *peut signifier absolu, parfait :* a dead calm (câ'm) : *un calme plat, absolu.* — He is a dead shot : *C'est un tireur infaillible.* — It is a dead loss : *C'est une perte sèche.* — I am dead beat : *Je n'en puis plus.* — *On connaît* dead-heat, *arrivée ensemble au poteau.* — The negotiations have come to a deadlock : *Les négociations ont abouti à une impasse.*

(4) To soar (sôr) : *s'élever, prendre son essor, planer.* Soaring prices : *les prix élevés.*

15th LESSON

9 Then ano**th**er soared **fur**ther to the **right**, a**mid** the gaunt **(5)** sk**el**etons,

10 **crow**ned fan-sh**a**ped with spl**in**ters, of a **row** of trees.

11 By this l**igh**t Sk**e**ne saw that the soft mush in which he was tre**a**ding **(6)**

12 was the **self**-s**ow**n, unh**ar**vested corn of a once **till**ed fi**eld**.

13 Am**ong** the **ru**ins of a **cot**tage—a **mur**dered h**an**dful of b**at**tered brick and m**or**tar—

14 they **en**tered the communic**a**tion trench.

15 Such tr**en**ches, **af**terwards dev**el**oped* to perf**ec**tion and compl**ex**ity,

16 were then n**oth**ing more than waist or bre**a**st-deep excav**a**tions,

17 with sl**ipp**ing walls and floored* with deep and n**oi**some **(7)** **oo**ze.

18 They were, m**o**reover, so few and well kn**o**wn to the **en**emy

19 and so **reg**ularly shelled or enfil**a**ded by mach**ine**-guns,

9 Puis une autre jaillit plus loin à droite, parmi les maigres squelettes,

10 couronnés d'éclats en forme d'éventail, d'une rangée d'arbres.

11 A (Par) cette lumière, Skene vit que la masse molle dans laquelle il enfonçait *les pieds*

12 était le blé semé de lui-même, non moissonné, d'un champ autrefois labouré.

13 Parmi les ruines d'une maisonnette — une poignée massacrée de briques et de mortier meurtris, —

14 ils entrèrent *dans* le boyau (tranchée de communic.).

15 *Ces* (Tels) boyaux, *amenés* (développés) *par la suite* (ensuite) à *la* perfection et *à la* complexité,

16 n'étaient alors rien *de* plus que des déblais à *hauteur* (excavations à profondeur) de taille ou de poitrine,

17 avec des murs *croulants* (glissants) et *un fond de* (« planchéiés » avec) vase fétide.

18 Ils étaient, en outre, si peu *nombreux* et *si* bien connus *de* (à) l'ennemi

19 et si régulièrement bombardés ou *pris en* enfilade par des mitrailleuses,

ooooooooooooooooooooooooooooooooooooo

(5) Gaunt (go'nt') : *maigre, décharné, efflanqué.* — There is a skeleton (skèlit'n) in the cupboard : *Il y a q.q.ch. de louche, un secret qu'on cache.*

(6) To tread (trèd') : to set the foot down; to press with the foot; to step. — He was treading upon my heels : *Il marchait sur mes talons.* — Down-trodden : *foulé aux pieds, écrasé.*

(7) Noisome (noïceum') : *fétide ou pernicieux, n'a rien de commun avec* noise (noïze) : *bruit, ni ses dérivés,* noisy (noïzé), noisily, noisiness. Noisome *dérive du vieux français* noye, *ennui, et* noise *de* noise (*chercher noise*). — **Ooze** : *la vase, le limon.* — To ooze : *suinter.* The water is oozing through this pipe : *l'eau suinte à travers ce tuyau.* — The wound (ouou'nd) is oozing : *La blessure suppure.*

15th LESSON

20 that the older hands preferred risking the open.

21 The first few bullets whistled overhead, too high.

22 But soon came the tearing shriek, the crash and scatter of shrapnel,

23 the ducking and bunching (8) of startled men,

24 and that first hearing of the cry, never quite to be forgotten: "Stretcher-bearer!..." (9).

25 Skene found the rear of his platoon held up by the stretcher party,

26 and then his passage* blocked by other units.

27 His guide* tried a short cut which led into mud and wire

28 and on into the lines of a brigade that was not his.

29 Back, in mud and wire, over drains and trenches, bodies and ruins,

30 in and out of latrines and shell-holes,

31 lying flat for minutes together while machine-gun fire swept over them,

32 Skene entered at last, from the spoil-pit at the back,

33 the trench he was to hold, two hours overdue*.

20 que les *anciens* (plus vieilles « mains ») préféraient *se* risquer à *dé*couvert.
21 Les quelques premières balles sifflèrent au-dessus *des* têtes, trop haut.
22 Mais bientôt vint le cri déchirant, le fracas et l'*averse* dispersement) des shrapnels,
23 *les hommes effarés se baissèrent et se mirent en bosse* (le baissement et le « bossement » d'hommes effarés)
24 *et on entendit pour la première fois* (cette première « écoute » du) ce cri, qu'on ne devait jamais oublier tout à fait : Brancardier !
25 Skene trouva l'arrière de sa section arrêté par le groupe de brancardiers,
26 et puis son passage bloqué par d'autres unités.
27 Son guide essaya un *chemin* de traverse, qui déboucha dans de la boue et des fils de fer,
28 *puis* (et continua) dans les lignes d'une brigade qui n'était pas la sienne.
29 Retournant, dans la boue et le fil de fer, par-dessus des rigoles et des tranchées, des *cadavres* (corps) et des ruines,
30 *à travers* (dans et hors de) des feuillées et des trous d'obus,
31 se couchant *à* plat *ventre* pendant des minutes *entières* (ensemble), tandis que le feu des mitrailleuses passait (balayait) au-dessus d'eux,
32 Skene pénétra enfin, par la fosse aux ordures de derrière,
33 *dans* la tranchée qu'il devait tenir ; *il était* deux heures en retard.

OOOOOOOOOOOOOOOOOOOOOOOOOOOOOOOOOOOOOOO

(8) To duck : 1) *baisser vivement la tête, se baisser*; 2) *enfoncer dans l'eau.* The thief was given a good ducking : *On fit prendre au voleur un bain forcé.* A duck : *un canard.* A drake : *un canard mâle.* To play ducks and drakes : *faire des ricochets.* — A bunch of grapes : *une grappe de raisin.* — To bunch (*verbe actif*) : *attacher, mettre ensemble*; to bunch (*verbe neutre*) : *faire saillie.*

(9) Stretcher : *brancard, civière.* — To stretch : *étendre, étirer.* These shoes are a bit tight, but they will soon stretch : *Ces souliers sont un peu justes, mais ils se feront bientôt.* — Could you not stretch (*ou* strain) a point in my favour? *Ne pourriez-vous faire une exception en ma faveur?* — He owns all this stretch of land : *Il possède toute cette étendue de terre.*

15th LESSON

34 He found a weary subaltern (10) with sarcasm* on his lips

35 and a crumpled list of trench stores in his hand.

36 "Sign! I don't want to be caught in here in daylight."

37 Skene signed. The subaltern and his men moved off—

38 The dawn broke in a fierce* crackle of musketry.

39 Skene rested his head against the parapet, the only dry firm place he could find.

40 He had thoroughly surveyed his ground. His men were all "standing-to" (11) (N. 1).

41 They were in a section of fire-trench fifty yards long, blocked at each end

42 and fed from a communication trench half cemetery* and half latrine.

43 They had two and a half boxes of ammunition*, two boxes of bombs, and some Verey lights.

44 There were some noisome holes for dug-outs

45 into which none of his men had been as yet fatigued enough to crawl.

46 What would happen if the enemy attacked, or if he himself were ordered to attack, he did not even consider.

34 Il *y* trouva un *lieutenant* (subalterne) dégoûté, le sarcasme aux lèvres.
35 et une liste chiffonnée de matériel de tranchée à la main.
36 Signez! Je ne veux pas être attrapé ici (dedans) de jour.
37 Skene signa. Le lieutenant et ses hommes s'éloignèrent...
38 L'aube survint (brisa) dans une fusillade (craquement de mousqueterie) furieuse.
39 Skene reposa sa tête contre le parapet, le seul endroit sec et ferme qu'il *eût* pu trouver.
40 Il avait *consciencieusement* (complètement) *examiné* (surveillé son) le terrain. Ses hommes étaient tous à leurs postes (aux armes).
41 Ils *se trouvaient* (étaient) dans un secteur de tranchée de tir long de 50 yards, bloqué à chaque bout,
42 et alimenté par (d') un boyau mi-cimetière et mi-feuillée.
43 Ils avaient deux caisses et demie de *cartouches* (munition), deux caisses de *grenades* (bombes), et des fusées éclairantes (lumière Verey).
44 Il y avait des trous fétides *en guise d'* (pour) abris,
45 dans lesquels aucun de ses hommes n'avait encore été assez las pour se fourrer (ramper).
46 Qu'arriverait-il si l'ennemi attaquait, ou si on lui commandait d'attaquer, *cela,* il ne l'envisageait (considérait) même pas.

oooooooooooooooooooooooooooooooooooooooo

(10) A **subaltern** (**seubaltërn'**) : *officier au-dessous du grade de capitaine.* — **Weary** (**ouiré**) : *ennuyé et fatigué, dégoûté.* I am **weary** of repeating it : *Je suis las de le répéter.* To be **weary** of life : *Être las de la vie.*

(11) Stand to your arms! *Aux armes!* — Stand to your guns! *A vos pièces!* (*Commandements militaires.*)

15th LESSON

47 He was thinking, with a sense of almost tragic finality*, that this was the end of the journey.
48 The recruiting room, the training camp, the O.T.C. (12), the base* camp, the railhead town, all led to this.
49 There, a few yards away, were the Germans.

(From *Sixty-four, Ninety-four*, by R. H. Mottram - Chatto and Windus, London, publishers.)

Sixty-four, ninety-four. Ce titre est emprunté aux paroles que les soldats ont adaptés à la sonnerie « *A la visite* » (du major » :

" Sixty-four, ninety-four,
He'll never go sick no more;
The poor beggar is dead "

Pourquoi *Sixty-four, ninety-four?* Mystère...

oooooooooooooooooooooooooooooooooooooooo

EXERCISE. — **1** Haste make waste. — Waste not, want not (Proverbs). — **2** I found this in the waste-paper basket. — **3** He wasted all his money on trifles. — **4** Look where you're going, don't tread on my toe. — **5** He is as dead as a door-nail (*ou* as a leg of mutton). — **6** You'll find he is an old hand at the game. — **7** He is playing ducks and drakes with his money. — **8** She is the best of the bunch, though. — **9** I'll go a few steps with you, just to stretch my legs. — **10** The theft was done in broad daylight. — **11** The payment of your quarter's rent is overdue. — **12** I am weary (ouîëré) of wearing (ouèrign) the same old hat.

47 Il pensait, avec un sens d'aboutissement (finalité) presque tragique, que c'était *là* la fin du voyage.

48 Le *bureau* (chambre) de recrutement, le camp d'instruction, le corps d'entraînement des officiers, le camp de la base, la ville terminus (tête) du ch. de fer, tout *cela avait* conduit à ceci.

49 Là, à quelques yards, étaient les Allemands.

(Extrait de *Soixante-quatre, quatre-vingt-quatorze*, de R. H. Mottram.)

ooooooooooooooooooooooooooooooooooooo

(12) O.T.C. : **Of**ficers Training Corps (pron. cor). A corpse (corpss) : *un cadavre.* (*On dit aussi* a **body**.)

ooooooooooooooooooooooooooooooooooooo

1 Trop de hâte nuit (La hâte fait le gaspillage). — Il faut garder une poire pour la soif (Ne gaspillez pas, *vous ne* serez pas *dans le* besoin). — **2** J'ai trouvé ceci dans la corbeille aux vieux papiers. — **3** Il gaspilla tout son argent en futilités. — **4** Faites attention où vous allez! Ne me marchez pas sur les pieds (l'orteil). — **5** Il est mort; bien mort (mortibus). — **6** Vous verrez (trouverez) qu'il s'y connaît (est une vieille main) à ce jeu.

— **7** Il jette son argent par les fenêtres (fait des ricochets avec). — **8** C'est encore elle la meilleure de la bande. — **9** Je vous accompagnerai q.q. pas, histoire de me dégourdir les jambes. — **10** Le vol fut commis en plein jour. — **11** Le paiement de votre terme est en retard. — **12** Je suis las de porter le même vieux chapeau.

Sixteenth (16th) Lesson

Where Charles II strolled

1 Civil servants (1) in Whitehall are lucky in having at their doors St. James's Park, one of the pleasantest places in London.

2 With its trees and flowers, grass you can lie about (2) on,
3 and its lake with friendly waterfowl, it is a very jolly place to spend the lunch hour in.
4 Henry VIII (3) was the first to see its possibilities—just around four hundred years ago.
5 Looking out of his palace windows in Whitehall, he saw only a few marshy ponds with the Tyburn winding (4) through them,

PRONUNCIATION. — Lineal : liniël. — stroll : strôl. — Mall : màl. — Pall Mall : pèl mèl. — Buckingham Palace : beukkin'hëm pàléce. — Arab : arëb; arabian : arébië'n. — bowl : bôoul. — foul : faoul. — fowl : faoul.

LA OU CHARLES II FLANAIT

1 Les fonctionnaires *de* (dans) Whitehall *ont la chance* (sont chanceux) d'avoir à leurs portes le Parc de Saint-James, un des endroits les plus agréables de Londres.

2 Avec *ses* arbres et *ses* fleurs, *son* gazon sur lequel on peut s'étaler,

3 et son lac *aux* (avec) *oiseaux aquatiques* (volailles d'eau) *peu farouches* (amicaux), c'est un endroit très *plaisant* (joyeux) pour y passer l'heure du déjeuner.

4 Henry VIII fut le premier à voir ses possibilités, il y a de cela (juste) à peu près (autour de) 400 ans.

5 *En* regardant par les fenêtres de son palais *de* (dans) Whitehall, il ne voyait que quelques étangs marécageux *à travers lesquels* serpentait la Tyburn (avec la Tyb. serpentant à travers eux),

oooooooooooooooooooooooooooooooooooooo

Where there is a will there is a way, *telle est la formule anglaise pour :* **« Vouloir, c'est pouvoir. »**

(1) The **Civil Service** : *l'Administration.* A **civil servant** : *un fonctionnaire de l'Etat.* — The **Indian Civil Service** : *l'Administration des Indes.*

(2) Grass you can **lie on** : *du gazon sur lequel on peut s'étendre.* Grass you can **lie about** on : *du gazon sur lequel on peut s'étendre n'importe où, s'étaler à l'aise.* — That is a **matter** you can **easily lie about** : *C'est une question sur laquelle il vous est facile de mentir.*

(3) Charles II : **Charles the Second.** — **Henry VIII** : **Henry the Eighth.**

(4) To **wind** : 1) *enrouler, virer, mettre en écheveau;* 2) *serpenter, sinuer.* — To **wind up a watch** : *remonter une montre.* — He is **wind up his business affairs** : *Il liquide ses affaires commerciales.* — The **wind**, *le vent, se dit aussi* the **wind** *en poésie.*

6 and away on the right St. James's Hospital for leper women: not a very regal (5) prospect.

7 So he turned the marsh into a lake, ejected the leprous ladies, and built St. James's Palace where they had been,

8 and enclosed the whole place as a deer park.

We ought to urge them on a bit

9 But it's the Stuarts, who followed on (6) about one hundred years later,

10 to whom we owe the park more as we see it now.

11 In their time it became a public resort (7) and the waterfowl were introduced.

12 Probably these were the lineal* ancestors of the present occupants of the lake,

13 James I used to fish in the so-called canal with tame cormorants,

14 and Charles I erected a decoy (8) trap to catch the wild duck.

15 Down the path leading from St. James's Palace came Charles I that cold January morning to his execution,

6 et *plus* loin sur la droite, l'Hôpital de Saint-James pour (femmes) lépreuses : une vue (perspective) *pas* très royale.
7 Alors, il *transforma* (tourna) le marais en (un) lac, expulsa les dames lépreuses, et bâtit le Palais de Saint-James *là* où elles avaient été,
8 et clôtura le *tout* (tout l'endroit) comme (un) parc *aux* daims.
9 Mais ce *sont* (c'est) les Stuarts, qui suivirent à peu près cent ans plus tard,
10 à qui nous devons le parc plus *pareil à ce que* (comme) nous le voyons maintenant.
11 *De* (dans) leur temps, il devint un lieu *de fréquentation* public et les oiseaux aquatiques y furent *installés* (introduits).
12 Probablement *que* c'étaient les ascendants directs (ancêtres linéaux) des occupants *actuels* (présents) du lac.
13 Jacques Ier *pêchait* (avait l'habitude de p.) dans *ce qu'on appelle* le (ainsi appelé) canal avec des cormorans apprivoisés,
14 et Charles Ier érigea un piège à appelant pour attraper les canards sauvages.
15 C'*est* (En bas) le sentier qui mène du Palais de Saint-James que descendit Charles Ier, ce froid matin de janvier, *allant* à son exécution,

OOOOOOOOOOOOOOOOOOOOOOOOOOOOOOOOOOOOOO

(5) Regal : kingly : royal. — The regalia (righéliё) : *les insignes de la royauté, ou aussi d'un ordre, d'une fonction.*

(6) Who followed on, *ou* : who followed.

(7) A sea-bathing resort (rizort') : *une station balnéaire.* — A winter resort : *une station d'hiver.* A fashionable resort : *un endroit à la mode.* — To resort to unfair arguments : *avoir recours à des arguments déloyaux.* — That was my last resort *ou* resource (rizorce) : *C'était là ma dernière ressource.* — Fowl (fàoul) : *la volaille.*

(8) A decoy-duck (dicoï) : *un canard appelant.* — To decoy : to snare : to trap : *leurrer, prendre au piège.* — A snare : *une embûche*; a trap : *un piège* (d'où trapper : *trappeur*).

16 urging (9) his guards to walk faster so that he should not shiver and make people think him afraid.

17 On the south side Charles II, who used to stroll* in the Park with his ladies,

18 had an aviary in what is now called Birdcage Walk.

19 The road on the other side is called the Mall*, because here was played Pall Mall*, a sort of croquet.

20 Buckingham Palace*, at the far end of the park, came later.

21 It was built by a Duke of Buckingham, and bought by George III for his queen,

22 when it was known as the Queen's House in Pimlico.

23 Victoria was the first sovereign to live there.

24 From the bridge over the lake that runs through St. James's Park, you can get one of the loveliest views in England.

25 Trees hide all the houses on that side,

26 and out over the water you see only the minarets and cupolas of the Whitehall buildings.

16 *en* pressant ses gardes de marcher plus vite, *pour empêcher* (de façon) qu'il ne tremble(rait) et *ne* fasse *croire aux gens qu'il avait peur* (les gens le penser effrayé).
17 *Du* (Sur le) côté sud, Charles II, qui avait l'habitude de flâner dans le Parc avec ses dames,
18 eut une volière, dans ce qu'on appelle maintenant l'*Allée* (promenade) de la Cage aux Oiseaux.
19 La route *de* (sur) l'autre côté s'appelle le Mail (Mall), parce qu'on y jouait *au* Pall Mall, un genre de croquet.

20 Le Palais de Buckingham, à *l'autre* (éloignée) extrémité du Parc, vint plus tard.
21 Il fut bâti par un duc de Buck., et acheté par George III pour sa reine,
22 *et alors* (quand il fut) connu comme la Maison de la Reine à Pimlico.
23 Victoria fut la première souveraine à y habiter.
24 Du pont sur (au)-dessus le lac qui *va d'un bout à l'autre du* (court à travers le) Parc Saint-James, *on jouit* (peut obtenir) *d'*un des plus beaux coups d'œil de l'Angleterre.
25 *Des* arbres cachent toutes les maisons *de* (sur) ce côté-là,
26 et *au-delà* (hors au-dessus) de l'eau vous ne voyez que les minarets et coupoles des bâtiments de Whitehall.

OOOOOOOOOOOOOOOOOOOOOOOOOOOOOOOOOOOOOOO

(9) To **urge** : *presser, inciter, insister auprès de, être urgent.* We ought to urge them on a bit : *Nous devrions les presser un peu.* — We shall urge our claims to the end : *Nous ferons valoir nos droits jusqu'au bout.* — The house stands in **urging** need of **repairs** : *La maison a absolument besoin de réparations.*

16th LESSON

27 It has often been likened (10) to a scene from the Arabian* Nights.

28 On a clear day, you can see the weathercock on the top of the United Services Museum.

29 This, or one just like it, was put up by James II so that he could see from Whitehall Palace when the wind was blowing from the Netherlands (11).

30 He wanted to have good notice of the approach of William of Orange.

31 But it didn't prevent William finally taking the throne from him.

(From *The Listener.*)

The Listener is a weekly paper (price 3d.) published by the British Broadcasting Corporation, and the articles in it are mainly reprints of broadcast talks.

To broadcast : *radiodiffuser, est un verbe régulier. On dit* : The news was broadcasted, *mais* : He was cast into prison : *Il fut jeté en prison.*

John Peel

32 Do ye ken (12) John Peel with his coat so gay,

33 Do ye ken John Peel at the break of day (13),

27 On l'a souvent comparé à une scène des *Mille et Une* (Arabes) *Nuits*.

28 *Par* (Sur) une journée claire *on distingue* (vous pouvez voir) la girouette sur le haut du Musée des *Offices Réunis* (Services unis).

29 Cette *girouette*, ou une *toute pareille* (juste comme elle), fut élevée par Jacques II, afin qu'il *pût* (pouvait) voir du Palais de Whitehall quand le vent soufflait des Pays-Bas.

30 Il voulait *être largement prévenu* (avoir bon avertissement) de l'approche de Guillaume d'Orange.

31 Mais cela n'empêcha pas Guillaume de lui enlever finalement le trône.

(Extrait de l'*Auditeur*.)

JOHN PEEL

32 Apercevez-vous J. P., avec son habit si gai,
33 Ap. v. J. P. au point du jour,

OOOOOOOOOOOOOOOOOOOOOOOOOOOOOOOOOOOOOOOO

(10) Likened (laïkën'd) : compared. — She is the **very** likeness of her **mother** : *Elle est le portrait vivant de sa mère.*

(11) Nether (nèvër) : *inférieur, plus bas, contraire de* **upper** : *supérieur, plus haut.* In the **nether**most hell : *Au fin fond de l'enfer.*

(12) To ken (*mot archaïque*) : *apercevoir, distinguer de loin.*

(13) At the break of day *ou* at **day**break : at dawn : *à l'aube, au point du jour.*

34 Do ye ken John Peel when he's far, far away,
35 With his **hou**nds and his horn **(14)** in the morning?
36 For the s**ou**nd of his horn brought me from my bed,
37 And the cr**y** of his **hou**nds which he **oft**-times **(15)** led;
38 Peel's t**a**lly-**ho** would aw**a**ken the de**a**d,
39 Or the fox from his lair in the **mor**ning.
40 Then h**e**re's to John Peel from my heart and soul,
41 Let's drink to his he**a**lth, let's f**i**nish the bowl*,
42 We'll f**o**llow John Peel through fair and through f**ou**l*, **(N. 2)**
43 If we want a good hunt in the **mor**ning.

oooooooooooooooooooooooooooooooooooooo

EXERCISE. — **1** We had a j**o**lly good time (of it). — **2** You have two and a half days (*or* two days and a half) to do it in. — **3** There is s**o**mething in the wind. — **4** A fool's head n**e**ver turn grey. (Pr**o**verb). — **5** Will you pl**e**ase turn (*or* transl**a**te) this **in**to French? — **6** I am f**a**gged out; I think I'll turn in now. — **7** I n**e**arly fell **in**to the sn**a**re. — **8** The b**o**ttom dr**aw**er; the top shelf. — **9** He set to work with heart and soul. — **10** I thought him dead and b**u**ried long ag**o**? — **11** United we stand, divided we fall. (Pr**o**verb). — **12** I hope you will give me good n**o**tice of your dec**i**sion (*or* give me n**o**tice in good time).

34 Ap.-vous J. P. quand il est loin, très loin,
35 Avec ses chiens et son cor (dans) le matin?
36 Car le son de son cor m'a tiré du lit,
37 Et le cri de ses chiens, qu'il *a* maintes fois menés;
38 Le « Taïaut » de Peel réveillerait les morts,
39 Ou le renard *dans* (de) son terrier, le matin.
40 Alors (voici), à J. P., de *tout* mon cœur (et âme),
41 Buvons à sa santé, finissons la coupe,
42 Nous suivrons J. P., par *tous les temps* (beau et mauvais)
43 Si nous voulons une bonne chasse le matin.

oooooooooooooooooooooooooooooooooooooo

(14) Horn : *cor,* ou *corne.* To blow the horn : *Sonner du cor.* — To seize (sîz) the bull by the horns : *Prendre le taureau aux cornes* — A hound (haou'nd) : *un chien-courant.* — A grey-hound : *un lévrier.* — A setter *ou* setting-dog : *un chien d'arrêt.*

(15) Oft-times : *maintes fois* : often.

oooooooooooooooooooooooooooooooooooooo

1 Nous nous sommes donné du bon temps. — **2** Vous avez deux jours et demi pour le faire. — **3** Il y a q.q.ch. qui couve. — **4** Un imbécile ne vieillit jamais (la tête d'un sot ne grisonne jamais). — **5** Voulez-vous, s.v.p., mettre (*ou* traduire) ceci en français? — **6** Je suis fourbu (je pense que) je vais me coucher maintenant. — **7** Je faillis donner dans le panneau. — **8** Le tiroir d'en bas; l'étagère d'en haut. — **9** Il se mit au travail de tout son cœur. — **10** Je le croyais mort et enterré depuis longtemps? — **11** L'union fait la force (Unis nous restons debout, divisés nous tombons). — **12** J'espère que vous me préviendrez de votre décision en temps utile.

16th LESSON

Seventeenth (17th) Lesson

The communication cord

1 A man was fined £ 5 the **oth**er day for p**u**ll-ing the communic**a**tion cord of an expr**e**ss train.

2 He had no subst**an**tial r**e**ason for p**u**lling it.

3 He was not b**e**ing m**ur**dered or r**o**bbed.

4 He was not **e**ven f**ee**ling faint and in want of a glass of w**a**ter or a B. and **(1)** S.

5 Pr**o**bably he had **al**ready had a B. and S., s**e**veral B. and S.s in fact,

6 and was in the fr**a**me of m**i**nd when he must do s**o**mething a l**i**ttle d**a**re-d**e**vil, s**o**mething with a "kick" in it. **(N. 3)**.

7 Not that a man needs to be h**al**f-seas **o**ver to have **im**pulse to pull a communic**a**tion cord.

8 There is a sp**i**rit of m**i**schief* in all of us that is **al**ways b**u**bbling up **(2)**

9 and would b**u**bble **o**ver if we did not keep a t**i**ght rein on ours**e**lves,

PRONUNCIATION. — Mischief : mi**s**stchif. — isol**a**-tion : aïçol**é**e'sh'n. — enc**ou**rages : è'nk**eu**rédjiz. — poten-ti**a**lity : poté'nshi**a**lité. — dev**e**lops : div**è**lop'ss.

LE SIGNAL D'ALARME

1 Un homme *a* été *frappé* d'une amende de £ 5 l'autre jour pour *avoir tiré* (tirant) le signal d'alarme d'un train express.

2 Il n'avait pas de raison substantielle de le tirer.

3 On ne l'assassinait *ni* (on) le volait.

4 Il ne *se* sentait même pas défaillir, et dans *le* besoin d'un verre d'eau ou *d'*un brandy à l'eau de seltz.

5 Probablement, il avait déjà *pris* (eu) un brandy à l'eau, plusieurs brandies à l'eau en fait,

6 et *se trouvait dans la disposition* (était dans le « cadre ») d'esprit *où* (quand) il devait faire q.q.ch. d'un peu casse-cou, q.q.ch. *d'épatant* (avec un « coup de pied » dedans).

7 Non *pas* qu'un homme *ait* besoin d'être *dans les vignes du Seigneur* (« demi-mers par-dessus ») pour avoir l'*idée* (impulsion) de tirer un signal d'alarme.

8 Il y a en nous tous un esprit malicieux (de malice) qui est toujours bouillonnant

9 et qui déborderait si nous ne *nous* tenions pas *bien en mains* (une rêne serrée sur nous-mêmes).

ooooooooooooooooooooooooooooooooooooo

(1) B. and S. : **brandy and soda**; B. and S. s (*pluriel*) se *prononce* bî àn'd essiz.

(2) A bu**bb**le : *une bulle*; to blow bu**bb**les : *faire des bulles de savon*.

17th LESSON

10 A very eminent London editor **(3)** once confessed to me that he never sat behind a girl with a pig-tail hanging down her back

11 without a freakish **(4)** impulse to give the rope of hair a pull.

12 We learn to keep these little naughtinesses in check as we grow older,

13 but we do not outgrow **(5)** the appetite for mischief.

14 And of all forms of mischief pulling things and making bells ring is the most indestructible.

15 I regard myself as a tolerably sober and discreet person,

16 but I confess that if I am alone in a railway train compartment with a communication cord that invites me to give it a **(6)** tug,

17 I am not without an itch to try the experiment **(N. 4)**.

18 Indeed anything is possible to a person left alone in a railway compartment.

19 It is a condition of freedom and isolation* which encourages* us to let the natural man in us have his **(7)** fling.

20 In normal circumstances the natural man is under severe control.

10 Un *journaliste* (éditeur) londonien très éminent m'*avoua* (confessa) un *jour* (une fois) qu'il ne *se trouvait* jamais assis derrière une *jeune* fille avec une tresse (queue de cochon) pendante dans le dos
11 sans *avoir* une *envie* (impulsion) baroque, de *tirer un peu* (donner une « tirée ») sur *cette* (la) corde de cheveux.
12 Nous apprenons à tenir ces petites espiègleries en échec *à mesure que* (comme) nous vieillissons,
13 mais nous ne nous défaisons pas avec l'âge de notre goût (appétit pour) *des* mauvaises *farces.*
14 Et de toutes les formes de farces, tirer sur *les* choses et faire sonner *les* sonnettes est la plus indestructible.
15 Je me *considère* (regarde) comme une personne tolérablement *modérée* (sobre) et *sage* (discrète),
16 mais j'avoue que si je suis seul dans un compartiment (de train) de ch. de fer avec un signal d'alarme qui m'invite à tirer dessus,
17 je ne suis pas sans (une) démangeaison de tenter (essayer) l'expérience.
18 En fait, tout est possible à une personne laissée seule dans un compartiment de ch. de f.
19 C'est une *situation* (condition) de liberté et d'isolement qui nous encourage à laisser l'homme naturel *qui est* en nous *faire des siennes* (avoir son « jet »).
20 Dans *les* circonstances normales, l'homme naturel est rigoureusement tenu en main (sous contrôle sévère).

oooooooooooooooooooooooooooooooooooo

(3) An **editor** *est le rédacteur en chef d'un journal; les rédacteurs s'appellent* **sub-editors.** — A **publisher** : *un éditeur.*

(4) A **freak** (frîk) : *une lubie.* A **freak of nature** : *une fantaisie de la nature, un monstre.*

(5) To **outgrow** (aout'grôou) : 1) to surpass in growth; 2) to grow too big or too old for. — He has outgrown his clothes : *Il est devenu trop grand pour ses habits.*

(6) To **tug** *est plus violent que* to **pull.** — A **tug,** a **pull,** *l'action de tirer, mot qui manque en français. — En revanche, l'anglais n'a qu'un seul mot :* **bell,** *pour désigner une cloche, une clochette, une sonnette, un timbre, un grelot.*

(7) To **fling, flung, flung** : to cast, to throw, to hurl : *lancer, jeter (sans viser).* He is **flinging** away his money : *Il jette son argent par les fenêtres.* — To **take** *ou* to **have one's fling** : *s'en donner à cœur-joie, faire des siennes.*

21 Whether we are at home or abroad, we are conscious of eyes that may see and ears that may hear,

22 and conduct ourselves **(8)** accordingly.

23 But alone in a railway compartment we can let ourselves go without fear of discovery or rebuke from anybody.

24 We can sing at the top of our voice, or practise a golf stroke

25 or try out the latest fox-trot and no one will be surprised at our levity **(9)**.

26 We can disregard all the company's regulations and sprawl at length on the seats,

27 and open the windows or shut the windows, or keep opening and shutting them in a sort of festival of liberty.

28 And in this mood of intoxicating freedom from intrusion, our eye lights on **(10)** the communication cord,

29 with its challenging, almost appealing injunction "To stop the train, pull down the cord."

21 *Que nous soyons* (Si nous sommes) chez nous ou *dehors* (à l'étranger), nous *avons conscience* (sommes conscients de) *qu'il y a des yeux* qui peuvent *nous* voir et *des* oreilles qui peuvent *nous* entendre.

22 et *nous nous* conduisons en conséquence.

23 Mais seul dans un compartiment de ch. de f. nous pouvous nous laisser aller sans crainte de découverte ou de remontrance *de la part* de quiconque.

24 Nous pouvons chanter à tue-tête, ou nous exercer à un coup de golf,

25 ou essayer jusqu'au bout le dernier fox-trot, et personne ne sera surpris de notre *manque de sérieux* (légèreté).

26 Nous pouvons faire fi de tous les règlements de la compagnie, et nous vautrer de tout notre long sur les banquettes,

27 et *abaisser les glaces ou relever les glaces* (ouvrir les fenêtres ou fermer les fenêtres), ou les abaisser et les relever sans arrêt, dans une sorte d'*orgie* (festival) de liberté.

28 Et dans cet état *d'esprit* de *libération* (liberté) enivrante de *tout dérangement* (intrusion), notre œil tombe sur le signal d'alarme,

29 avec son injonction provocante, presque suppliante : « Pour arrêter le train, tirez sur la corde. »

ooooooooooooooooooooooooooooooooooooo

(8) Conduct ourselves *or* behave.

(9) Levity : lightness of temper or conduct; want of seriousness.

(10) To light, *en dehors d'allumer, éclairer,* signifie *échoir, arriver, tomber par hasard.* — I lighted on her in the street : *Je la rencontrai par hasard dans la rue.* How did you light (*ou* hit) upon this idea? *Par quel hasard cette idée vous est-elle venue?* — He always alights (*ou* lights), on his feet : *Il retombe toujours sur ses pieds.*

17th LESSON

30 What a potentiality* for harmless mischief is there!

31 One tug at that innocent looking little chain and this great dreadnought

32 that is thundering through the night will be brought to a **(11)** standstill.

33 There will be sensation on the engine and sensation through the train

34 and a scurrying **(12)** of officials to find the body or the open door through which it has been flung.

35 And there isn't a body and not even an open door—ha! ha!

36 But there is a fine of £5 for the fun,

37 and though as we grow older the spirit of mischief does not wholly **(13)** expire within us,

38 there develops a respect for a £5 note which serves to keep the imp **(14)** of mischief under control.

39 Perhaps some day, we think, something will happen to us which will give us a title to take a pull at the cord

30 Quelle possibilité (« potentialité ») de farce inoffensive il y a là !
31 *Tirer* un seul coup *sur* (à) cette petite chaîne à l'air innocent, et ce grand monstre (dreadnought)
32 qui *va* (est) tonnant à travers la nuit sera *arrêté net* (amené à une immobilité).
33 *Cela fera* (il y aura) sensation sur la machine et sensation *d'un bout à l'autre* (à travers) du train,
34 et *les employés se précipiteront* (une « précipitation » d' « officiels ») pour trouver le cadavre (corps) ou la portière ouverte par laquelle il a été jeté.
35 Et il n'y a pas *de* (un) cadavre, et même pas *de* (une) portière ouverte. ah ! ah !

36 Mais il y a une amende de £ 5 pour la rigolade,
37 et bien qu'à mesure que nous vieillissons l'esprit de malice n'expire pas entièrement en nous,
38 il s'y développe un respect *envers* (pour) un billet de £ 5 qui sert à *juguler* (retenir) le diablotin de *la* malice (sous contrôle).
39 Peut-être quelque jour, pensons-nous, il arrivera q.q.ch. qui nous donnera *droit* (un titre à) de *tirer un coup* (prendre une « tirée » à) *sur* la corde.

ooooooooooooooooooooooooooooooooooooo

(11) A **standstill** : a **standing at rest; a stop.**

(12) To **scurry** : to **run rapidly, to hurry.**

(13) **Whole** (hô) : *entier*; **wholly** (hôl'lé) : *entièrement*; **holy** (hôlé) : *saint*.

(14) An imp : *un diablotin, un petit drôle; se dit d'un enfant espiègle, d'un « petit diable », tandis que* **little devil** *serait trop fort et grossier.* — A **little fiend** (fi'n'd) : *un petit démon* (*méchant*).

17th LESSON

40 without fearing to f**a**ce the guard when he comes h**e**lter-sk**e**lter **(15)** to the sc**e**ne.
41 N**oth**ing s**e**rious, of course. **Noth**ing in the sh**a**pe of m**ur**der.
42 But a susp**ic**ion of a f**ai**nting fit which would w**ar**rant us in **as**king the guard for a l**it**tle first aid and a p**ick**-me-up,
43 with a r**e**asonable chance that he would acc**ep**t the explan**a**tion in good faith.

(From *The P**a**ssing Show*.)

Pour en revenir aux cartes ***(13e Leçon),*** *notons que* tricher *se dit* to cheat (tchît'), *qui est aussi* duper, tromper. — He ch**ea**ted him out of his s**a**vings : *Il lui escroqua ses économies.* A cheat *est* un tricheur, *ou* un filou. *Le film bien connu* " Forfaiture " *s'intitule en anglais :* " The Cheat ".

oooooooooooooooooooooooooooooooooooooo

EXERCISE. — **1** The more you scratch (yourself), the more it itches. — **2** I can't help f**ee**ling self-**con**scious with her. — **3** I sh**ou**ted in vain at the top of my voice, they did not h**ea**r me. — **4** He was spr**aw**ling on the s**e**at, with complete disreg**ar**d of his f**el**low-tr**a**vellers. — **5** I wish I could l**i**ght up**on** that book. — **6** The l**it**tle imp has been bl**o**wing b**ub**bles all **o**ver the dr**aw**ing-room. — **7** I g**ath**ered up my things h**el**ter-sk**el**ter, and off I ran. — **8** The load of this l**or**ry is top-he**a**vy; if you do not r**i**ght it, it will topple **o**ver. — **9** Let us wait and see which way the cat will jump (how things will shape). — **10** It is the de**a**d s**e**ason : b**us**iness is at a st**an**dstill.

40 sans crainte d'affronter le conducteur quand il *accourra* (vient) ventre à terre *sur les lieux* (à la scène).
41 Rien de sérieux, bien sûr. Rien qui *ressemble à* (dans la forme d') un meurtre.
42 Mais un soupçon d'évanouissement qui nous autoriserait a demander au conducteur quelques (première aide) soins et un cordial
43 avec une chance raisonnable qu'il accepte(rait) l'explication *de* (en) bonne foi.

(Extrait de *le Spectacle qui passe.*)

ooooooooooooooooooooooooooooooooooooooo

(15) Helter-skelter : with **hurry** and confusion. — He is half-seas over : he is **tipsy**; he is drunk.

ooooooooooooooooooooooooooooooooooooooo

1 Plus vous vous grattez, plus ça démange. — **2** Je ne puis éviter de me sentir gêné (timide) avec elle. — **3** J'eus beau crier à tue-tête, ils ne m'entendirent pas. — **4** Il était étalé sur la banquette, sans aucun égard pour ses compagnons de voyage. — **5** Je voudrais pouvoir mettre la main sur ce livre. — **6** Le petit diable a fait des bulles de savon par tout le salon. — **7** Je ramassai mes effets n'importe comment, et je m'enfuis en courant. — **8** Le chargement de ce camion est mal équilibré (lourd du haut); si vous ne l'ajustez pas, il basculera. — **9** *Attendons* « voir » comment les choses tourneront (prendront forme *ou* : de quel côté le chat sautera). — **10** C'est la morte-saison : les affaires sont complètement arrêtées.

o o o

I have **oth**er fish to fry : *J'ai d'autres chats à fouetter.*
He is living from hand to **mou**th : *Il vit au jour le jour,*

Eighteenth (18th) Lesson

Ask a policeman

1 "**Lis**ten to some of the **ques**tions I get **fi**red at (1) me by gr**o**wn-ups", said a **Lon**don pol**i**ceman.

2 "One day a l**a**dy c**a**me up to me." "I've left a glass of port in a pub (2) **so**mewhere", says she. "Can you tell me where?"

3 I thought to mys**elf**—well, this *is* a good one. "Can you rem**em**ber the n**a**me of the l**o**cal?" I **a**sked her.

4 No **u**se—she couldn't. "Or the n**a**me of the street?" No luck **ei**ther.

5 "Well", I said, "in that c**a**se I'm s**o**rry but I can't help you."

6 Then she looked up at me with a p**ee**vish sort of air, and said: "Not v**e**ry sp**o**rty, are you?"

7 Then there was the d**ea**r old l**a**dy who came up sm**i**ling sw**ee**tly and **a**sked:

8 "How do I get to Aunt **Al**ice's pl**a**ce, pl**ea**se?"

9 And would you beli**e**ve it, she was surpr**i**sed when I m**en**tioned that I didn't h**a**ppen to know Aunt **Al**ice or where she l**i**ved.

o o o

PRONUNCIATION. — Chorus : koreuss. — Clementine : clèmë'ntaïn'.

DEMANDEZ A UN AGENT

1 Ecoutez quelques-unes des questions qui me sont décochées (tirées) par *des* grandes personnes, dit un agent de police de Londres.

2 Un jour, une dame s'approcha de moi. — J'ai laissé un verre de porto quelque part sur le zinc, dit-elle. Pouvez-vous me dire où?

3 Je *me dis en* (pensai à) moi-même : Eh bien, celle-ci est *bien* bonne! — Pouvez-vous vous rappeler le nom de l'établissement? lui demandai-je.

4 Inutile, elle ne pouvait pas. — Ou le nom de la rue? Pas de chance non plus.

5 Eh bien, dis-je, en ce cas, je regrette, mais je ne peux pas vous aider.

6 Alors elle leva les yeux sur moi d'un (d'une sorte d') air grincheux, et dit : Vous n'êtes pas très chic, *hein*? (n'est-ce pas).

7 Puis, il y eut la *bonne* (chère) vieille dame qui s'approcha en souriant doucement et demanda :

8 *Par où est-ce que je vais* (Comment est-ce que j'arrive) chez tante Alice, s'il vous plaît?

9 Et, le croiriez-vous, elle fut surprise quand je *dis* (mentionnai) qu'il se trouvait que je ne connaissais pas tante Alice, ni *ne savais* où elle habitait.

OOOOOOOOOOOOOOOOOOOOOOOOOOOOOOOOOOOOOOOOOO

(1) To fire (*faire feu*) **questions** at **somebody** : *Poser des questions à brûle-pourpoint à q.qu'un.* — **Fire away!** *Allez-y toujours!* — He was (*ou* got) fired : *il fut balancé; ou :* he was **sacked** : *il fut mis à la porte.*

(2) A pub : a **public house**. *Comprend trois compartiments :* the **public** bar, *où l'on boit au comptoir, le* private bar *et le* **saloon**, *où les prix sont plus élevés et l'installation plus confortable.*

18th LESSON

10 N**o**body m**i**nds p**eo**ple l**i**ke that, though. It's the rude and imp**a**tient ones who rub one up the wrong way.

11 For **in**stance, a few weeks ag**o** a man c**a**me up to me—to all **ou**tward app**ea**rances he was a g**en**tleman—and he **as**ked c**ur**tly: "Where's Green Street?"

12 There h**app**ens to be more than one Green Street, so I said: "Which Green Street, sir?"

13 I got out my dir**ec**tory, but he wasn't w**a**iting for an **an**swer.

14 With a show of imp**a**tience he excl**a**imed: "Oh—the Timb**uc**too one",

15 What can you do with a p**er**son l**i**ke that?

16 If **a**nyone was to ask me what was the most d**an**gerous job I am c**al**led on **(3)** to do, I think I should say h**o**lding back a cr**ow**d.

17 M**i**nd you, I don't m**i**nd the men so much. They push, but they don't b**i**te and scratch l**i**ke w**om**en do s**om**etimes.

18 The worst is if there's a film star ab**ou**t, l**i**ke the **oth**er n**i**ght when I was on d**u**ty, keeping cr**ow**ds in **or**der **ou**tside a c**i**nema.

19 Beli**e**ve me, when I c**a**me back you'd have thought I'd been d**o**ing some all-in wr**es**tling.

20 My t**u**nic was torn from **un**der the arm h**alf**-way acr**oss** the chest,

10 Pourtant, personne n'en veut à des gens comme ça. Ce sont (c'est) *ceux qui sont* (les) grossiers et impatients qui vous *prennent à rebrousse-poil* (frottent le mauvais côté).
11 Par exemple, il y a quelques semaines, un homme s'approcha de moi — *selon* (à) toutes apparences extérieures, c'était un monsieur *bien élevé* — et il demanda brièvement : Où est Green street?
12 Il se trouve qu'il y a plus d'une Green street; aussi je dis : Quelle Green street, monsieur?
13 Je sortis mon indicateur, mais il n'était pas *disposé à* (pour) attendre une réponse.
14 Avec un *geste* (spectacle) d'impatience, il s'écria : Oh celle de Tombouctou!
15 Que (pouvez-vous) faire avec une personne comme ça?
16 Si quelqu'un me demandait (était pour me demander ce qui était) la besogne la plus dangereuse que je suis appelé à faire, je *crois* (pense) que je répondrais : contenir une foule.
17 *Et vous savez* (Faites attention, vous) ce ne sont pas tellement les hommes qui m'embêtent (je ne « fais pas attention » aux hommes tellement). Ils poussent, mais ils ne mordent et ne griffent pas comme font quelquefois les femmes.
18 Le pire, c'est quand il y a une étoile de cinéma par là, comme l'autre nuit quand j'étais de service, à maintenir (gardant) des foules en ordre *devant* (dehors d') un cinéma.
19 Croyez-moi, quand je suis rentré, vous auriez pensé que j'avais fait de la lutte *à outrance* (tout dedans).
20 Ma tunique était déchirée de dessous le bras jusqu'à moitié (en travers) de la poitrine,

OOOOOOOOOOOOOOOOOOOOOOOOOOOOOOOOOOOOOOO

(3) I shall call on you : *Je passerai vous voir.* — I am called on to do a nasty job : *Je suis appelé à faire une vilaine besogne.* — Did you call for anything? *Avez-vous demandé q.q.-chose?* — The situation calls for the utmost care : *La situation exige la plus grande prudence.* — I am constantly being called away (*ou* off) from my work : *On me dérange toujours de mon travail.* — Call it off! Cancel it! *Renoncez-y!* ou *Annulez-le!* — You should call in (*ou* send for) a doctor : *Vous devriez appeler un médecin.* — He had no call to be there : *Il n'avait aucune raison d'être là.*

18th LESSON

21 and I could find some use for embrocation, too.

(From *The Listener.*)

Clementine

22 In a cavern, in a cañon,
Excavating for a mine,
23 Dwelt a miner, forty-niner (4),
And his daughter Clementine.
Chorus :
24 O my darling! O my darling!
O my darling Clementine!
Thou art lost and gone for ever,
Dreadful sorry, Clementine!
25 Light she was and like a fairy,
And her shoes were number nine;
26 Herring-boxes without topses (5)
Sandals were for Clementine.

27 Drove she ducklings to the water,
Ev'ry morning just at nine;
28 Hit her foot against a splinter,
Fell into the foaming brine (6)

21 *et de l'embrocation n'était pas de trop non plus* (je pouvais trouver de l'emploi pour de l'embrocation aussi).

(Extrait de *l'Auditeur.*)

CLÉMENTINE

22 Dans une caverne, dans un cañon, *travaillant* (excavant) pour une mine,
23 Demeuraient un chercheur d'or et sa fille Clémentine. Chœur :
24 Oh ma chérie, Oh ma chérie, Oh ma Clémentine chérie! Tu es perdue et partie pour jamais, Je regrette *rudement* (terriblement), Clémentine.
25 Légère elle était et comme une fée, et elle chaussait du 42 (ses souliers étaient numéro neuf).
26 Des boîtes à harengs sans *couvercle* (dessus) étaient des sandales pour Clémentine. — Chœur.
27 Elle menait des canetons à l'eau, chaque matin, à neuf heures juste;
28 *Elle se* cogna *le* (son) pied contre un éclat *de bois*, tomba dans les flots écumants. — Chœur.

OOOOOOOOOOOOOOOOOOOOOOOOOOOOOOOOOOOOOOOO

(4) Forty-niner, *un des chercheurs d'or qui participèrent au* "Gold rush" *de Californie en* 1849. — *Plus loin :* **dreadful sorry** *pour* **dreadfully sorry,** *synonyme de* **awfully sorry.**

(5) Topses : *déformation de* **tops.** — *Le couvercle :* **the lid.**

(6) Brine : *poétique pour l'onde amère, les flots.* — **A churchyard, a cemetery :** *un cimetière.*

18th LESSON

29 Saw her lips above the water,
Blowing bubbles mighty fine;
30 But alas! I was no swimmer,
So I lost my Clementine.
31 In a churchyard near the cañon,
Where the myrtle doth (7) entwine,
32 There grow roses and other posies (8)
Fertilized by Clementine.

(*Chorus.*)

oooooooooooooooooooooooooooooooooooooo

EXERCISE. — **1** Now, be a sport, don't say no! — **2** Will you call me up at seven tomorrow morning? — **3** How are you? — So so rubbing along. — **4** It is all right if he accepts it, but will he? There is the rub (*or* hitch), mind you. — **5** I happen to know that he has called in all his money. — **6** That should put the lid on the whole-business. — **7** He foamed at the mouth with rage on hearing his son had eloped with a chorus-girl. — **8** Gentlemen! I think the occasion calls for a drink! — **9** That remark was most uncalled-for. — **10** Please scratch out (*or* cross out) that word. — **11** Just my luck! I had a dead cert, and now the horse has been scratched! — **12** I can't read this scratch (*or* scrawl *or* scribble) for the life of me!

29 *Je* vis ses lèvres au-dessus de l'eau, soufflant des bulles bigrement (puissamment) belles ;
30 Mais hélas ! je n'étais pas nageur, aussi je perdis ma Clémentine. — Chœur.
31 Dans un cimetière près du cañon où le myrte s'entrelace,
32 Il pousse des roses et autres bouquets, fertilisés par Clémentine.

L'humour un peu macabre des paroles de Clémentine *contraste avec l'entrain charmant de la musique. C'est une fantaisie populaire ; il ne faut pas trop regarder au sens ; les besoins de la rime y prédominent sur la raison.*

OOOOOOOOOOOOOOOOOOOOOOOOOOOOOOOOOOOOOOOO

(7) Doth (deû*f*) : *forme archaïque de* does. *N'est là que comme « chevillé » au vers.* — Twine : *ficelle ;* a small cord or string.

(8) Posy (pôzé) *vient de* poesy (pôïzé), *et désignait à l'origine un madrigal en vers, envoyé avec des fleurs. Il en est venu à s'appliquer aux fleurs elles-mêmes :* A bunch of flowers, a nosegay, a bouquet (*pron. à la française*). — *D'autre part, le mot* poesy *a vieilli, cédant la place à* poem (pôèm) *et* poetry (pôétré) (*poème et poésie*).

Do you know what a bribe is? It is a word taken from the French : *une bribe (morceau de pain)* ; but its meaning is now *un pot de vin.* To bribe an official : *acheter, corrompre un fonctionnaire. On dit aussi, familièrement :* to use palm-oil (*employer de l'huile de palme,* ou ici, *de paume*), *qui équivaut à notre* graissage de patte...

OOOOOOOOOOOOOOOOOOOOOOOOOOOOOOOOOOOOOOOO

1 Allons, soyez un chic type, ne dites pas non! — **2** Voulez-vous me réveiller à 7 heures demain matin? — **3** Comment allez-vous? — Comme-ci comme-ça, tout doucement. — **4** Ça va bien s'il accepte, mais voudra-t-il? voilà le hic, c'est moi qui vous le dis. — **5** Je me trouve savoir qu'il a fait rentrer tout son argent. — **6** Cela devrait mettre le point final (le couvercle) à toute l'affaire. — **7** Il écumait de rage, en apprenant que son fils s'était sauvé avec une figurante. — **8** Messieurs! Je crois que cela s'arrose! (l'occasion exige une boisson). — **9** Cette observation était fort déplacée. — **10** Effacez (ou rayez) ce mot, s.v.p.! — **11** C'est bien ma chance! J'avais un gagnant certain (une certitude « morte ») et voilà que le cheval a été déclaré forfait! — **12** Je ne puis lire ce griffonnage, *même* pour *sauver* ma vie!

18th LESSON

Nineteenth (19th) Lesson

Through the peep-hole (1)

1 Captain Devine led the way through a very narrow deep trench,

2 that zigzagged right into a heap of chalk boulders* on the east side of the great crater.

3 Then it climbed by steps up and up, and grew shallower, and instinctively Blaven bent low.

4 "Shouldn't we chalk our helmets?" he asked. "We are just there."

5 They turned a corner, and the trench ended abruptly in a cul-de-sac (2).

6 A piece of corrugated iron leant against the end wall.

7 A man was sitting in a recess*, rubbing up his rifle. He jumped up.

8 "Is Sergeant*" John there?".
"Inside, sir."

9 Devine tapped gently on the corrugated iron: "Sergeant John!"

o o o

PRONUNCIATION. — Recess : ricèss. — boulder : bôldër. — sergeant : sârdjë'nt. — surgeon (*chirurgien*) : seurdjë'n. — gauze : gorz. — gauge (*jauge*) ; ghédj'. — crevice : crèvice. — height : haït'.

A TRAVERS LE TROU DE GUET

1 Le capitaine D. *marcha devant* (mena le chemin) par une tranchée très étroite *et* profonde,
2 qui s'enfonçait en zigzaguant (qui zigzaguait juste) dans un tas de blocs de craie, sur le côté est du grand cratère.
3 Puis elle grimpait marche *à marche* (par marches en haut et en haut), devenant (et devenait) moins profonde, et instinctivement Bl. se baissa (bas).

19A

4 Ne devrions-nous pas *passer* nos casques à la craie? demanda-t-il. — Nous y *voilà*.
5 Ils *dépassèrent* (tournèrent) un coin, et la tranchée se termina *brusquement* (abruptement) en un cul-de-sac.
6 Un bout de tôle ondulée était appuyé contre le mur du *fond* (fin).
7 Un homme, (était) assis dans une niche, astiquait (astiquant) son fusil. Il sauta sur *ses pieds.*
8 Le sergent J. est là? — A l'intérieur, *mon capitaine* (Monsieur).
9 D. tapa doucement sur la tôle ondulée : Sergent J.!

oooooooooooooooooooooooooooooooooooooo

(1) To **peep** (pîp) : *pépier*, et aussi *percer*, *pousser* (évoquant le premier pépiement du poussin qui fend sa coquille) et *regarder par une crevasse, guetter sans être vu.* At the **peep** of day : *A la première pointe du jour.* — Have a **peep** at it : *Jetez-y vite un coup d'œil.* — A **peep**-show : *Panorama d'images qu'on regarde à travers des verres grossissants.*

(2) A cul-de-sac (**coul** dè sac) *se dit aussi* a blind **alley** (*une impasse*).

10 "Right, sir. Wait a minute, sir. Don't move the sheet **(3)** till I cover up inside."

11 The man spoke almost in a whisper. He seemed to take a long time.

12 At last the corrugated iron was moved from inside, and a small dark monkey-like sergeant crawled out.

13 "There's a chance, sir, the light would show through. I was putting up **(4)** a bit of gauze*."

14 Devine and Blaven stooped and crawled in. There was just room in the chalk cave **(5)** for the two of them.

15 For a moment Blaven could see nothing; then his eyes grew used to the dimness **(6)**.

16 A large boulder faced them, and, pegged **(7)** into the crevices* round it, a big piece of white fabric **(8)**.

10 Ça va, *mon capitaine*. Attendez une minute, *mon capitaine*. Ne *dérangez* (bougez) pas la tôle (feuille) *avant* (jusqu'à ce) que j'aie bouché à l'intérieur.
11 L'homme parlait presque *à voix basse* (dans un chuchotement). Il sembla prendre longtemps.
12 Enfin, la tôle ondulée fut dérangée de l'intérieur, et un petit sergent *brun* (foncé) *et* simiesque sortit en rampant.
13 Il y a une chance, mon capitaine, que la lumière *se verrait* (montrerait) à travers. J'installais un bout de gaze.
14 D. et B. se courbèrent et entrèrent en rampant. Il y avait juste place pour eux deux dans le *creux* (cave) crayeux.
15 *Pendant* (pour) un moment, B. n'y vit rien; puis ses yeux se firent à l'ombre.
16 Un gros bloc *était devant eux* (leur faisait face), et, *fixé par des chevilles* (chevillé) dans les crevasses *tout* autour (lui), un grand morceau de tissu blanc.

OOOOOOOOOOOOOOOOOOOOOOOOOOOOOOOOOOOOOOOO

(3) A sheet of note-paper : *une feuille de papier à lettres.* — Have you changed the sheets of the bed? *Avez-vous changé les draps du lit?* — He is already three sheets in the wind : *Il a déjà du vent dans voiles* (he is tipsy).

(4) I fell down trying to put up a painting : *je suis tombé en essayant d'accrocher un tableau.* — Where did you put up for the night? *Où êtes-vous descendu pour la nuit?* — I'll put him up to the trick : *je lui ferai voir le truc.* — Now, put up your fists! *Allons, défendez-vous, en garde!* (*à la boxe*). — I can't put up with these insults : *je ne puis endurer ces insultes.*

(5) A cave : *une caverne, une grotte, un creux.* A cellar : *une cave.*

(6) Dim : *qui ne voit pas bien,* ou *qui ne s'est pas vu distinctement; trouble, sombre, terne.* — He is dim-sighted : *il a la vue trouble.* The lamp burnt dimly : *la lampe jetait une lumière terne.*

(7) Hang your hat on this peg : *Accrochez votre chapeau à cette patère.* — That will make his pride come down a peg : *Cela rabaissera son orgueil d'un cran.* — I will not stir a peg : *je ne bougerai pas d'une semelle.* — He is pegging away at his English : *Il travaille d'arrache-pied à son anglais.*

(8) Une fabrique *se dit* : a factory. — Fabric *signifie tissu, étoffe, et aussi structure, construction.* Woollen fabrics : *des lainages*; the fabric of society : *le système social.*

19th LESSON

17 "Close up **(N. 5)** the sheet, Sergeant," said Devine.
They heard it pushed up,
18 and Devine raised the cloth, showing a slit about a foot long and a couple of inches high.
19 They squeezed up to it, and looked through. Below fell away a short slope of chalk,
20 the outside of the crater scored **(9)** across abruptly by a few strands **(10)** of rusty barbed wire,
21 looking cruel against the white background.
22 Then came a yard or two of level chalky ground, and then a line of shadow, the German front-line trench.
23 From their height* they looked straight down into the trench.
24 Blaven was disappointed; this was so like one of our own trenches.
25 What a quiet morning! It was not more than fifty yards away.
26 Farther along, not far from them, they could see a sap running out into No Man's Land from the British line,
27 and at the end of the sap a sentry, one of Captain Devine's own men.
28 The piled-up debris **(11)** hid him from German cbservers.

17 Refermez la *tôle* (feuille), sergent, dit D. Ils l'entendirent *repousser* (poussée en haut),
18 et D. souleva l'étoffe, *laissant voir* (montrant) une fente *d'*environ un pied *de* long et haute *de* deux *ou trois* (d'un couple de) pouces.
19 Ils se serrèrent *tout* contre, et regardèrent à travers. En dessous retombait une courte pente de craie,
20 *le rebord* (l'extérieur) du cratère *rayé brutalement* (marqué en travers abruptement) par quelques brins de fils barbelés rouillés,
21 l'air cruel contre le fond blanc.
22 Puis venaient un yard ou deux de terrain uni *et* crayeux, et puis une ligne d'ombre, la tranchée allemande de première ligne.
23 De leur hauteur, ils regardaient droit (en bas) dans la tranchée, *en dessous.*
24 B. fut déçu; ceci était tellement pareil à une de nos propres tranchées.
25 Quel matin calme! Elle n'était pas à plus de 50 yards
26 Plus loin (le long), pas loin d'eux, ils *apercevaient* (pouvaient voir) une sape débouchant entre les lignes (dans le "no man's land") depuis *les tranchées* (la ligne) britanniques,
27 et au bout de la sape, une sentinelle, l'un des propres hommes du capitaine D.
28 Les débris entassés le cachaient *aux* (des) observateurs allemands.

OOOOOOOOOOOOOOOOOOOOOOOOOOOOOOOOOOOOOOOO

(9) A **score** : *une entaille, une coche,* d'où *un compte.* — Put that to my score : *Mettez cela à mon compte,* et en sports, *la marque.* — What is the score? — Forty-love : *Combien comptons-nous?* — *Quarante à rien (tennis).* — He declined on the score of **illness** : *Il refusa, alléguant la maladie.* — To score a **goal** : *marquer un but (football).* — A score *signifie aussi une vingtaine*; Three score : *soixante. Il s'emploie également dans un sens vague, comme* dozen : Scores of **people** knew it : *Des dizaines de gens le savaient.*

(10) A **strand** : 1) *un brin, un cordon*; 2) *une rive, plage ou grève.* The Strand : *rue de Londres, parallèle à la Tamise.* — To strand : *s'échouer, se jeter à la côte* (to run aground).

(11) **Debris** (dèbri), *mot français en cours d'anglicisation :* **fragments, rubbish : ruins.**

19th LESSON

29 He was kn**ee**ling, l**oo**king along his r**i**fle, his **el**bows c**om**fortably supp**or**ted on a do**ub**led-up (**12**) **o**vercoat.

30 Bl**a**ven could s**ee** **ev**ery det**ai**l, the c**ur**ve of the man's ch**ee**k ag**ai**nst the butt, his h**alf**-closed **ey**e s**igh**ting,

31 his f**in**ger round the tr**igg**er guard, the b**ar**rel stuck through a hole in the lumps (**13**) of chalk.

32 "There's b**ee**n some m**o**vement s**ee**n l**a**tely in the trench," wh**is**pered Dev**ine**. "Look!"

33 He touched Bl**a**ven, and as he spoke Bl**a**ven saw a grey f**igu**re in the trench, ar**is**en from s**om**ewhere.

34 They saw the man st**oo**p, he was p**ul**ling at s**om**ething, perh**ap**s a wire.

35 He was the first G**er**man s**ol**dier, exc**ept** pr**is**oners, Bl**a**ven had **ev**er s**ee**n at close (**N. 5**) q**uar**ters.

36 The grot**es**que h**el**met b**o**bbed (**14**) up and down; he was ha**v**ing di**ff**iculty with the wire.

37 He r**ai**sed hims**elf**, put his hand **in**to his p**o**cket, and t**oo**k s**om**ething out.

38 He was a young man, cl**ea**n-sh**a**ven (**15**) and ast**on**ishingly fair (**N. 2**).

39 Bl**a**ven could s**ee** on the r**udd**y f**a**ce the c**on**centr**a**ted look of a man abs**or**bed and in a h**urr**y to get his job done.

29 Il était à genoux, regardant le long de son fusil, les coudes appuyés à l'aise sur une capote repliée.
30 B. *apercevait* (pouvait voir) chaque détail, la courbe de la joue de l'homme contre la crosse, son œil mi-fermé visant,
31 un doigt autour du pontet (garde de la détente), le canon passé à travers un trou dans les roches de craie.
32 On a vu bouger (il y a eu du mouvement vu) récemment dans la tranchée, chuchota D. Regardez !
33 Il toucha B., et comme il parlait, B. vit une *forme* (figure) grise dans la tranchée, surgie de quelque part.
34 Ils virent l'homme se courber ; il tirait sur quelque chose, peut-être un fil de fer.
35 C'était le premier soldat allemand, excepté les prisonniers, que B. eût (avait) jamais vu *de près* (à quartiers proches).
36 Le casque grotesque s'agitait de haut en bas ; *son porteur* (il) avait de l'*embarras* (difficulté) avec le fil de fer.
37 Il se redressa, mit la main dans sa poche, et *en* sortit quelque chose.
38 C'était un jeune homme, *tout rasé* (propre-rasé) et étonnamment blond.
39 B. apercevait sur la figure rougeaude l'air concentré d'un homme absorbé, et pressé d'en finir avec sa besogne.

ooooooooooooooooooooooooooooooooooooooooooo

(12) To dou**b**le up (deub'l) : *plier en double.* — I am dou**b**le your **a**ge : *J'ai deux fois votre âge.* — He c**a**me up at the dou**b**le : *Il accourut au pas de gymnastique.* — A dou**b**le-bre**a**sted coat : *un habit à deux rangées de boutons.*

(13) A lump : 1) *un petit bloc de forme irrégulière.* A lump of sugar : *Un morceau de sucre (cassé)* ; 2) *un entassement.* — A lump sum : *une somme globale.* — All the winnings are to be lumped toge**th**er : *Tous les gains seront versés à la masse.* — You must like it or lump it : *On ne vous demande pas si ça vous plaît (il faut le faire).*

(14) To bob : 1) *osciller, ballotter, remuer légèrement.* — The float (flôt') kept bobbing up and down : *Le flotteur ne cessait d'osciller* (pêche). — 2) *couper court :* She had her hair bobbed : *Elle se fit couper les cheveux courts.* — Bob *ou* Bobby *est le diminutif de* Robert, *en langage familier,* a bob *est* a shilling. — A Bobby : *un policeman.*

(15) He is clean-sh**a**ven : *il est tout rasé.* — He is close-sh**a**ven : *Il est rasé de près.* — Now I'll have a sh**a**ve : *Maintenant, je vais me raser.*

40 Then Blaven remembered—it seemed a mere chance that he remembered—the sentry, and looked back to **(16)** him.

41 He was still there, still motionless, but his finger had moved from the guard, it was now on the trigger.

42 "Oh, he's not going to fire?" Blaven never remembered if he asked the question audibly,

43 but he felt a sudden hatred of the motionless rifleman.

44 He was not giving the German a fair chance.

45 As if Devine knew Blaven wished to stop it, he suddenly gripped his shoulder.

46 "Shsh!" he said very low, as if the slightest breath of air would interfere **(17)**.

47 There was the loud smack of the rifle firing, and the bending figure of the German collapsed.

48 The helmet bobbed about for a moment, and then came to rest beside the body.

40 Alors B. se rappela — cela sembla un pur hasard qu'il se le rappelât — la sentinelle, et reporta les yeux sur lui.
41 Il était *toujours* (encore) là, *toujours* (encore) immobile, mais son doigt avait bougé du pontet, il était maintenant sur la détente.
42 Oh! il ne va pas tirer? B. ne se rappela jamais s'il *avait* posé la question audiblement,
43 mais il sentit une haine subite du fusilier immobile.
44 Il ne donnait pas *sa* chance (une belle chance) à l'Allemand.
45 Comme si D. *avait* su (savait) que B. voulait *l'empêcher* (l'arrêter), il lui empoigna soudain l'épaule.
46 Ch...! dit-il très bas, comme si le plus léger souffle d'air pouvait *gêner* (intervenir).
47 Il y eut le claquement bruyant du *coup de* fusil (tirant), et la forme courbée de l'Allemand s'effondra.
48 Le casque ballotta un moment et puis vint reposer auprès du corps.

oooooooooooooooooooooooooooooooooooooooo

(16) He **looked** back to him : *pour* towards him. *Il le regarda, serait naturellement :* he **looked** at him. *Mais on dira :* I shall **look** to you for help : *je vous demanderai du secours.* — I am **looking forward** to next **Sunday** : *J'attends dimanche prochain avec impatience.* — **Look** to (*ou* **after**) your own business! *Occupe-toi de tes propres affaires* (Mind your own business).

19D

(17) Interfere : *intervenir, s'interposer,* et aussi *se mêler des affaires des autres.* — Why do you interfere? *De quoi vous mêlez-vous?* — He is an interfering **busy-body** : *C'est un brouillon, qui veut se mêler de tout.*

19th LESSON

49 Blaven found himself looking at the great crater again, not knowing how he got there.

(From *The Natural Man by* Patrick Miller - Grant Richards, London, publishers.)

o o o

Peeping Tom of Coventry. — Lady Godiva, the wife of the Earl (*comte*) of Mercial, in the eleventh century, obtained relief from heavy taxation for the people of Coventry by riding naked through the town, as her rude husband challenged her to do before he would grant the favour. Only one person, a tailor, ventured to have a peep, and was immediately struck blind (*aveuglé*). He has ever since been called Peeping Tom of Coventry. The story has been versified by Tennyson.

oooooooooooooooooooooooooooooooooooooo

EXERCISE. — **1** Don't be afraid of wading in: the stream is shallow; besides, I'll lead the way. — **2** Willing or not, you will have to put up with it. — **3** Don't bother about a hotel: I'll put you up for the night. — **4** His job does not suit him: he is a square peg in a round hole. — **5** He (*or* it) is no more use to me than (*or* is as useless to me as) a squeezed lemon. — **6** My car is not big, but we shall manage to squeeze in somehow. — **7** The home team managed to score (a goal) just before the referee's whistle went. — **8** It is no fun to be stranded penniless in a foreign land. — **9** I have two quid (kouid') (*or* pounds) in my pocket. — I have seven bobs (*or* shillings). — And I haven't a bean (*or* a copper)! — **10** That was a narrow (*or* near) shave we had! — **11** Is there to be roast-pheasant? I am smacking my lips at the thought of it.

49 B. se retrouva regardant de nouveau le grand cratère, *sans savoir* (ne sachant pas) comment il était venu là.

(Extrait de *l'Homme naturel*, de Patrick Miller.)

OOOOOOOOOOOOOOOOOOOOOOOOOOOOOOOOOOOOO

To **wade** : *marcher dans l'eau, la neige, la boue, etc.*, ou *passer à gué :* I waded across the stream : I **forded** the stream : *Je traverserai le ruisseau à gué.* — A ford : *un gué.* — *Si les noms propres se traduisaient*, M. Ford *serait* M. Dugué.

O O O

Le **ch** ne se prononce pas toujours **tch**; dans les mots français usités en anglais, ou anglicisés, il garde le son français, équivalent à **sh**.

Ainsi nous avons : **chagrin, champagne** (sha'mpé'en'), **champignon** (sha'mpinieun'), chef (*cuisinier*), **chaperon, charade, chemise** (*de femme*), **chevalier, chivalrous** (*chevaleresque*), **chandelier** (*candélabre*), **chignon, chevron, chassis, chute** (shout', *chute d'eau*), chic, chicane, etc.

Et aussi : **Chicago** (shikâgo), **Michigan** (mishigh'n), *noms dérivés de l'indien.*

Ch *se prononce* **k** *dans les mots d'origine grecque, comme* **character, chorus** (*chœur*), **chasm** (**abyss** : *abîme*), **chimera** (kimîra, *chimère*), **chemist, chameleon** (kamîlio'n), **chamomile** (kamomaïl, *camomille*), **chartography** (*cartographie*), **chaos** (**kéoss**), etc.

OOOOOOOOOOOOOOOOOOOOOOOOOOOOOOOOOOOOO

1 N'ayez pas peur d'aller dans l'eau : le ruisseau n'est pas profond; d'ailleurs, je marcherai devant. — **2** Bon gré mal gré, il faudra vous y faire. — **3** Ne vous tracassez pas pour *trouver* un hôtel : je vous logerai pour la nuit. — **4** Sa besogne ne lui convient pas : il est *comme* une cheville carrée dans un trou rond. — **5** Il ne m'est pas plus utile qu'un citron pressé. — **6** Ma voiture n'est pas grande, mais nous nous arrangerons bien pour nous y caser. — **7** L'équipe locale réussit à marquer (un but) juste avant le coup de sifflet de l'abitre. — **8** Ce n'est pas drôle d'être *en panne* (échoué) sans le sou dans un pays étranger. — **9** J'ai deux « sigues » (louis) dans ma poche. — J'ai sept « balles ». — Et *moi* je n'ai pas un « rond » (haricot). — **10** Nous l'avons échappé belle! — **11** Doit-il y avoir du faisan rôti? Je *m'en pourlèche* (je claque) les lèvres *rien qu*'en y pensant.

Twentieth (20th) Lesson

The *medi*cine man (1)

(A h**u**morous **mo**nologue)

1 Good **mor**ning, Mr. **Stuf**fer, **good mor**ning; come right **in**to the **sur**gery (2), and sit down.

2 You're right; it is **hor**rid **wea**ther, isn't it. I don't know what we are **com**ing to.

3 It **loo**ks as though (**N. 6**) we were **ne**ver going to have an**o**ther **sum**mer.

4 Well, how are you to**day**? You **look** a **lit**tle **bet**ter. Just **o**pen your **mouth** and let me **see** your tongue.

5 Oh, not **qui**te so much as that, **please**, I don't want to get **sucked** in, you know.

6 How ab**out** that **box** of pills I **gave** you? Did you **take** them all **right**? You did— that's **good**.

7 And how **are** they **feel**ing (3)? **What**? You can still **feel** the **lid**!

LE CHARLATAN
(homme aux drogues)
(Un) Monologue humoristique

1 Bonjour, monsieur St., bonjour; entrez *donc* (droit) dans *mon* (le) cabinet et asseyez-vous.
2 Vous avez raison; il fait un temps affreux, n'est-ce pas. Je ne sais pas *où* (à quoi) nous *en arriverons* (arrivons).
3 *On dirait* (Cela a l'air) que nous n'aurons jamais plus *d'*(un autre) été.
4 Eh bien, comment allez-vous aujourd'hui? Vous avez un peu meilleure mine. Ouvrez *donc* (juste) la bouche et *faites* (laissez)-moi voir votre langue.
5 Oh! pas tout à fait tant que ça, s'il vous plait, je ne veux pas être *avalé* (sucé dedans), vous savez.
6 *Et alors* (Comment à propos de) cette boîte de pilules que je vous ai données? Les avez-vous bien prises? *Oui* (Vous fîtes), c'est bon.
7 Et *quel effet vous font-elles* (Comment sentent-elles)? Quoi? Vous sentez encore le couvercle.

o o o

Mr. **Stuffer** : « *M. Bouffetout* ». — To **stuff** (*verbe neutre*) : *se bourrer*. — To stuff (*v. actif*) : *empailler, bourrer, farcir*.

Miss **Giggles** (ghigh'lz): « *Mlle Laglousse* ». To **giggle**: *rire niaisement, nerveusement, avec un bruit de poule qui glousse.*

ooooooooooooooooooooooooooooooooooooo

(1) The **medicine-man**, *l' « homme remède »* **désigne un** *sorcier chez les sauvages. Ici, c'est un charlatan*, **a quack** (couàc) *ou* **quack-doctor**. — A **healer** *ou* a **faith-healer**: *un guérisseur*. A **witch**: *un sorcier*. — **Medicine** (mèdicine): *l'art de la médecine, ou le remède* (drug).

(2) Surgery (**seurdjëré**): *la chirurgie, ou le cabinet du médecin* A **surgeon** (seurdj'n): *un chirurgien*; a **physician** (fizish'n): *un médecin (non chirurgien)*.

(3) *Notez l'emploi idiomatique de* **feel**. How are you **feeling**? *Comment vous sentez-vous?* — I **feel** like work this **morning**: *je me sens d'humeur à travailler, ce matin*. — What does it **feel** like? *Quel effet cela vous fait-il?* — It **feels horrid**: *cela fait un effet épouvantable*.

20th LESSON

8 My good sir—but, there, yes, as we were s**a**ying, it l**oo**ks as though we were n**ev**er g**o**ing to have a s**umm**er ag**ai**n, doesn't it?

9 Just k**ee**p on with the s**a**me m**ed**icine and call ag**ai**n in a w**ee**k's t**i**me. G**oo**d day, Mr. St**u**ffer, g**oo**d day!

o o o

10 How do you do, Mrs. L**o**ngface? Isn't this we**a**ther depr**e**ssing,

11 And there's no s**i**gn of **a**ny ch**a**nge; bar**o**-meter still on its kn**ee**s.

12 And what's the l**a**test news ab**ou**t your h**u**sband? D**ea**d! My g**oo**dness, I n**e**ver antic**i**pated (4) that.

13 I r**ea**lly thought that if he were kept qu**i**et, he'd pull through—in t**i**me.

14 Why couldn't you k**ee**p him qu**i**et? My fault? How?

15 Bec**au**se I wrote on the bottle "To be well sh**a**ken bef**o**re t**a**ken."

16 Well, you didn't sh**a**ke *him*, did you? Oh, you did!

8 Mon bon monsieur... mais là, oui comme nous *le* disions, on dirait que nous n'aurons jamais plus d'été, n'est-ce pas?

9 Continuez donc (avec) le même remède, et revenez *me voir* dans une semaine d'ici (de temps). Bonjour, monsieur St., bonjour!

10 Comment vous portez-vous, madame L...? Est-ce que ce temps n'est pas déprimant?

11 Et il n'y a aucun signe de changement; *le* baromètre est *toujours à plat* (encore à genoux).

12 Et quelles *sont* (est) *les* (la) dernières nouvelles de votre mari? Mort! *Mon Dieu* (ma bonté), *je ne m'attendais pas à cela* (je n'anticipais jamais cela)!

13 Je croyais vraiment que si on le *laissait* (gardait) tranquille il *s'en* tirerait (à travers) *avec le* (en) temps.

14 Pourquoi ne pouviez-vous le laisser tranquille? Ma faute? Comment *cela*?

15 Parce que *j'avais écrit* (j'écrivis) sur la bouteille : « Bien *agiter* (« A être secoué avant pris ») avant de *s'en servir* ».

16 Eh bien, *ce n'est* pas lui que vous avez secoué, hein? Oh, *si* (vous fîtes)!

o o o

Sham signifie *faux, feint, simulé*. **A sham fight**: *un combat simulé, ou une bataille pour rire*. **A sham doctor**: *un faux médecin*. — **He was shamming illness**: *il simulait la maladie*. — **It is all sham!** *Tout ça, c'est de la farce!*

oooooooooooooooooooooooooooooooooooo

(4) Anticipated (a'nticipét'd) *or* **expected**. — **I anticipated no trouble on that score (from that quarter).** *Je ne m'attendais à aucun ennui à ce sujet (de ce côté).*

20th LESSON

17 Why, the me**d**icine ought to have **been** sh**a**ken, not the **pa**tient.

18 Of course, if you will do such things, what can you exp**ect**!

19 **A**nyhow, you'll kn**o**w **bet**ter next **t**ime, won't you, Mrs. **Long**face.

20 Well, good-b**y**e, good-b**y**e. So s**orr**y and all that.

o o o

21 Next! Oh, so it's you, Miss Giggles. *Good* m**or**ning! **Lov**ely we**a**ther, did you say?

22 It's **per**fectly g**or**geous (5). En**ough** to t**a**ke twe**n**ty ye**a**rs off your l**i**fe.

23 What? Oh, I beg your p**ar**don, that's imp**os**sible in your c**a**se, of c**o**urse.

24 Well now, and how's your heart trouble today? Just let me t**a**ke your pulse (6).

25 Tic, tic, tic— Fine! There's n**oth**ing wrong with it. It's as r**eg**ular as cl**o**ckwork.

26 I beg your **par**don, but does that m**a**ke a **dif**ference?

27 I'd got hold of your wrist-watch! How **per**fectly st**u**pid of me!

28 Well, we must watch that that doesn't occ**ur** (7) ag**ai**n.

17 *Voyons* (pourquoi), *c'est* le remède *qu'il* aurait fallu secouer, pas le malade.

18 Bien sûr, si vous *faites* (voulez faire) des choses pareilles, à quoi pouvez-vous vous attendre!

19 *Enfin* (De toutes façons), vous *ferez* (saurez) mieux la prochaine fois, n'est-ce pas, madame L.?

20 Eh bien, au revoir, au revoir; *tous mes regrets, bien sûr* (si fâché, et tout cela).

21 *Au* suivant! Oh! (ainsi) c'est *donc* vous, miss G. *Bien* le bonjour! Joli temps, avez-vous dit?

22 (Il est) *absolument* (parfaitement) splendide! *De quoi* (Assez pour) *vous rajeunir de vingt ans* (enlever vingt ans de votre vie).

23 Quoi! Oh, excusez, c'est impossible dans votre cas, naturellement.

24 Eh bien, *voyons* (maintenant), comment va votre dérangement de) cœur aujourd'hui? Laissez-moi tâter (prendre) votre pouls.

25 Tic, tic, tic... *Superbe!* (Beau). *Il n'a absolument rien* (Il n'y a rien de faux avec lui). Il est aussi régulier qu'une *montre* (mouvement d'horlogerie).

26 Je vous demande pardon, mais quelle différence y a-t-il? (fait une différence).

27 J'avais pris (eu prise de) votre bracelet-montre! Que c'est donc (Comme parfaitement) stupide de *ma part* (moi)!

28 Eh bien, nous devons *faire attention* (veiller) *à ce* que ça ne se reproduise pas.

oooooooooooooooooooooooooooooooooooooo

(5) Gorgeous (gordjeuss): *magnifique, somptueux.* (*Du vieux français* gorgias, *qui désignait une ruche voyante, pour la gorge.*)

(6) Let me feel your pulse (peulss): *laissez-moi vous tâter le pouls.*

(7) Occur *ou* happen. — The idea did not occur to me: *l'idée ne m'en vint pas.* — Don't let it occur (or happen) again: *Que ça ne vous arrive plus.*

20th LESSON

29 Yes this weather is lovely, isn't it? Makes you feel like a holiday.

30 Seems a shame to have to be shut up all day, and work.

31 Sorry, Miss Giggles, but the 'phone bell is going.

32 Hullo, yes, yes. A man's fallen into the mud up to his ankles?

33 Well, what if he has? Just tell him to walk out of the mud.

34 Oh, I see. The mud is up to his ankles, but his head's downwards.

35 Well, I'll call round—in the meantime, wire Australia and tell them to keep a look-out (8) for the chap.

Where are you going to, my pretty maid?

(An old song)

36 Where are you going to, my pretty maid?

37 "I'm going a milking (9), Sir," she said.

29 Oui, ce temps est charmant, n'est-ce pas? Ça vous *met en humeur de* (fait sentir comme) vacances.
30 *Quel dommage* (cela semble une honte) de devoir rester enfermé toute la journée *à* (et) travailler.
31 *Je* regrette, miss G., mais le téléphone sonne (la sonnerie du téléph. marche).
32 Allo! oui, oui. Un homme est tombé dans la boue jusqu'aux chevilles?
33 Eh bien, *et puis après* (quoi s'il a)? Dites-lui donc de sortir de la boue.
34 Oh, je vois. Il y a de la boue jusqu'aux chevilles (la boue est jusqu'à ses chev.), mais *il a la* (sa) tête (est) en bas?
35 Bien, j'y passerai... *en attendant* (dans l'intervalle), télégraphiez *en* Australie, et dites-leur de *guetter la sortie du* (garder un guet pour le) copain.

OU ALLEZ-VOUS, MA JOLIE FILLE?
(Une) vieille chanson

36 Où allez-vous, ma jolie fille?
37 Je m'en vais traire *les vaches*, monsieur, dit-elle.

oooooooooooooooooooooooooooooooooooooooo

(8) Look-out: *poste d'observation*, ou *action de surveiller.* — That is your **look-out**: *c'est vous que cela regarde.* — **Look** out! *Attention!* — He **seems** to be **looking** out for trouble: *On dirait qu'il recherche les ennuis.* — My **window looks** out on (*or* on to) the pond: *Ma fenêtre donne sur l'étang.* —The **outlook**, the **prospect**: *les perspectives.* — The immediate **outlook** is **cheerless** (*or* not **cheerful**): *Les perspectives immédiates ne sont pas réjouissantes.*

(9) I'm **going** a **milking**, *forme ancienne pour* I am **going milking.**

20th LESSON

38 Shall I **marry** you, my **pretty** maid?
"Oh, yes, if you **please**, kind Sir," she said.
39 And what is your **fortune** my **pretty** maid?
"My **face** is my **fortune**, Sir," she said.
40 Then I can't **marry** you, my **pretty** maid.
"N**o**body ax'd you **(10)**, Sir," she said.

My **face** is my **fortune** *est une expression devenue pour ainsi dire proverbiale.*

oooooooooooooooooooooooooooooooooooooo

EXERCISE. — **1** It **loo**ks as though things were **com**ing to a bad end. — **2** I did not anti**ci**pate (*or* expe**ct**) such a res**ult**. — **3** What is wrong with that young man? — There is n**oth**ing **wrong** with him, he is as r**e**gular as cl**o**ckwork. — **4** Do you **feel** like tea? — Well, I don't mind. — **5** If I were you, I should keep **quiet**. — **6** Isn't this br**oo**ch (brôtch') **lo**vely? And it cost me next to n**oth**ing. — **7** This noise is en**ough** to dr**i**ve one cr**a**zy! — **8** What d**if**ference does it make to me, wh**eth**er he succ**ee**ds or not? — **9** W**ea**ther **ou**tlook for tom**orr**ow : uns**e**ttled to fair. — **10** Please ring him up; tell him I'll call **r**o**und** this **af**tern**oo**n. — **11** That boy will get sick if he **kee**ps st**uf**fing aw**a**y like that.

38 Vous épouserai-je, ma jolie fille? — Oh! oui, s'il vous plaît, *bon* (aimable) monsieur, dit-elle.
39 Et quelle est votre fortune, ma jolie fille? — Ma figure est ma fortune, monsieur, dit-elle.
40 Alors, je ne puis vous épouser, ma jolie fille. — Personne ne vous *l'*a demandé, monsieur, dit-elle.

O O O

To allow (ëlaou), *permettre, du français* allouer, *signifie généralement* permettre : Will you allow me to do it for you? *Voulez-vous me permettre de le faire pour vous?*

Mais il a d'autres emplois, tels que : The court allowed her two hundred pounds damages: *Le tribunal lui accorda £ 200 de dommages-intérêts.* — How much are you allowed for travelling expenses? *Combien touchez-vous pour frais de voyage?* — You must allow for the shrinking of the material: *Il vous faut tenir compte du rétrécissement de l'étoffe.*

An allowance *peut être* une allocation, une pension, une ration. — His father makes him a regular allowance for pocket-money: *Son père lui verse régulièrement de l'argent de poche.* — I was put on a strict allowance: *Je fus rationné sévèrement.*
Ou encore : We should make allowance for his lack of experience: *Nous devrions faire la part de son manque d'expérience.*

OOOOOOOOOOOOOOOOOOOOOOOOOOOOOOOOOOOOOOO

(10) Ax'd *pour* ask'd.

OOOOOOOOOOOOOOOOOOOOOOOOOOOOOOOOOOOOOOO

1 Les choses ont l'air de vouloir mal tourner. — **2** Je ne m'attendais pas à (*ou* n'avais pas escompté) un pareil résultat. — **3** Que reproche-t-on à (Qu'y a-t-il de mauvais avec) ce jeune homme? Il n'y a rien à lui reprocher, il est réglé comme papier à musique (régulier comme mouvement d'horloge). — **4** Avez-vous envie de (V. sentez-vous comme) thé? — Ma foi, je veux bien. — **5** A votre place (si j'étais vous), je me tiendrais tranquille. — **6** Cette broche n'est-elle pas charmante? Et elle ne m'a presque rien coûté. — **7** Il y a de quoi devenir fou avec ce bruit (Ce bruit est assez pour, etc.). — **8** Qu'est-ce que ça peut bien me faire, qu'il (s'il) réussisse ou non. — **9** Temps probable pour demain : variable à beau. — **10** Téléphonez-lui, s.v.p.; dites-lui que je passerai cette après-midi. — **11** Ce garçon se rendra malade s'il continue à se bourrer de la sorte (comme cela).

Twenty-first (21st) Lesson

REVISION AND NOTES

1. Standing est un mot qui tend à se franciser; le dictionnaire nous le définit : condition in society; relative position; rank; reputation.

He is a man of good standing : *C'est un homme qui a une belle situation.*

Standing signifie aussi *durée, date* : Of three years standing : *qui existe depuis trois ans.* — This is a custom of long standing : *C'est une coutume qui date de loin.*

21A

Il s'agit, bien entendu, du substantif. Comme adjectif, notons :

There is only standing room left : *Il n'y a plus que des places debout.*

Standing (*or* still) water : *de l'eau dormante.* — A standing army : *une armée permanente.* A standing committee : *une commission permanente.* — Standing orders : *le règlement, les ordres permanents.* — A standing custom : *une coutume établie.* — A standing (*or* fast) colour : *une couleur solide, qui ne passe pas.*

2. Fair and foul *est un de ces couples d'adjectifs, dont l'union est favorisée par l'allitération, comme* thick and thin.

Fair est un mot caractéristique de l'anglais, signifiant *juste, équitable, honorable.* Les enfants dans leurs jeux crient : This isn't fair! *Ce n'est pas du jeu!*

Give him fair play! *Donnez-lui sa chance!* That is not a fair question to put : *Ce n'est pas là une question à poser.* — I made him a fair proposal : *Je lui ai fait une honnête proposition.*

Fair, comme vous le savez, signifie aussi *blond, blanc,* ou *beau,* ou aussi *passable, acceptable.* — She has a fair complexion : *Elle a le teint clair.* — Is she fair or dark (*or* brunette) ? *Est-elle blonde ou brune?* In fair weather prepare for foul (proverb) : " *Quand il fait beau, prend ton manteau.* " — I shall make a fair copy of it : *Je le mettrai au net.* A rough (reuff) copy : *Un brouillon.*

Foul *peut être considéré comme l'opposé de* fair. Don't use foul language : *Ne tiens pas de propos orduriers.* — There has been foul play here : *Il y a eu du " vilain " ici.* Foul! *au jeu, signifie* coup déloyal, interdit.

I shall help you through thick and thin : *Je vous aiderai quoi qu'il arrive.* — Ceci rappelle l'expression du " marriage service " : For better or worse.

3. To kick est combien plus énergique et expressif que le français : *donner un coup de pied à!* On s'en rapproche davantage avec *botter.* To kick the ball : *Botter le ballon.*

I kicked him downstairs : *Je lui fis descendre l'escalier à coups de pied quelque part.* — He was kicked out of the club : *Il fut expulsé du cercle.*

To kick up one's heels *est littéralement* essayer de se donner des coups de pied au derrière, *mais au figuré* : se donner du bon temps, se lâcher la bride.

To kick up a row, *or* a dust : *faire du " chahut ", du tapage.*

To kick *est aussi* regimber " rouspéter " : to kick against the rules. To kick over the traces (*les " traits ", du cheval*) : *Envoyer promener le règlement.*

You had better kick off at once : *Vous feriez mieux de filer tout de suite.*

He has kicked the bucket (beukkit, *seau*) : *Il a " cassé sa pipe ", passé l'arme à gauche.*

What will you drink? — Give me something with a " kick " in it. — *Que voulez-vous boire? — Donnez-moi quelque chose qui « jette un coup »* (Q. *q. ch. de fort*).

4. Experience *est* expérience *dans le sens de connaissance provenant de la pratique.* — He is speaking from experience : *Il parle en connaissance de cause.* — Experience teaches fools : *Les sots s'instruisent par l'expérience.*

Experiment *est un essai, une épreuve, une expérience de laboratoire.* He made several experiments without result : *Il fit plusieurs expériences sans résultat.* — Let us try the experiment : *Faisons-en l'épreuve.*

Experience *correspond aussi à* aventure, incident. — I had a strange experience : *J'ai eu une aventure étrange.* — Tell us about your experiences in Central Africa : *Parlez-nous de vos aventures en Afrique centrale.*

5. Close (clôss) *adjectif;* to close (clôz) *verbe.* — *Voyons d'abord le verbe.* — Close (*or* shut) the window : *Fermez la fenêtre.* — You had better close (*or* shut) your mouth about it : *Vous feriez mieux de fermer la bouche là-dessus.*

England closed a treaty with Denmark : *L'Angleterre conclut un traité avec le Danemark.* — Do you advise me to close with them? *Me conseillez-vous de conclure avec eux?* — It must be done before the year closes : *Ce doit être fait avant la fin de l'année.* — Night will soon close in : *La nuit tombera bientôt.*

They closed around us : *Ils nous entourèrent, formèrent le cercle autour de nous.*

Close, *adjectif* : They kept close to each other : *Ils se tenaient tout près l'un de l'autre.* — That was a close (*or* narrow) shave : *Il s'en est fallu de peu, nous l'avons échappé belle.*

I shall give it the closest attention : *J'y ferai la plus grande attention.* — Don't write so close : *N'écrivez pas si serré.* — I shall hold him close in hand : *Je lui tiendrai la bride serrée.* — A close translation : *Une traduction serrée.*

It is awfully close in here! *Ça sent rudement le ren-*

fermé ici! — The w**ea**ther is cl**o**se tod**ay** : *Le temps est lourd aujourd'hui.*

Don't you think he is r**ath**er cl**o**se (*or* cl**o**se-**fis**ted) ? *Ne le croyez-vous pas plutôt serré (avare) ?*

6. Though (*vô*), *comme* if, *commande le subjonctif, quand il signifie* même si. — Though (*or* if) he were my **o**wn br**oth**er, I wouldn't do it for him : *Même si c'était mon propre frère, je ne ferais pas celà pour lui.*

— Though (*or* **e**ven though) he be r**ich**er than I : *Même s'il est plus riche que moi.* — Tandis qu'on dira : Though (*or* alth**ou**gh) he is my **o**wn br**oth**er : *Quoiqu'il soit mon propre frère,* et : Though (*or* alth**ou**gh) he is r**ich**er than I : *Quoiqu'il soit plus riche que moi.*

Though, *à la fin d'une phrase, est* cependant, toutefois : I don't think he will do it, though : *Je ne pense toutefois pas qu'il le fera.*

***

Conundrums. — What is the **dif**ference betw**ee**n a v**ery** wet day and a l**i**on distr**act**ed (*rendu fou*) by t**oo**thache?

— One is p**o**uring (p**ô**rign') with rain, and the **oth**er r**o**aring (r**ô**rign') with pain.

(To p**ou**r : *verser*; to r**o**ar : *rugir*.)

— What is the **dif**ference betw**ee**n a man g**o**ing upst**air**s and one l**oo**king up the stairs?

— The first is st**epp**ing up the stairs and the s**ec**ond is st**a**ring up the steps.

— What is the **dif**ference betw**ee**n an **auc**tion s**a**le (*vente aux enchères*) and b**e**ing s**e**a-sick?

— One is the s**a**le of eff**ec**ts and the **oth**er the eff**ec**t of a s**a**il.

A sail : *une voile; un tour à la voile.* — Going for a sail, sir? *Un tour à la voile, monsieur?*

Is that so? — " They **al**ways say that a Fr**en**chman l**i**ghts his friend's cigar**e**tte first and then his **o**wn; a G**er**man his **o**wn and then his friend's. But an **E**nglishman l**i**ghts his **o**wn and thr**o**ws the match aw**ay**. "

" And a Sc**o**tchman, I supp**o**se, would b**o**rrow the match from his friend first and thr**o**w it aw**ay** as s**oo**n as he'd lit his **o**wn cigar**e**tte. "

21st LESSON

Twenty-second (22nd) Lesson

Sunday in a country-station

1 Mr. Wesson (1) arrived at the station with plenty of time to spare (2).

2 The booking-office had not opened but Mr. Wesson properly assumed that the booking-clerk knew his own business.

We have not one minute to spare

3 Before the 1.55 came (3) snorting (N. 1) and roaring into Downish he would bang up his little window in time to sell tickets—

4 Mr. Wesson walked on to the platform.

5 It wasn't worth while putting his attaché-case (4) in the left-luggage room—

DIMANCHE DANS UNE GARE DE CAMPAGNE

1 M. W. arriva à la gare avec beaucoup de temps *de reste* (à mettre de côté).

2 Le *guichet* (bureau) des billets *n'était* (n'avait) pas ouvert, mais M. W. *supposa* (assuma) *tout naturellement* convenablement) que l'employé aux billets savait *ce qu'il avait à faire* (sa propre affaire).

3 Avant que le *train de* 1 h. 55 *n'*arrivât en renâclant et rugissant à Downish, il ouvrirait (relèverait avec bruit) son guichet (sa petite fenêtre) à temps pour vendre des billets...

4 M. W. passa sur le quai.

5 Ce n'était pas la peine de met.re sa mallette à la *consigne* (salle des bagages laissés),

OOOOOOOOOOOOOOOOOOOOOOOOOOOOOOOOOOOOOO

(1) M. Wesson *est un Américain, que les circonstances obligent à quitter précipitamment le coin d'Angleterre où il séjournait.*

(2) To spare: *épargner, ménager.* Spare me that trouble: *épargnez-moi cet ennui.* He has money to spare: *Il a de l'argent de reste, de trop.* A spare wheel: *une roue de rechange.* Spare the rod, and spoil the child (*Epargnez la baguette, et gâtez l'enfant*): *Qui aime bien châtie bien.* — Can you spare a penny, Sir? *demandera le mendiant, c.-à-d. non pas, pouvez-vous* économiser *un penny, mais* disposer *d'un penny, en avoir un de trop, à lui donner.* — We have not one minute to spare: *Nous n'avons pas une seule minute à perdre.* — We shall put you up in the spare room: *Nous vous logerons dans la chambre d'amis.* — I can't spare (*or* do without) this book: *Je ne puis me passer de ce livre.*

(3) The 1.55: *sous-entendu* the one fifty-five train. *Notez que les Anglais emploient le point pour les décimales et non la virgule; ainsi* 5,4 (*cinq virgule quatre*) *sera :* 5.4 (five point four).

(4) An attaché (ëtaché)-case *est une mallette, plutôt pour porter des documents* (*Une « valise d'attaché diplomatique »*). — A suit-case: *une valise, un porte-habit.*

6 the left-luggage room appeared to be closed anyhow—

7 as he now had barely (5) twenty minutes to wait.

8 There was no one else on the platform and Mr. Wesson strolled up and down.

9 As he walked light-heartedly to the south end of the platform M. Wesson whistled a little tune.

10 They were pleasant places, these English country stations, with their clean white platforms,

11 and beyond the platforms flower-beds which the station-master assiduously tended (N. 2) in his spare time—

12 Mr. Wesson walked northwards again.

13 He was still the only prospective passenger on his own side of the station,

14 but on the opposite platform a man sat reading.

15 A comfortable-looking man who had discarded his coat and sat very contentedly in his shirt-sleeves,

6 la consigne paraissait être fermée, d'ailleurs,
7 comme il *n'*avait *plus que* (maintenant) vingt minutes à peine (« nûment ») à attendre.
8 Il n'y avait personne d'autre sur le quai, et M. W. *fit les cent pas* (flâna haut et bas).
9 Comme il allait le cœur léger vers l'extrémité sud du quai, M. W. siffla un petit air.
10 Quels (C'étaient des) endroits agréables, que ces gares de campagne anglaises, avec leurs quais propres *et* blancs.

11 et au-delà des quais des *parterres* (lits) de fleurs, que le chef de gare soignait assidûment à ses moments (dans son temps) libres...
12 M. W. reprit sa marche vers le nord.
13 Il était encore le seul *aspirant* (en perspective) voyageur de son (propre) côté de la gare,
14 mais sur le quai *d'en face* (opposé) un homme était assis *et lisait* (lisant).
15 Un homme à l'air à l'aise, qui s'était défait de son veston et était *tranquillement* (avec contentement) assis en bras de chemise.

OOOOOOOOOOOOOOOOOOOOOOOOOOOOOOOOOOOOOO

(5) Bare: *nu, dégarni, découvert*; naked (née'këd): *nu, déshabillé.* Bareheaded: *tête nue*; barefoot: *pieds nus.* He was half-naked: *il était à demi-nu. On dit pourtant :* It can be seen with the naked eye: *cela se voit à l'œil nu.* — The cupboard was bare: *le buffet était vide (dégarni).* — The naked truth: *la vérité toute nue,* — The bare truth: *la vérité pure et simple.*

22nd LESSON

16 smoking his **pi**pe and **rea**ding his **Sun**day **new**spaper.

17 It was **cu**rious, thought Mr. W**es**son, that **no** one else was **trav**elling,

18 though he knew **ver**y well that the **bet**ter **ki**nd of **E**nglish **pe**ople **ra**rely **lea**ve their **ho**mes on a **Sun**day.

19 It occ**ur**red to him that he could ple**as**antly spend a few **min**utes in **tal**king to the **com**fortable-l**oo**king man **op**posite,

20 and with a re**a**dy introd**uc**tion on his tongue he cr**os**sed the f**oo**tbridge.

21 "A **fi**ne day", said Mr. W**es**son,
"There's n**oth**ing wrong with it", agr**eed** the man, **loo**king up from his **pa**per.

22 "It's from that pl**at**form, isn't it"— Mr. W**es**son pointed acr**os**s the lines – "that the 1.55 goes to **Dul**lage?

23 I'm tr**av**elling f**ar**ther," he expl**ai**ned, "but I have to ch**a**nge at **Dul**lage."

24 "**May**be," said the man, "I've n**ev**er been f**ur**ther than Br**om**ley mys**elf**."

16 fumant sa pipe et lisant son journal du dimanche.

17 C'était curieux, pensa M. W., que personne d'autre ne voyageât,

18 bien qu'il *n'ignorât pas* (savait très bien) que la meilleure classe (espèce) d'Anglais quittent rarement leurs foyers un dimanche.

19 *L'idée* lui vint qu'il pourrait passer agréablement quelques minutes à causer avec l'homme (l'air à l'aise) *d'*en face,

20 et, (avec) une introduction *toute* prête sur *le bout de la* (sa) langue, il traversa la passerelle.

21 (Une) belle journée, dit M. W. — Il n'y a rien à redire, *consentit* (agréa) l'homme, levant les yeux de son journal.

22 C'est de ce quai-là, n'est-ce pas — M. W. indiqua *l'autre côté des* (à travers les) *voies,* — que le *train de* 1 h. 55 *part pour* (va à) Dullage?

23 Je voyage plus loin, expliqua-t-il, mais *je dois* (j'ai à) changer à Dullage.

24 Il se peut, dit l'homme. *Moi* je n'ai jamais été plus loin que Bromley (moi-même).

22nd LESSON

25 "Is Bromley on the way to Dullage?" asked Mr. Wesson.

26 "It is," said the man, "if you go that way."

27 "And when you went to Bromley, did you leave from that platform?"

28 "Ar!" said the man, "you've taken me up (6) wrongly. I was living in Thorple then."

29 "I see," said Mr. Wesson—which was not strictly true—

30 and walked up and down for a few minutes while the man continued to read his paper.

31 Then he crossed the footbridge to see if the booking-clerk had arrived,

32 and was slightly perturbed (7) to find that there was no sign of life in the booking-office,

33 or in the station-master's office, or the waiting-room, or even the left-luggage room.

34 Mr. Wesson re-crossed the footbridge and said to the man, who was filling his pipe,

25 Bromley se *trouve* (est)-il sur la route de Dullage?

26 *Oui* (Il est), dit l'homme, si vous allez *par là* (ce chemin).

27 Et quand vous êtes allé à Bromley, êtes-vous parti de ce quai-là?

28 Ah! dit l'homme, vous m'avez *compris* (pris) de travers. J'habitais à Thorple, *à ce moment-là* (alors).

29 Je vois, dit M. W. — ce qui n'était pas strictement vrai —

30 et il fit les cent pas *pendant* (pour) quelques minutes, tandis que l'homme continuait à lire son journal.

31 Puis, il traversa la passerelle pour voir si l'employé aux billets *était* (avait) arrivé,

32 et fut *quelque peu* (légèrement) troublé de *voir* (trouver) qu'il n'y avait pas signe de vie dans le bureau des billets

33 *ni* (ou) dans le bureau du chef de gare, *ni* (ou) dans la salle d'attente, *ni* (ou) même *à* la consigne des bagages.

34 M. W. retraversa la passerelle et dit à l'homme, qui *était en train de bourrer* (remplissait) sa pipe :

OOOOOOOOOOOOOOOOOOOOOOOOOOOOOOOOOOOOOOOO

(6) You've taken me up wrongly : you haven't got me right, *tournures populaires pour* You have misunderstood me.

(7) Perturbed *or* put out, *or* confused.

35 "I suppose you aren't the station-master, are you?" "No, I'm not," said the man.

36 "I'm a rat-catcher. Rats and weasels and stoats and moles. Vermin of all kind—".

37 "Do you know when the booking-office opens?" interrupted Mr. Wesson.

38 "About nine o'clock if there happens to be an early train," said the rat-catcher.

39 "Nine o'clock! But it's nearly two, and there's no one in the station except ourselves." (8).

40 "Ar!" said the rat-catcher, "this is Sunday, you see."

41 "But what difference does that make?"

42 "Just you wait here for an hour or two and you'll see for yourself."

43 "Do you mean to say that there aren't any trains on Sunday?"

44 "Some of them go through here," said the rat-catcher, "but I've never seen one stop."

45 "Good God in Heaven!" exclaimed Mr. Wesson— He was stunned—

46 He sat down and tried to compose the agitation which succeeded his first feeling of stupor.

47 "An automobile!" he exclaimed (9).
The rat-catcher looked at him curiously.

35 Je suppose que *ce n'est pas vous* (vous n'êtes pas) le chef de gare, n'est-ce pas? — Non, *ce n'est pas moi* (je ne suis pas), dit l'homme.

36 Je suis (un) *piégeur* (attrapeur) de rats. *De* rats, et *de* belettes et *de fouines* et *de* taupes. *De* vermine de toute espèce.

37 Savez-vous quand le bureau des billets ouvre? interrompit M. W.

38 Vers *les* 9 heures, s'il se trouve qu'il y a un train de bonne heure, dit le piégeur de rats.

39 Neuf heures! Mais il est presque 2 *heures,* et il n'y a personne dans la gare, excepté nous (-mêmes).

40 Ah! dit le piégeur de rats, c'est dimanche, vous savez.

41 Mais qu'est-ce que cela y fait?

42 Attendez *donc* ici (juste vous) (pour) une heure ou deux, et vous *le* verrez bien (pour vous-même).

43 Voulez-vous dire qu'il n'y a pas de trains le dimanche?

44 *Il y en a qui* (certains d'eux) passent par ici, dit le piégeur de rats, mais je n'en ai jamais vu un *seul* s'arrêter.

45 *Bonté du ciel* (Bon Dieu au ciel)! s'exclama M. W. Il était étourdi.

46 Il s'assit et *s'efforça de calmer* (essaya de composer) l'agitation qui avait succédé *à* son premier sentiment de stupeur.

47 Une automobile!... s'écria-t-il. Le piégeur de rats le regarda curieusement.

oooooooooooooooooooooooooooooooooooooooo

(8) Except ourselves *ou* **except us.**

(9) An **aut**om**o**bile (**or**tëmobile) *est l'américain pour* **a motor-car.** *De même,* **a truck** *pour* **a lorry** (camion), **a garage** (garage) *pour* **a garage** (garage), *le* **g** *prononcé dans les deux cas à la française.* — **A truck,** *en Angleterre, est un wagon-plate-forme.*

22nd LESSON

48 "A motor-car," Mr. Wesson explained. "Can I hire a motor-car?"

49 The rat-catcher shook his head. "Not on a Sunday. There is a garage in Downish, but it's closed on Sunday,

50 and all the drivers, or both of them, I should say, 'll be at home sleeping, or digging **(10)** in their gardens, or listening to their missuses **(11)**, or reading the paper, same as I am."

(From *Poet's Pub*, by Eric Linklater - Penguin Books.)

oooooooooooooooooooooooooooooooooooooooo

EXERCISE. — **1** Can you spare (*or* let me have *or* lend me) your broom a minute? — **2** Sorry, but I discarded brooms long ago; I use a vacuum (vakioum) cleaner. — **3** You will find a tinker's further on, just opposite the tobacconist's. — **4** That world eludes me; yet I had it on the tip of my tongue. — **5** He wants to see everything for himself. — **6** I would rather be by myself (*or* alone). — **7** We got stung by bees, both of us. — **8** I don't need advice from anybody : I know my own business. — **9** I couldn't help roaring with laughter when I heard him snoring. — **10** We are doing a roaring trade. — **11** We have barely (*or* scarcely, *or* hardly) enough petrol to reach the next filling station. — **12** By dint of sparing and scraping, she saved up enough for a wireless (*or* radio) - set.

48 Une auto, expliqua M. W. Puis-je louer une auto?
49 Le piégeur secoua la tête : — Pas un dimanche. Il y a un garage à Downish, mais il est fermé le dimanche,
50 et tous les chauffeurs — ou *plutôt tous les deux* (les deux, devrais-je dire) *doivent être* (seront) chez eux, en train de dormir, ou de bêcher dans leurs jardins, ou d'écouter leurs « bourgeoises », ou de lire le journal, *tout* (même) comme moi.

(Extrait de *Bistrot de poète*, d'Eric LINKLATER.)

OOOOOOOOOOOOOOOOOOOOOOOOOOOOOOOOOOOOOO

(10) To dig : *bêcher* (with a spade), *piocher* (with a pick or a hoe); *creuser la terre*. A well ought to be dug here : *il faudrait creuser un puits ici*. — A grave-digger : *un fossoyeur*. A gold-digger : *un chercheur d'or*. — The diggings : *les mines d'or, l'endroit où on trouve de l'or*, et *en argot, le « chez soi »* : Come up to my diggings (*ou* digs) : *Montez à ma « piaule »*. — A dig : *un léger coup*. He gave me a dig in the ribs : *Il m'enfonça le doigt dans les côtes*.

(11) The Mrs. *ou* the missus, (*ou* missis) : the wife, *dans le parler populaire*. — The kiddies : *les gosses*.

Exemple de l'emploi des prépositions : He went out **down** the **road** and **round** the **corner** on to the **filling station** : *Il sortit, suivit la route et prit le tournant jusqu'au poste d'essence*.

OOOOOOOOOOOOOOOOOOOOOOOOOOOOOOOOOOOOOO

1 Pouvez-vous me prêter votre balai une minute? — **2** Je regrette, mais il y a longtemps que j'ai mis les balais au rancart; je me sers d'un aspirateur. — **3** Vous trouverez un ferblantier plus loin, juste en face du tabac. — **4** Ce mot m'échappe; pourtant je l'avais sur le bout de la langue. — **5** Il veut tout voir par lui-même. — **6** J'aimerais mieux être seul. — **7** Nous fûmes piqués par des abeilles, tous les deux. — **8** Je n'ai besoin de conseils de personne; je sais ce que j'ai à faire. — **9** Je ne pus m'empêcher de rire aux éclats (rugir de rire) quand je l'entendis ronfler. — **10** Nous faisons des affaires d'or (un commerce rugissant). — **11** Nous avons tout juste (*ou* à peine) assez d'essence pour atteindre le prochain poste d'essence. — **12** A force d'épargner et de rogner, elle économisa *de quoi s'acheter* (assez pour) un poste de radio.

Twenty-third (23rd) Lesson

Hints (1) on gardening

1 Once they have got the seeds, many gardeners go off the rails, because they don't trouble to watch nature;

2 the usual practice (2) is to put the ripe seeds in a packet and put them away in a dry cupboard till they are wanted.

3 Many plants grow in countries where there is a rainy and a dry season;

4 these produce their seeds at the end of the rainy season,

5 and then they remain hot and dry for several months till the rainy season comes round again,

6 therefore the cupboard is quite suitable for them.

7 On the other hand, Alpine* perennials* and our own native* plants lie out on the wet ground, under the snow.

PRONUNCIATION. — Alpine : alpaï'n. — perennial : péréniël. — native : né'etiv. — resemble : rizè'mb'l. — propagate : propaghét'. —, vegetative : vèdjété'etiv. — sour : saouër. — scientist : saïë'ntist — probe : prôb.

APERÇUS SUR LE JARDINAGE

1 Une fois qu'ils ont les graines, *de nombreux* (beaucoup de) jardiniers « déraillent », parce qu'ils ne se *donnent* pas la peine d'*observer* (guetter) la nature;

2 la façon de faire habituelle est de mettre les graines mûres dans un paquet et de les ranger dans une *armoire* (buffet) sèche jusqu'à ce qu'on en ait besoin.

3 *De nombreuses* (Beaucoup de) plantes poussent dans des pays où il y a une *saison* pluvieuse et une saison sèche;

4 *elles* (celles-ci) produisent leurs graines à la fin de la saison pluvieuse.

5 (et) puis elles restent chaudes et sèches pendant plusieurs mois, jusqu'à ce que la saison pluvieuse revienne,

6 par conséquent, l'armoire leur convient tout à fait.

7 *D'autre part* (Sur l'autre main), les *plantes* vivaces alpines et nos propres plantes indigènes restent *exposées* (hors) sur le terrain mouillé, sous la neige.

Discretion is the better part of valour (valör) *est une des locutions les plus souvent citées. Elle signifie, un peu ironiquement, que* la prudence doit toujours s'allier au courage.

ooooooooooooooooooooooooooooooooooooooo

(1) A hint (hi'nt) : *une insinuation, une allusion, un avis à mots couverts.* — He took the hint : *Il comprit à demi-mot, il se le tint pour dit.* — What are you hinting at? *Que voulez-vous laisser entendre? Qu'est-ce que vous insinuez?* — A broad hint : *un avis assez clair.*

(2) The practice (practiss) : *la pratique, la coutume, l'exercice.* — If he would only put his words into practice : *S'il mettait seulement ses paroles en pratique.* — Such is the practice (*or* custom) of the country : *Telle est la coutume du pays.* — I am out of practice : *J'ai perdu la main, je ne suis plus entraîné.* — Practice makes perfect : *C'est en forgeant, etc.* — *Notez que le verbe s'écrit avec un* s *:* to practise (practiss) : She practises six hours a day at the piano : *Elle « fait » (s'exerce au) du piano six heures par jour.* — Practise what you preach : ***Prêchez d'exemple.***

23rd LESSON

8 These seeds should be sown in the autumn, in boxes or pans of soil, and stood out-of-doors for the winter.

9 They will germinate quite readily after this treatment when the warmer temperatures of spring arrive.

10 The one snag about growing (N. 3) plants from seeds is that you can rarely be quite sure of what you are going to get.

11 Suppose, for instance, you had been lucky enough, by crossing two carnations, to produce one of an entirely new colour,

12 you would naturally want to keep it and get more like it (3).

13 But if you saved seeds from it and raised new plants, perhaps not one of them would resemble* the parent;

14 so, you propagate* it by vegetative* methods, such as cuttings or layers.

15 A plant grown from a cutting or a layer, or a graft, is actually a separated part of the original plant, and therefore must be exactly like it.

16 This vegetative propagation is one of the instances where plants score over animals.

8 Ces graines devraient être semées en automne, dans des caisses ou des *vases* (casseroles) de *terre* (sol), et mises (debout) dehors pour l'hiver.

9 Elles germeront *sans se faire prier* (tout à fait volontiers) après ce traitement, quand les températures plus chaudes du printemps arriveront.

10 Le seul *écueil* (branche sous l'eau) *qu'il y ait* à cultiver des plantes *en partant* des graines, c'est que vous pouvez rarement être tout à fait sûr de *ce qui va vous venir* (ce que vous allez obtenir).

11 Supposez, par exemple, que vous ayez été assez *heureux* (chanceux), en croisant deux œillets, pour *en* produire un d'une couleur entièrement nouvelle,

12 vous voudriez naturellement le garder et en avoir d'*autres* (plus) pareils à lui.

13 Mais si vous en mettiez des graines de côté et *produisiez* (leviez) de nouvelles plantes, peut-être *qu*'aucune d'elles ne ressemblerait à *l'originale* (parent);

14 alors, vous le propagez par des méthodes végétatives, telles que boutures ou marcottes.

15 Une plante *venue* (crue) d'une bouture ou d'une marcotte, ou d'une greffe, est en réalité une partie séparée de la plante originale, et doit donc être exactement pareille (à elle).

16 Cette propagation végétative est un des exemples où les plantes l'*emportent sur* (marquent au-dessus de) les animaux.

ooooooooooooooooooooooooooooooooooooooo

(3) if you like this honey, I can get you more like it : *Si ce miel vous plaît, je puis vous en procurer d'autre. Mais :* Let me see your work? Now, that is more like it! *Faites-moi voir votre travail? Allons, c'est mieux! Il y a du progrès!*

23rd LESSON

17 You can chop the head of a plant off (4) and it soon produces not one, but two or three more to take its place.
18 It is rather extraordinary, too, that a plant has the power of producing new roots when required in most peculiar places.
19 A little green shoot is quite a distinct organ from the root, but if you cut it off and give it the correct (5) treatment,
20 it soon produces roots of its own and becomes a separate plant.

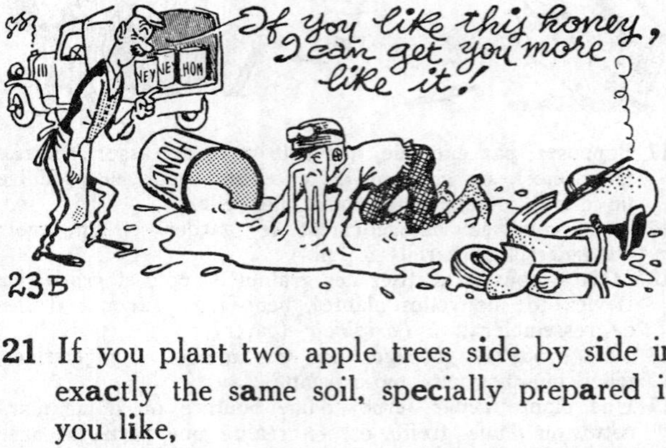

23B

21 If you plant two apple trees side by side in exactly the same soil, specially prepared if you like,
22 so (6) they both get exactly the same chemical foods and breathe the same air,
23 you might think they ought to be alike, but one may produce little bright red apples,
24 sweet and juicy, while the other produces big green sour* ones.
25 What brings about these vast differences?

17 Vous pouvez trancher la tête d'une plante, et elle *en* produit bientôt non pas une, mais deux ou trois *autres* (plus) pour prendre sa place.

18 C'est *fort* (plutôt) extraordinaire aussi qu'une plante *ait* le pouvoir de produire de nouvelles racines quand *il en* est besoin, *aux* (dans) endroits les plus singuliers.

19 Une petite pousse verte est un organe tout à fait distinct de la racine, mais si vous la tranchez et lui donnez le traitement *convenable* (correct),

20 elle produit bientôt *ses propres* racines (racines de son propre) et devient une plante séparée.

21 Si vous plantez deux pommiers côte à côte dans exactement le même sol spécialement préparé si vous voulez,

22 *de manière qu'*(ainsi) ils reçoivent tous deux exactement les mêmes aliments chimiques et respirent le même air,

23 vous pourriez penser qu'ils devraient être pareils, mais *il se peut que l'un* (peut produire) *produise* de petites pommes rouge vif.

24 douces et juteuses, tandis que l'autre en produit de grosses, vertes *et* sûres.

25 Qu'est-ce qui *cause* (amène par là) ces vastes différences?

ooooooooooooooooooooooooooooooooooooo

(4) A mutton chop : *une côtelette de mouton.* — A chop : *une tranche.* Chop his head off! *Tranchez-lui la tête! Coupez-lui le cou!*

(5) Correct *ou* right. — *Savez-vous que l'expression :* It's O. K. (**oké**), *c'est-à-dire* It's all right, *signifie :* It's all correct? *C'est un humoriste américain,* **Artemus Ward**, *qui la mit dans la bouche d'un de ses personnages, peu fort en orthographe, qui écrivait* **orl korrekt** *pour* all correct.

(6) *Ou :* so that.

23rd LESSON

26 Why should the same set of chemicals (7) produce such different results?

27 Perhaps scientists* could explain all these things, but I doubt it.

28 We can probe* nature's secrets, but not beyond a certain point.

(From *Plants from seeds and cuttings*, by C. H. Middleton, in *The Listener*.)

Old Mother Hubbard

(An old nursery-rhyme)

29 Old Mother Hubbard, she went to the cupboard,

30 To fetch her poor dog a bone.

31 But when she got there,
The cupboard was bare,

32 And so the poor dog had none.

33 She went to the baker (8) to buy him some bread,

34 But when she came back,
The poor dog was dead.

35 She went to the joiner to buy him a coffin,

26 Pourquoi la même série de *produits* chimiques produit-elle des résultats tellement différents (tels différ. résult.)?
27 Peut-être des savants pourraient-*ils* expliquer toutes ces choses, mais j'en doute.
28 Nous pouvons sonder les secrets de la nature, mais pas au-delà d'un certain point.

(Extraits de *Plantes de graines et de boutures*, par C. H. MIDDLETON, dans *l'Auditeur*.)

LA VIEILLE MÈRE HUBBARD
(Une) Vieille chanson d'enfants

29 La vieille mère Hubbard, elle alla au buffet,
30 chercher un os à son pauvre chien.
31 Mais quand elle y fut, le buffet était vide,
32 Et ainsi le pauvre chien n'*en* eut point.
33 Elle alla au boulanger lui acheter du pain,
34 mais quand elle revint, le pauvre chien était mort.
35 Elle alla au menuisier lui acheter un cercueil,

He is a chip of the old block (littéralement : *c'est un copeau du vieux bloc*) : Il a de qui tenir, ou *Bon chien chasse de race.* — Chipped potatoes : *des pommes "chip"*.

oooooooooooooooooooooooooooooooooooo

(7) Chemicals (kèmik'lz) *est ici un substantif, signifiant produits chimiques* (chemical products).

(8) *Correctement, on devrait dire* to the baker's, *et plus loin*, to the joiner's.

23rd LESSON

36 But when she came back,
The poor dog was laughin'.

37 The Dame made a curtsey, the dog made a bow (**9**).

38 The dame said "Your servant,"
The dog said "bow-wow." (**10**).

EXERCISE. — **1** I used to speak fluent English (*or* English fluently), but I am now out of practice. — **2** He hinted that I was allowing my natural gifts to run to seed. — **3** Who is this seedy-looking fellow? — **4** I am feeling rather seedy; you see, I was out on the spree (*or* the razzle) last night. — **5** If I were you, I wouldn't trouble to put that directory away : it is sure to be wanted again presently. — **6** Are waiters allowed to grow a moustache? — **7** That would be jumping out of the frying-pan into the fire. — **8** Our canoe (kënoû) ran into a snag and all but capsized. — **9** The negotiations met with a snag. — **10** We shall get nowhere, if we keep working at cross-purposes. — **11** The old witch was as cross as two sticks. — **12** I am out of breath (brè*f*). — I can hardly breathe (brî*v*).

36 Mais quand elle revint, le pauvre chien était *en train* de rire.
37 La dame fit une révérence, le chien fit un *salut* (inclinaison).
38 La dame dit : Votre serviteur, le chien dit : Ouaou, ouaou !

OOOOOOOOOOOOOOOOOOOOOOOOOOOOOOOOOOOOOOO

(9) *Rappelons que* bow *se prononce* **baou** *dans le sens de salut, inclinaison de tête, ou encore de proue, avant de navire.* Bow *se prononce* **bôou** *quand il signifie arc, archet, nœud (de rubans).* — He **bowed** (**baoud**) his **head** : *Il baissa la tête.* I was **standing** in the **bows** (**baouz**) : *Je me tenais à l'avant du navire.* — He has **two strings** to his **bow** (**bôou**) : *Il a plus d'une corde à son arc.* — **Look** at the **rainbow** (**ré'nbôou**)! *Regardez l'arc-en-ciel!* — He was **wearing** a **bow-tie** (**bôou**) : *Il portait un nœud-papillon.* — A **bow-window** (**bôou**) : *Une fenêtre à encorbellement.*

(10) Bow-wow (**baou-ouaou**) : *aboiement, et aussi (pour les enfants) : toutou. Le miaulement du chat se dit* **mew** (**mioû**), *et le chat lui-même* (cat) : **puss** (pouss) **ou pussy** (**poussé**) : *minet.*

What **are dumb-bells?** (**deum**) : *Des cloches muettes?* Ce **sont** des haltères.

And **what** is a **dumb-waiter?** *Un guéridon à étagères, pour la salle à manger.*

OOOOOOOOOOOOOOOOOOOOOOOOOOOOOOOOOOOOOOO

1 Je parlais couramment l'anglais, mais maintenant je n'ai plus la (suis hors de) pratique. — **2** Il laissa entendre que je laissais perdre (monter en graine) mes dons naturels. — **3** Qui est ce type minable? — **4** Je me sens plutôt mal en train; vous *savez* (voyez), j'ai fait la bombe hier soir. — **5** A votre place, je ne me donnerais pas la peine de ranger cet annuaire : on en aura encore sûrement besoin tout de suite. — **6** Permet-on aux garçons de café de porter la moustache? — **7** Ce serait sauter de la poêle dans la braise. — **8** Notre canot heurta un obstacle sous l'eau, et faillit chavirer. — **9** Les négociations se heurtèrent à un obstacle (un « bec »). — **10** Nous n'arriverons *à rien* (nulle part) si nous continuons à nous contrecarrer. — **11** La vieille sorcière *n'était pas à prendre avec des pincettes* (était aussi fâchée (croisée) que deux bâtons). — **12** Je suis essoufflé. Je puis à peine respirer.

23rd LESSON

Twenty-fourth (24th) Lesson

Kay catches it

1 When Kay (1) came downstairs to breakfast the governess was not down.
2 She entered just as he was at the side-board, helping himself to pork pie (2).
3 She looked a little cross, as though (3) she had not slept very well.
4 "You know," she said, "that you're never allowed to help yourself to pork pie.
5 It's a very bilious, rich food (4) ; and then you won't be able to do your French.
6 You must have an egg like any other boy.
7 And you don't mean to say, Kay, after all the many times I have spoken to you,
8 that you've been in the garden again in your slippers, and on the beds, too!
9 And then wonder if you catch your death of cold!"
10 "But I haven't caught a cold," he said.
11 "Don't answer me back (5), sir," she said.
12 "You're a very naughty, disobedient little boy,

PRONUNCIATION. — Genitive : djènitiv. — stomach : stömëk. — ate : éte. — dose : dôz. — oven : öv'n. — fidget : fidjët'. — canoe : kënoû. — treasure : trèjër. — privateer : praïvétîer. — solace : soléce. — folk : fôk.

KAY SE FAIT ATTRAPER (l'attrape)

1 Lorsque Kay descendit déjeuner, la gouvernante n'était pas en bas.

2 Elle entra juste comme il était au garde-manger en train de se servir de pâté de porc.

3 Elle avait l'air un peu maussade, comme si elle n'avait pas très bien dormi.

4 Vous savez, dit-elle, qu'on ne vous permet jamais de vous servir de pâté de porc.

5 C'est un aliment très *lourd* (bilieux), *très assaisonné* (riche); et puis, vous ne serez pas *en état* (capable) de faire votre français.

6 Il vous faut *manger* (avoir) un œuf, comme tous les autres (n'importe quel autre) petits garçons.

7 Et vous ne voulez pas *me* dire, Kay, après toutes les (nombreuses) fois que je vous *en* ai parlé.

8 que vous avez encore été dans le jardin en (vos) pantoufles, et sur les corbeilles *encore* (aussi) !

9 Et puis *vous vous* étonnez si vous *attrapez un rhume à en mourir* (attrapez votre mort de rhume).

10 Mais je n'ai pas attrapé de rhume, dit-il.

11 Ne *discutez* pas (ne me répondez pas de retour), Monsieur ! dit-elle.

12 Vous êtes un petit garçon très méchant, *très* désobéissant,

oooooooooooooooooooooooooooooooooooooooo

(1) Kay is the little boy, hero of the book.

(2) *Ce qu'on appelle* pie *est du pâté en croûte.*

(3) As though *ou* as if.

(4) A bilious food : *un aliment lourd pour le foie* (bad for the liver). A rich food : *un aliment généreux, ou très assaisonné.*

(5) To answer back, *répondre en discutant; discuter avec un supérieur.* Don't answer me back *ou* Don't give me any back talk : *Ne me répondez pas, ne discutez pas.*

13 and I have a good mind **(6)** not to let you have an egg.

14 I wouldn't let you have an egg, only I had to stop your supper last night.

15 Take off one of those slippers and let me feel it. Come here."

16 Kay went up rather gingerly **(7)**, having been caught in this way more than once.

17 He took off one slipper and tendered **(N. 2)** it for inspection.

You're a very naughty, disobedient little boy

18 "Just as I thought," she said. "The damp has come right through the lining,

19 and that's the way your stockings get worn out."

20 In a very pouncing **(8)** way she spanked **(9)** at his knuckles with the slipper.

21 He had expected a blow of the sort, and drew his hands swiftly aside **(10)**;

22 the slipper struck the spoons on the table and made them dance.

13 et j'ai bonne envie de ne pas vous laisser manger (*avoir*) un œuf.
14 Je ne vous laisserais pas manger un œuf, *sinon que* (seulement) j'ai dû vous supprimer (arrêter) le dîner hier soir.
15 Enlevez-*moi* une de ces pantoufles, *que je la tâte* (et laissez-moi la tâter). Venez ici.
16 Kay s'approcha *non sans* (plutôt méfiant) *méfiance*, ayant été attrapé de cette façon plus d'une fois.
17 Il ôta une pantoufle et la tendit *à* (pour) *l'*inspection.
18 *C'est bien* (juste comme) *ce que* je pensais, dit-elle. L'humidité a *complètement* (droit) traversé la doublure,
19 et c'est comme cela que vos bas s'usent.
20 D'une façon très *brusque* (précipitée), elle *lança un coup de pantoufle vers ses doigts* (elle tapa à ses jointures avec la pantoufle).
21 Il s'était attendu à un coup de la sorte, et tira vivement les mains de côté;
22 la pantoufle frappa les cuillers sur la table et les fit danser.

OOOOOOOOOOOOOOOOOOOOOOOOOOOOOOOOOOOO

(6) **I have half a mind to do it** : *J'ai presque envie de le faire.* — **I am in no mind to play** : *Je ne suis pas d'humeur à jouer.* — **Well, have you not made up your mind yet?** *Eh bien, ne vous êtes-vous pas encore décidé?* — **Never mind!** *Peu importe! Ce n'est rien!*

(7) **Gingerly** (djin'djërlè) : *précautionneusement, avec méfiance, n'est pas dérivé de* **ginger** (djin'djër) : *gingembre, qui nous donne* **ginger-beer** : *limonade au gingembre, et* **gingerbread** : *pain d'épices, et, familièrement, s'applique aux cheveux rouges.* — **Come here, ginger!** *Viens ici, Poil de carotte!*

(8) **The hawk** (hork) **pounced** (paou'nsst) **upon the sparrow** : *L'épervier fondit sur le moineau.* **My mother-in-law pounced upon me unexpectedly** : *Ma belle-mère me tomba sur le dos à l'improviste.*

(9) **To spank** : **to slap or smack, as with the open hand.**

(10) **You should put something aside** (ëçaïd') **for a rainy day** : *Vous devriez garder une poire pour la soif.* — **Let us stand aside and watch** : *Tenons-nous à l'écart et regardons.* — **Joking aside** (*or* **apart**) : *Plaisanterie (ou blague) à part.*

23 "Now, you **nau**ghty boy, put that sl**ipp**er on,
24 and you'll learn the wh**o**le of "pouvoir" bef**ore** you go out this m**or**ning.

25 What were you **mutt**ering **un**der your breath, Kay?"
26 "I was just w**on**dering if this was a duck egg or a hen egg."
27 "**U**se the subj**un**ctive and the g**en**itive*," she said.
28 "*Were* a duck's egg, not *was* a *duck* egg.
29 And it's a hen's egg. Ducks' eggs are a gr**ea**t d**ea**l **too** rich."
30 At **a**ny **oth**er t**i**me, Kay would have b**o**asted that it was a do**u**ble-yolker (**11**), but refr**ai**ned,
31 th**in**king that this would pr**o**bably l**ea**d to confisc**a**tion, as **too** much for a young st**om**ach*.
32 He **a**te* his egg, but his m**i**nd was int**e**nt (**12**) up**on** m**a**ny **oth**er things—

23 Allons, *garnement* (vous méchant garçon), mettez cette pantoufle,
24 et vous m'apprendrez tout *le verbe* « pouvoir » avant de sortir ce matin.
25 Qu'est-ce que vous marmonniez *en dessous* (sous votre souffle), Kay?
26 Je me demandais simplement (juste) si cet œuf était cane ou poule (si c'était un « œuf cane » ou un « œuf poule »).
27 Employez le subjonctif et le génitif, dit-elle.
28 "*Were*" un œuf *de* cane, et non pas *was* un œuf *cane*.
29 Et c'est un œuf de poule. Les œufs de cane sont beaucoup trop nourrissants (riches).
30 A n'importe quel autre *moment* (temps), Kay aurait *proclamé* (vanté) que c'était un *œuf* à double jaune, mais il *se retint* (refréna),
31 *en* pensant que ceci entraînerait (mènerait à) probablement la confiscation, comme *étant* trop pour un jeune estomac.
32 Il mangea son œuf, mais son esprit était *absorbé dans* (tendu sur) bien d'autres choses...

oooooooooooooooooooooooooooooooooooooooo

(11) The yolk (yôk) of an egg : *un jaune d'œuf*. — The white of an egg : *un blanc d'œuf*. — A yoke (yôk) : *un joug*. To remain under foreign yoke : *Rester sous le joug étranger*. — A yoke of oxen : *un attelage de bœufs*. (An ox, two oxen.)

(12) He was intent upon his work : *Il était absorbé dans son travail*. — I did it with good intent : *Je l'avais fait à bonne intention*. — To all intents and purposes, he is unfit for this job : *A tous égards, de toutes façons, il n'est pas fait pour ce travail*.

33 ... "Of all the dreamy boys," the governess said suddenly, "going off into daydreams.

34 It's my belief that you need a dose*. It's my belief you eat too much.

35 You'll put on your boots before you come to lessons,

36 and ask Ellen to dry those slippers in the oven*."

37 "Please can't I wear my slippers during lessons?"

38 "No— For one thing, they're not dry and you'll catch your death wearing them;

39 and, for another, you fidget* me distracted (13), by rubbing one slipper off and then the other,

40 just as though you were playing a game with them":

41 This was a cruel thrust (14), because Kay did play games with them.

42 When he had scraped off (15) a slipper, he could push it about with his toes,

43 and imagine it was a canoe* full of Redskins on the warpath, going down the rapids;

44 or a diving bell— bringing up treasure* from one of the ships of the Armada;

33 De tous les *petits* (garçons) rëvasseurs..., dit soudain la gouvernante, *le voilà qui rêve tout éveillé!* (partant en rêves de jour).
34 *Je crois bien* (C'est ma croyance) que vous avez besoin de *médecine* (d'une dose). Je crois bien que vous mangez trop.
35 Vous mettrez vos bottines avant de venir *en classe* (« à leçons).
36 et vous demanderez à Ellen de sécher ces pantoufles-là dans le four.
37 S'il vous plaît, ne puis-je porter mes pantoufles pendant *la classe* (leçons)?
38 Non... *En premier lieu* (Pour une chose), elles ne sont pas sèches et vous attraperez *la* (votre) mort en les portant,
39 et en *second lieu* (pour une autre), vous vous agitez à me faire perdre la tête (« m'agitez folle »), et *en déchaussant une* (enlevant une pantoufle en frottant), et puis l'autre,
40 juste comme si vous jouiez un jeu avec (elles).
41 C'était *là* une pointe cruelle, parce qu'*en effet* Kay (faisait) jouait avec (elles).
42 Quand il avait déchaussé une pantoufle, il pouvait la pousser çà et là avec ses orteils,
43 et imaginer que c'était un canot plein de Peaux-Rouges sur le sentier de la guerre, descendant les rapides;
44 ou une cloche de plongeur, remontant *des trésors* (*du* trésor) d'un des navires de l'Armada;

---

(13) To distract : *déranger, détourner, rendre fou* (to drive mad *or* crazy). He is completely distracted by all these troubles : *Tous ces ennuis lui ont complètement tourné la tête.* — She loved him to distraction : *Elle l'aimait à la folie.* — *Il est distrait :* he is absent-minded. — *Je m'efforcerai de le distraire :* I'll do my best to give him a good time.

(14) To thrust (*freusst'*) : *pousser violemment, fourrer, percer.* To make a thrust at somebody : *allonger un coup, porter une botte à quelqu'un.* — He thrust his opponent through : *Il traversa son adversaire de part en part.*

(15) To scrape : *râcler. nettoyer en grattant ou frottant.* To scrape off : *enlever en râclant ou frottant.* — He managed to scrape together a small capital : *Il réussit à amasser peu à peu un petit capital.* — A scrape : *un frottement, un embarras.* I got into no end of scrapes : *je m'attirai des embarras sans fin.*

24th LESSON

45 or great-grandpapa Harker's ship, the *Plunderer*, engaging seven French privateers*—

46 But the boots were laced-up things that gave no solace* (**16**).

47 There they were, and there you were.

(From *The Midnight Folk** (**17**), by John Masefield - W. Heineman Ltd., publishers.)

ooooooooooooooooooooooooooooooooooooooo

EXERCISE. — **1** Out of sight, out of mind (Prov.). — **2** Every cloud has a silver lining (Prov.). — **3** He was swearing under his breath. — **4** There is nothing to boast of (*or* about). — **5** We came here to have a good time. — **6** He thrust her aside and ran out of the room. — **7** Why do you seek to thrust (*or* poke) your nose into other folks' business? — **8** Idle folks have the least leisure (lèjër) (Prov.). — **9** He rescued (rèsskioud) her after diving three times. — **10** Excuse my intruding upon your privacy (privëcé). — **11** After three years of private (praïvét) lessons, he only speaks broken English.

45 ou le navire de l'arrière-grand-père Harker, le « Pillard », engageant *le combat avec* sept corsaires français...
46 Mais les bottines étaient des objets à lacets montants, qui ne donnaient aucun *adoucissement* (soulagement).
47 *Rien à faire avec!* (Là elles étaient et là vous étiez.)

(Extrait de *la Gent de Minuit*, de John MASEFIELD.)

OOOOOOOOOOOOOOOOOOOOOOOOOOOOOOOOOOOOOO

(16) Solace (soléce) : **comfort in grief; recreation.**

(17) Folk (fôk). *au singulier : le peuple, la gent.* **The German folk** : *le peuple allemand.* — *Au pluriel* (*plus usité*) : *les gens.* **Old folks** : *les vieilles gens.* **What will folks** (*or* **people**) **say?** *Qu'en dira le monde?* — **Folklore** : *le « folklore », les traditions et légendes populaires.*

A poke : *un sac, une poche.* **Don't buy a pig in a poke** : *N'achetez pas chat en poche.*

Ou aussi *une poussée*, de **to poke**, *pousser farfouiller, tâter.* **He is always poking fun at me** : *Il veut toujours se payer ma tête.*

A poker : *un tisonnier. Le nom du jeu de cartes* **poker** *est d'origine américaine.*

OOOOOOOOOOOOOOOOOOOOOOOOOOOOOOOOOOOOOO

1 Loin des yeux, loin du cœur (Prov.). — **2** Toute chose a son bon et son mauvais côté (Chaque nuage a sa doublure d'argent, Prov.). — **3** Il jurait en lui-même. — **4** Il n'y a pas de quoi se vanter. — **5** Nous sommes venus ici pour nous amuser. — **6** Il la repoussa et sortit de la chambre en courant. — **7** Pourquoi cherchez-vous à fourrer votre nez dans les affaires des autres? — **8** Personne n'est aussi occupé que ceux qui n'ont rien à faire (Les gens oisifs ont le moins de loisirs, Prov.). — **9** Il la sauva après avoir plongé trois fois. — **10** Excusez-moi de venir vous troubler dans votre intérieur. — **11** Après trois ans de leçons particulières, il ne fait que massacrer l'anglais (ne parle que de l'anglais « brisé »).

24th LESSON

Twenty-fifth (25th) Lesson

An ill-matched (1) pair of friends

1 *Scene* — Courtyard of the "Grand Hôtel du Lion de Belgique et d'Albion" at (2) Brussels.

2 It is just after table-d'hôte; *Podbury* and *Culchard* are sitting on a covered terrace, with coffee.

3 *Podbury* (producing a pipe). Not such a bad dinner! Expect they'll rook (3) us a lot for it, though.

4 Rather fun, seeing the waiters all troop in with a fresh course, when the proprietor rang his bell. Like a ballet at the Empire, eh?

5 *Culchard* (selecting a cigarette). I'm not in a position to say. I don't affect (4) those places of entertainment myself.

UNE PAIRE D'AMIS MAL ASSORTIS

1 Scène : Cour du grand Hôtel de Belgique et d'Albion, à Bruxelles.

2 C'est juste après *le dîner* de table d'hôte ; Podb. et Culch. *prennent le café sur une terrasse couverte* (sont assis sur une terrasse couverte, avec café).

3 Podb., *sortant* (produisant) une pipe : Pas si mauvais, *ce* dîner ! *Mais sans doute qu'ils vont nous écorcher pas mal* (*Je* m'attends, ils nous écorcheront un tas pour lui, quoique).

4 Plutôt rigolo, de voir les garçons *s'amener* en troupe, avec *chaque* (un nouveau) plat, quand le patron sonnait sa clochette. Comme un ballet à l'Empire, hein ?

5 Culch., choisissant une cigarette : Je ne suis pas *en situation* (en une position) de *le* dire. Je ne *fréquente* (affecte) pas ces lieux de plaisirs *pour mon compte* (moi-même).

ooooooooooooooooooooooooooooooooooooooo

(1) Ill-matched (màt'sht't) : ill-assorted. — She wore a tailor made, with a hat to match : *Elle portait un tailleur, avec un chapeau à l'avenant.* — She was more than a match for him : *Elle était trop forte pour lui.* — This soap is matchless for the complexion : *Ce savon est incomparable pour le teint.* — They are well matched together : *Ils vont bien ensemble.* — He made a love match : *Il fit un mariage d'amour.* — Who won the match ? *Qui a gagné le match ?*

(2) At *ou* In Brussels.

(3) To **rook** (rouk) : *filouter, « estamper ». Dans le cas présent, synonyme de* overcharge. A **rook** : 1) *un freux (genre de corbeau)* ; 2) *un filou, fripon* ; 3) *une tour (aux échecs), qui se dit aussi* a castle.

(4) To affect : *affecter ou préférer, affectionner. Fréquenter un lieu se dit :* to frequent (frikouè'nt') a place. — *Fréquenter des gens :* to associate (assôshiét') with people. — Frequent (*adjectif*) *se prononce* frîkouë'nt', *et* frequently : frîkouë'ntlé.

6 *Podb.* Oh! Where *do* you turn in (N. 4) when you want to kick up your heels a bit? Madame Tussaud's? (5).

7 I say, why on earth didn't you talk to that old Johnny next to you at dinner? He was trying all he knew (6) to be friendly.

8 *Culch.* Was he? I dare say. But I rather understood we came out with the idea of keeping out of all that.

9 *Podb.* Of course. *I'm* not keen about getting to know people.

10 He had no end of a pretty daughter, though. Mean to say you didn't spot (7) her?

11 *Culch.* If you mean by "spotting"— was I aware of the existence of a very exuberant young person,

12 with a most distressing American accent?— I can only say that she made her presence sufficiently evident.

6 Podb. : Oh! Où *donc* est-ce que vous *allez* (tournez dans) quand vous voulez *bambocher* (ruer des talons) un brin? Chez Mme Tussaud?

7 Dites donc, pourquoi *diable* (sur terre) n'avez-vous pas causé avec ce vieux *coco* (Jeannot) *qui était* près de vous à dîner. Il essayait *de toutes ses forces* (tout ce qu'il savait) d'être *aimable* (amical).

8 Culch. : *Vraiment?* (Etait-il?) *C'est bien possible* (j'ose dire). Mais j'avais *bien* (plutôt compris que nous étions *partis* (sortis) avec l'idée de nous tenir en dehors de tout cela.

9 Podb. : Bien sûr. *Ce n'est pas* moi *qui ai tellement envie* (suis vif à propos) de *faire des connaissances* (arriver à connaître des gens).

10 Il avait une fille infiniment jolie, pourtant. Vous voulez dire que vous ne l'avez pas repérée?

11 Culch. : Si par « repérer » vous voulez dire : *n'ai-je pas ignoré* (étais-je au courant de) l'existence d'une jeune personne très exubérante,

12 avec un accent américain des plus déplorables? — je ne puis dire qu'*une chose, c'est* qu'elle *se mettait* (faisait sa présence) suffisamment en évidence.

ooooooooooooooooooooooooooooooooooooooo

(5) Madame Tussaud's **waxworks** *est l'équivalent à Londres de notre Musée Grévin.*

(6) He was trying all he knew *ou* all he was worth.

(7) This is **indeed** a pleasant spot (*or* place) : *Cet endroit est vraiment agréable.* — You have got a spot on your face : *Vous avez une tache (ou un bouton) sur la figure.* — The **leopard's** (lèpërdz) spots : *les mouchetures du léopard.* — He died on the spot : *il mourut sur-le-champ.* — To spot : 1) *tacher souiller*; 2) repérer.

25th LESSON

13 I conf**ess** she did not **in**terest me to the point of sp**ec**ulating up**on** her rel**a**tionship to **a**nybody else.

14 *Podb.* Well, if you come to that, I don't know that I—still, she was unc**omm**only–

15 *(H**ap**pens to glance round, and l**o**wers his voice.)*

16 J**o**ve, **(8)** she's in the R**e**ading-room, just beh**i**nd us. *(Hums, with el**ab**orate c**a**relessness.)* La di deedle-l**um**pty—**loo**dle **oo**dle-**oo**dle-l**oo**—

17 *Culch (who det**es**ts h**um**ming.)* By the way, I wish you hadn't b**ee**n in such a h**ur**ry to come str**ai**ght on.

18 I part**ic**ularly wished to stop at Bruges, and see the Memlings.

19 *Podb.* I do l**i**ke that! For a f**el**low who m**ea**ns to k**ee**p out of p**eo**ple's way!

20 They'd have w**an**ted you to stay to lunch and d**in**ner, most l**i**kely.

21 *Culch. (r**ai**sing his e**y**ebrows.)* H**ar**dly, my d**ea**r f**el**low—they're p**ic**tures, as it h**ap**pens.

22 *Podb. (unab**ash**ed.)* **(9)** Oh, are they? **A**nyway, you've f**et**ched up your **av**erage h**e**re. Weren't there en**ough** in the Mus**e**um for you?

13 J'avoue qu'elle ne m'a pas intéressé au point que je *me creuse la tête* (spécule) sur sa parenté avec qui que ce soit (d'autre).

14 Podb. : Ma foi, si vous *allez par* (venez) là, je ne *dirai* (sais) pas que moi-*même*... toutefois, elle était remarquablement...

15 Il jette par hasard les yeux autour *de lui*, et baisse la la voix.

16 Fichtre ! elle est dans la salle de lecture, juste derrière nous. — *Il* fredonne, avec *une* insouciance *étudiée* (élaborée) : Tra la la la, traderidera.

17 Culch. (qui déteste *le* fredonnement) : A propos, j'aurais *bien* voulu que vous ne soyez pas (je souhaite que vous n'ayez pas été) si pressé de venir *tout* droit *ici*.

18 Je souhaitais particulièrement m'arrêter à Bruges, *pour* (et) voir les Memlings.

19 Podb. : Ça, ça me plaît ! Pour un type qui veut se tenir à l'écart des gens !

20 Ils auraient voulu que vous restiez à déjeuner et dîner, fort probablement.

21 Culch. (levant les sourcils) : *Peu probable* (A peine), mon cher *ami* (camarade), *car il se trouve que ce sont des tableaux* (ce sont *des* tableaux, comme il se trouve).

22 Podb. (*sans se déconcerter*) (non confus) : Oh ! *vraiment* (sont-ils) ? De toute façon, vous avez regagné (été chercher en haut) votre moyenne ici. Est-ce qu'il n'y en avait pas assez pour vous au Musée ?

oooooooooooooooooooooooooooooooooooooooo

(8) Jove! *pour* By Jove!

(9) A **bash**ful youth : *un timide jouvenceau.* I was **rather** ab**ash**ed : *je fus plutôt confus.* — To bash *a un sens tout différent : cogner fort, écrabouiller.* — He got his hat **bash**ed **in** : *il eut son chapeau aplati sur la tête.*

25th LESSON

23 *Culch. (pityingly.)* You surely can't call the collection here exactly representative of the best period of Flemish Art?

24 *Podb.* If you ask me, I should call it a simply footling show—but you were long enough over it.

25 *(Culch. shudders slightly, and presently pats* **(10)** *his pockets.)*

26 *Podb.* What's up now? Nothing gone wrong with the works **(11)**, eh?

27 *Culch.* (*with dignity*). No—I was merely feeling for my note-book. I had a sudden idea for a sonnet, that's all.

28 *Podb.* Ah, you shouldn't have touched those mussels they gave us with the sole.

29 Have a nip of this cognac, and you'll soon be all right **(12)**.

(From *The Travelling Companions*, by F. Anstey - Tauchnitz Edition.)

Sing a song of *sixpence*

(A nursery-rhyme)

30 Sing a song of sixpence,
A pocket full of rye,
31 Four and twenty **(13)** blackbirds
Baked in a pie;
32 When the pie was open'd
The birds began to sing.
33 Wasn't that a dainty dish
To set before a king?

23 Culch (avec pitié) : *Allons donc! vous ne prétendez pas que* (Vous ne pouvez sûrement appeler) la collection *d*'ici *soit* exactement représentative de la meilleure période de l'art flamand?

24 Podb. : Si vous *voulez mon avis* (me demandez), j'estime que c'est (je l'appellerais) une exhibition simplement minable, mais vous *lui avez consacré assez de temps* (avez été assez long au-dessus).

25 Culch. frémit légèrement, et bientôt se tapota les poches.

26 Podb. : Qu'est-ce que c'est (en haut) maintenant? *Pas de détraquement dans* (rien *d*'allé de travers avec) le mécanisme, hein?

27 Culch (avec dignité) : Non; je tâtais simplement pour *trouver* mon carnet. J'ai eu une idée soudaine pour un sonnet, voilà tout.

28 Podb. : Ah, vous n'auriez pas dû toucher *à* ces moules qu'on nous a données avec la sole.

29 Prenez un *petit coup* (pincée) de ce cognac, et vous serez bientôt remis.

(Extrait de *les Compagnons de Voyage*, de F. ANSTEY - Collection Tauchnitz.)

CHANTONS UNE CHANSON DE QUAT'SOUS

(Chantez une chanson de six pence) (chanson enfantine)

30 Chantons une chanson de quat'sous. Une poche pleine de seigle,

31 Vingt-quatre merles, Cuits *au four* dans un pâté;

32 Quand on ouvrit le pâté, Les oiseaux se mirent à chanter,

33 N'était-ce pas là un mets exquis, A *servir* (mettre devant) à un roi?

OOOOOOOOOOOOOOOOOOOOOOOOOOOOOOOOOOOOOO

(10) To pat : *tapoter, flatter de la main.* Don't pat yourself on the back too soon : *Ne vous félicitez pas trop tôt.* — He gave me a pat on the shoulder : *Il me donna une légère tape sur l'épaule.* — Please, give me another pat of butter : *S.v.p. donnez-moi encore une coquille de beurre.*

(11) The works (*pluriel*) : *les rouages,* et aussi *la fabrication, l'usine.*

(12) To nip : *saisir, couper comme avec des pinces.* To nip in the bud : *tuer en bouton, en germe, tuer dans l'œuf.* — A pair of nippers : *une paire de petites pinces.* A nipper : *un gamin, gosse.*

(13) Four and twenty *ou* Twenty-four. — She is five and twenty : she is twenty-five : *Elle a vingt-cinq ans.*

25th LESSON

34 The King was in his counting house,
A counting out his money,
35 The Queen was in the parlour **(14)**,
Eating bread and honey.
36 The maid was in the garden,
A hanging out the clothes,
37 Up there came a blackbird
And snipped off her nose.

25 D

EXERCISE. — **1** At that little place, they give you a jolly fine five-course dinner for half a crown. — **2** It is our usual course with bad customers. — **3** I shall send you a P. O. (postal order) in due (dioû) course. — **4** The last I saw of him, he looked rather down at heels. — **5** She is so freckled that I thought at first her face was spotted. — **6** Luckily for him, he is not aware of what is in store for him. — **7** I am fully aware of my ignorance (igh'norë'nss). — **8** It is a most distressing case. — **9** On an average (avërèdj'), I do half an hour's English daily. — **10** These rosebuds are expensive : they average one shilling apiece. — **11** I had just left the works when the accident happened. — **12** What about a spot of brandy before we turn in? — **13** You are no match for him.

34 Le Roi était dans son comptoir. A recompter son argent,
35 La Reine était dans la salle. A manger du pain et du miel.
36 La bonne était au jardin, A suspendre les habits,
37 Survint un merle, Et lui coupa le *bout du* nez.

OOOOOOOOOOOOOOOOOOOOOOOOOOOOOOOOOOOOOOOOO

(14) The **parlour** : the **sitting-room** : the **living-room** : *la « salle », moins prétentieux que* **drawing-room** : *le salon.* The **parlour** *est aussi le parloir.*

A **footling** show : a **rotten** show. Footling *est un provincialisme, du nord de l'Angleterre.*

I **dare** say *est très usité dans le sens de :* Je le suppose bien, c'est probable. — *Mais* I **dare** not say *ou* I do not **dare** to say *est toujours :* je n'ose pas dire.

To **dare** *peut se passer de l'auxiliaire* do. — **How** dare you? *est plus usuel que* **How** do you dare?

OOOOOOOOOOOOOOOOOOOOOOOOOOOOOOOOOOOOOOOOO

1 Dans cette petite boîte, on vous donne un dîner de cinq plats épatant pour 2 sh. et 6 d. — **2** C'est notre façon de faire habituelle avec les mauvais clients. — **3** Je vous enverrai un mandat-poste en temps voulu. — **4** La dernière *fois* que je l'ai vu, il avait l'air plutôt dans la « dèche ». — **5** Elle a tellement de taches de rousseurs que je croyais d'abord qu'elle avait des boutons. — **6** Heureusement pour lui, il ignore ce qui l'attend. — **7** J'ai pleinement conscience de mon ignorance. — **8** C'est un cas tout à fait lamentable. — **9** En moyenne, je fais une demi-heure d'anglais par jour. — **10** Ces boutons de rose sont chers : ils coûtent un shilling, l'un dans l'autre. — **11** Je venais de quitter l'usine quand l'accident est arrivé. — **12** Que diriez-vous d'un petit coup de cognac, avant d'aller nous coucher? — **13** Vous n'êtes pas de taille avec lui.

25th LESSON

Twenty-sixth (26th) Lesson

The Bishop's champagne

1 The Bishop made a beautiful figure at the breakfast table.

2 He wore a mauve cassock of watered silk (1) and a pectoral cross, and looked well in them—

3 On this particular morning, which was a Friday, the Bishop was eating his toast with margarine*, instead of butter.

4 That was a denial (2) of the flesh which he always practised on that day in memory of the pains (3) of his Redeemer (4);

PRONUNCIATION. — Margarine : mârguerine *ou* mârdjërine. — champagne : sha'mpé'e'n. — brow : braou. — conscience : co'n'she'ns'. — purged : peurd'jd'.

LE CHAMPAGNE DE L'ÉVÊQUE

1 L'évêque faisait (une) belle figure à la table du petit déjeuner.

2 Il portait une soutane mauve, *en* (de) soie moirée, et une croix pectorale, et il avait bonne mine *avec* (dedans).

3 Ce matin-*là* (particulier) qui était un vendredi, l'évêque mangeait sa rôtie avec de la margarine au lieu de beurre.

4 C'était un renoncement de la chair qu'il pratiquait toujours ce jour-là, en mémoire des *souffrances* (peines) de son Rédempteur ;

oooooooooooooooooooooooooooooooooooo

(1) To **water** : 1) *arroser, abreuver*; 2) *moirer*. Did you water the violets (the horses)? *Avez-vous arrosé les violettes (abreuvé les chevaux)?* — My mouth waters at the mere thought of it : *L'eau m'en vient à la bouche, rien que d'y penser.* — The water-mark design in these banknotes is beautiful : *Le dessin en filigrane de ces billets de banque est beau.*

(2) To **deny** (dinaï) : *nier, dénier, démentir; renier; refuser, renoncer à.* — I deny it altogether : *je le nie absolument.* — She denied having done it : *elle se défendit de l'avoir fait.* — I do not deny it : *je n'en disconviens pas.* Would you deny your God? *Renieriez-vous votre Dieu?* — Do not deny his request : *Ne refusez pas sa demande.* — He denies himself every luxury (leuk'shëré) : *Il se refuse tout luxe.*

(3) Pain, *correspond plus souvent à* douleur, souffrance, *qu'à* peine. — Where do you feel pain? *Où avez-vous mal, d'où souffrez-vous?* I am in pain all over : *j'ai mal partout.* — *Mais :* I had a lot of trouble finding you : *J'ai eu beaucoup de peine à vous trouver.* — English without toil : *L'anglais sans peine.* — The operation was quite painless : *L'opération a été absolument sans douleur.*

(4) To **redeem** (ridîm'), *du français* rédimer : *racheter, délivrer, dégager.* — My watch is in pawn (or pawned), and I see no chance of redeeming it : *Ma montre est au mont-de-piété, et je ne vois aucune chance de la dégager.*

5 also throughout (5) Lent. It did him good; he started the day well with it.

6 He was now opening that part of his correspondence of which his secretary had made an early delivery.

7 And as he opened and scanned the first, he exclaimed to his wife in a delicately hurt tone:

8 "Really, this is too much! Here I get an advertisement of wines, including champagne*, marked "Private, personal, and urgent",

9 and this when my temperance principles are known to everyone.

10 I call it a gross impertinence."

11 "Perhaps", said his wife, "it is a practical joke. There are people whom such things amuse."

12 "There are", replied the Bishop. "Yes, I think you are right.

13 "Take a little wine for your stomach's sake" (6) has, I see, been written across the first page.

14 The usual jibe, though everyone knows that it was only non-alcoholic wine which St. Paul was recommending;

5 aussi, pendant tout le Carême. Cela lui faisait *du bien* (bon); il commençait bien la journée *ainsi* (avec cela).

6 Il était maintenant *en train* d'ouvrir cette partie de sa correspondance dont son secrétaire avait fait une distribution matinale.

7 Et comme il ouvrait et *examinait* (scrutait) le premier *pli*, il s'exclama, *s'adressant* à sa femme, d'un ton délicatement *froissé* (blessé) :

8 Vraiment ! C'*en* est trop ! *Voici que* (Ici) je reçois une réclame de vins, *y compris* (inclus) *du* champagne, marquée : « Privé, personnel et urgent »,

9 et ceci quand tout le monde connaît mes principes *de* tempérance.

10 *Pour moi, c'est* (J'appelle cela) une grossière impertinence.

11 Peut-être, dit sa femme, *est-ce* (c'est) une mauvaise farce. Il y a des gens *qui s'amusent de choses pareilles* (que de p. ch. amusent).

12 Il y en a, dit l'évêque. Oui, je crois que vous avez raison.

13 « Prenez un peu de vin pour l'*amour* de votre estomac », *a-t-on* (a été) écrit, *à ce que* je vois, en travers de la première page.

14 La moquerie habituelle... pourtant chacun sait que c'était seulement du vin non alcoolisé que saint Paul recommandait ;

oooooooooooooooooooooooooooooooooooooooo

(5) Throughout (frouaout') : *d'un bout à l'autre*, ou *partout* (all over). — He keeps loitering throughout the year : *Il ne fait que flâner d'un bout de l'année à l'autre.* — I felt a pain throughout my body : *Je sentis une douleur par tout le corps.*

(6) For God's sake : *pour l'amour de Dieu.* I did it for your sake : *je l'ai fait à cause de vous, par égard pour vous.* For form's sake : *pour la forme.*

26th LESSON

15 and anyway it was only medicinal." He continued opening his letters—

16 Presently she saw his brow* pucker (7). "Now this," he said, "puts me rather in a difficulty.

17 I do not quite know what I ought to do. I have never done it before."

18 "Done what?"
"They are going to launch the first of a new type of armoured cruiser, the *Cormorant*, it is called;

19 and being a new type, it is considered an important event. Royalty is coming to it.

20 I am asked to be there officially to say the commendatory prayer."

21 "Have you any objection?" inquired his wife, a little puzzled (8).

22 "No, no, none at all! Of course not. Except for one thing.

15 et de toute façon, c'était seulement *du vin* médicinal. Il continua d'ouvrir ses lettres...

16 Tout de suite, elle *le* vit plisser *le* (son) front. — *Allons, dit-il, voilà qui* (Maintenant, ceci, dit-il), me met plutôt dans *l'embarras* (une difficulté).

17 Je ne sais pas *bien* (tout à fait) ce que je devrais faire. Jamais je ne l'ai *encore* fait (avant).

18 Fait quoi? — On va lancer le premier d'un nouveau type de croiseur-cuirassé, le *Cormoran*, l'appelle-t-on;

19 et, *comme c'est* (étant) un nouveau type, c'est considéré *comme* un événement important. Une *altesse royale* (Royauté) y vient.

20 On me demande d'y être officiellement, pour dire l'oraison recommandatoire.

21 Avez-vous quelque objection? s'enquit sa femme, un peu intriguée.

22 Non, non, point du tout! Bien sûr *que* non. *Sauf* (excepté) pour une *seule* chose.

OOOOOOOOOOOOOOOOOOOOOOOOOOOOOOOOOOOOOO

(7) He **puckered** his **brow** : he **knit** his **brow** : he **frowned.**

(8) To **puzzle** (**peuzz'l**) : *embarrasser, embrouiller, intriguer.* A **puzzle** : *un jeu de patience, un casse-tête.* — Don't **puzzle** your brain ab**out** it : *Ne vous cassez pas la tête pour cela.* I was **puzzled** by her **unusual silence** : *J'étais intrigué de son silence inaccoutumé.*

23 For the naming at the moment of launching, champagne is used.

24 I do not know whether I ought to countenance **(9)** that."
"Champagne?"

25 "Yes, a bottle of champagne is broken against the ship as it is launched—a form of christening **(10)**;

26 and I believe that just as that is done, or just before, I shall have to say 'In the name of the Father', etc.

27 To say *that* over a bottle of champagne puts me in a difficulty."

28 "Why not ask for ginger-beer?" suggested his wife.

29 "Ginger-beer is hardly dignified enough, I am afraid", said the Bishop.

30 "Nobody need know."

31 "No; but I can hardly demean **(11)** myself by asking for ginger-beer as a substitute.

23 Pour le *baptême* (« nommage ») au moment du lancement, on se sert de champagne.

24 Je ne sais pas si je devrais *me prêter à* (« contenancer ») cela. — *Du* champagne?

25 Oui, on brise une bouteille de champagne contre le bateau *quand* (comme) on le lance — une forme de baptême;

26 et je crois que juste *au moment où* (comme) on *le fera* fait), ou juste avant, j'aurai à dire : « Au nom du Père », etc.

27 Cela, le dire *pour* (au-dessus d') une bouteille de champagne, *ça* me met dans *l'embarras* (une difficulté).

28 Pourquoi ne pas demander de la limonade (au gingembre)? suggéra sa femme.

29 La limonade (au gingembre) *manquerait un peu de dignité* (est à peine assez « dignifiée), je *le* crains, dit l'évêque.

30 Personne n'a besoin de savoir.

31 Non; mais je ne puis guère *m'abaisser* (me « démener ») *à demander* (par demandant) de la limonade au (gingembre) *en remplacement* (comme « substitut »).

oooooooooooooooooooooooooooooooooooooo

(9) I **cannot countenance** (**caoun'tënë'ns**) **such things** : *Je ne puis me prêter à (approuver) de telles choses.* — **She stared him out of countenance** : *Elle le dévisagea si bien qu'il perdit contenance.* — **I could hardly keep my countenance,** *or* **my face straight** : *j'eus de la peine à garder mon sérieux.*

(10) **Christ** (**kraïsst**) : *le Christ.* **Christian** (**krisstië'n**) : *chrétien*; **to christen** (**kriss'n**) : *baptiser* (**to baptize**); **christening** (**kriss'ni'ngn'**) : *baptême* (**baptism** [**baptiz'm**]). — **Christendom** (**kriss'ndöm**) : *la Chrétienté*; **Christianity** (**krisstianiti**) : *le christianisme.*

(11) **To demean one's self** (*du français* **se démener**) : *se comporter, en est venu, par analogie avec l'adjectif* **mean** (*vil, mesquin*) *à signifier* **s'abaisser, s'avilir.** *Cependant, le nom* **demeanour** (**dimînër**) *reste synonyme de* **behaviour, deportment.**

32 Sp**ar**kling Apollin**a**ris would s**ou**nd be**t**ter.

33 It must, of course, be a sp**ar**kling b**e**verage, bec**au**se it has to burst.

34 **Oth**erwise p**eo**ple would f**i**nd out **(12)** ; put it **in**to a champ**a**gne-bottle if they like."

35 "But in that c**a**se", said his w**i**fe, "**every**-body will think it is champ**a**gne, which is the **very** thing you obj**ect** to."

36 "But that **need** not conc**er**n **(13)** me", said the Bi**sh**op.

37 "I mustn't m**i**nd b**e**ing thought ill of, if I have done the r**igh**t thing.

38 Yes, I think I‚ must m**a**ke sp**ar**kling Apollin-**a**ris a condi**tion**."

32 De l'eau d'Appollinaris pétillante *ferait* (sonnerait) mieux *à l'oreille.*

33 Il faut naturellement, que ce soit un breuvage pétillant, parce qu'il doit éclater.

34 Autrement, les gens s'apercevraient (trouveraient « hors ») ; *qu'ils* le mettent dans une bouteille à champagne, s'ils veulent.

35 Mais en ce cas-là, dit sa femme, tout le monde pensera que c'est du champagne, ce qui est la chose même à laquelle vous *avez à redire* (objectez).

36 Mais *je n'ai* (cela n'a) pas besoin de m'*en* inquiéter, dit l'évêque.

37 Cela ne doit rien me faire qu'on pense *du* mal de *moi*, si j'ai *bien agi* (fait la chose juste).

38 *Mais* oui (Oui, je pense), il faut que je fasse *de* l'Apollinaris pétillante une condition.

(12) Have you found out my secret? *Avez-vous découvert mon secret?* — I cannot find out the way to do it : *Je ne puis découvrir la façon de le faire.* — *Mais :* I cannot find a way out : *je ne puis arriver à sortir.*

(13) Why should you concern yourself about it? *Pourquoi vous en inquiéteriez-vous?* — As far as I am concerned... *Quant à moi* (As for myself). — He was quite unconcerned : *Il était tout à fait insouciant.*

39 He did so, and, with his conscience* thus purged*, he gave the necessary benediction to the *Cormorant*,

40 as by the hand of Royalty, and with the blessing of Holy Mother Church,

41 she went forth on her career of death and destruction,

42 in the name of the Father, and of the Son, and of the Holy Ghost. **Amen.**

(From *A Clean Conscience*, by Laurence Housman, in *The New Statesman and Nation.*)

EXERCISE. — **1** That midwife is a gossip of the first water. — **2** You'll see her on the stage, in flesh and blood. — **3** Take this to start with; later you'll come for more. — **4** Letters are delivered three times a day; and collected twice. — **5** This jig-saw puzzle is giving me a lot of trouble; I believe there are pieces missing. — **6** This wine has been watered; did you think I would not find it out? — **7** I could not find the way out of the museum. — **8** He tried to pass himself off for an influent visitor, but he was soon found out. — **9** He doesn't mind being laughed at, as long as he gets his money. — **10** I am blessed (blèsst) if I know what she sees in him.

39 *C'est ce qu'il* fit (Il fit ainsi), et, *la* (avec sa conscience ainsi *débarrassée* (purgée), il donna la bénédiction nécessaire au « Cormoran »,

40 *lorsque* (comme) par la main d'une altesse royale, et avec *les prières* (le « bénissement ») de *Notre* Sainte Mère *l'*Eglise,

41 *il* (elle) partit *pour* (sur) sa carrière de mort et de destruction,

42 au nom du Père, du Fils et du Saint-Esprit, Amen.

(Extrait de *Une Conscience nette* (propre), de Laurence HOUSMAN.)

The New Statesman and Nation **is a week-end review** price 6 d.

oooooooooooooooooooooooooooooooooooooo

He was **slovenly** (slöv'nlé) **dressed** : *Il était habillé malproprement.* — **Slovenliness** : *négligence, malpropreté.*

A **sloven**, *un homme négligent et malpropre, est assez peu usité, mais il faut connaître le féminin :* a slut : *une souillon.*

Plymouth *se dit* plimöf *et non* "plaïmaouf" ; *la terminaison* shire (*comté*), *dans* **Yorkshire**, **Derbyshire** (dârbeshir), etc., *se prononce à mi-chemin entre* shir *et* shër, *et non pas* "shaïr".

Edinburgh : **è**di'nbeurë; **Birmingham** : be**u**rmign'ëm; **Leicester** : lèsstër.

Portsmouth : portssmö*f*; **Canterbury** : ca'ntërbèré.

Et **London** : lë'nd'n.

oooooooooooooooooooooooooooooooooooooo

1 Cette sage-femme est une cancanière de la plus belle eau. — **2** Vous la verrez sur la scène, en chair et en os. — **3** Prenez ceci pour commencer; vous reviendrez en chercher d'autres plus tard. — **4** Le courrier est distribué trois fois par jour, et levé deux fois. — **5** Ce jeu de patience me donne beaucoup de peine; je crois qu'il y manque des morceaux. — **6** Ce vin a été coupé ; pensiez-vous que je ne m'en apercevrais pas? — **7** Je ne pouvais trouver la sortie du musée. — **8** Il essaya de se faire passer pour un étranger (visiteur) cossu, mais il fut bientôt démasqué. — **9** Ça lui est égal qu'on rie de lui, tant qu'il reçoit son argent. — **10** Du diable (Je suis béni) si je sais ce qu'elle voit en lui.

26th LESSON

Twenty-seventh (27th) Lesson

Thanks very much (1)!

1 "What's the puzzle today?" asked Johnson, seizing my paper and opening it up (2) eagerly.

2 Johnson is like that.

3 Anyone who succeeds in travelling to town (3) intact in the company of Johnson, has every reason to be proud of the achievement*.

4 "Ah—here we are!" he continued, folding back the page.

5 " A farmer has thirty-seven sheep, twenty-four cows, and fifteen pigs— Got a pencil?"

6 And he held out his hand without raising his eyes from the sheet.

7 I handed him my pencil. "Thanks!" he murmured*, absently (4).

PRONUNCIATION. — Achievement : ëtchîv'm'nt. — murmured : meurmeurd'. — margin : mârdji'n. — pioneer : païonîër. — Australia : orstrélië. — television : tèlévij'n. — aeroplane : é'eropléne.

MERCI BEAUCOUP

1 Quel est le *problème* (casse-tête) aujourd'hui? demanda Johnson, en *se* saisissant *de* mon journal et *en* le dépliant avidement.

2 Johnson est comme ça.

3 Quelqu'un qui réussit à *aller* (voyager) jusqu'à *Londres* (ville) intact, *en* (dans la) compagnie de Johnson, a tout lieu (toute raison) d'être fier de l'exploit.

4 Ah! nous y voici! continua-t-il, en repliant la page.

5 Un fermier à 37 moutons, 24 vaches et 15 cochons... Avez-*vous* un crayon?

6 Et il allongea la main sans lever les yeux de la feuille.

7 Je lui remis mon crayon. Merci! murmura-t-il, distraitement.

OOOOOOOOOOOOOOOOOOOOOOOOOOOOOOOOOOOOOOOOO

(1) **Many thanks!** *ou* Thanks **very** much!

(2) To **open up** *a un sens plus fort que* to **open.** *Il s'emploie généralement dans le sens d'inaugurer :* The new bridge was **opened** up to **traffic** : *Le nouveau pont fut livré à la circulation.* — To **open out** : *s'épanouir.*

(3) To go up to **town** *ou* to travel to **town** : *aller à la capitale, à Londres.*

(4) **Ab**sently : **ab**sent-mindedly. — Haven't you **absen**ces of mind **some**times? *N'avez-vous pas parfois des absences d'esprit?*

27th LESSON

8 "Let me see now— thirty-seven sheep, twenty-four cows, and fifteen pigs—

9 which he divides among his three sons.

THE NEW BRIDGE WAS OPENED UP TO TRAFFIC...

10 The eldest gets— Here—I must have a pipe on (5) for this!"

11 He began to load up, still keeping his eyes glued to the paper.

12 "Thirty - seven sheep", he muttered, feeling in his pockets, "twenty-four cows, and— Dash it! Got a match?"

13 He shook an empty box as he spoke, and I passed him my own.

14 "Well now", he went on, jotting (6) figures in the margin*,

15 "the eldest son gets twice as many sheep as the youngest and thirteen more than the second son.

16 The eldest son and the second son have an equal number of cows, and the youngest—

8 Voyons, maintenant... 37 moutons, 24 vaches et 15 cochons...

9 qu'il divise entre ses trois fils.

10 L'aîné reçoit... *Mais* (ici), il faut que je *fume* (aie) une pipe (sur) pour ceci !

11 Il se mit à bourrer *sa pipe,* gardant *toujours* (encore) les yeux collés au journal.

12 Trente-sept moutons, murmura-t-il, tâtant dans ses poches, vingt-quatre vaches et... Zut ! Avez-*vous* une allumette ?

13 Il secoua une boîte vide *tout en parlant* (comme il parlait), et je lui passai la mienne (propre).

14 *Voyons* (Bien maintenant) continua-t-il, marquant des chiffres dans la marge,

15 le fils aîné reçoit deux fois *plus* (autant) de moutons que le plus jeune, et treize *de* plus que le second fils.

16 Le fils aîné et le second fils ont un nombre égal de vaches, et le plus jeune...

oooooooooooooooooooooooooooooooooooooo

(5) I must have a pipe **on** : have a pipe **alight,** *ou* **going.**

(6) To **jot** *ou* **jot down** : *marquer, consigner.* He hastily **jotted down** what the barrister had said : *Il nota hâtivement ce qu'avait dit l'avocat.* — A jot : *un iota.* I am not one jot the wiser for that : *Je n'en suis pas plus avancé pour cela.*

17 Curse it! Got a knife?". I handed him my penknife.

18 "Bit blunt (7), old man!" he pointed out, as he began to sharpen the pencil.

19 He finished sharpening the pencil, returned the knife,

20 and proceeded to settle down once more to the problem.

21 "Let me see, now", he said, taking up the paper again, "how far have we got—"

22 "Waterloo!" (8) I replied. And, taking his hat from the rack, I jammed (9) it well down over his eyes.

(F. A. J. Godfrey, in *The Passing Show.*)

The "Magic Eye"

23 Mr. John L. Baird, the television pioneer* left London yesterday for Australia*,

24 where he is to continue experiments with a television* set for use in bombing aeroplanes*.

25 He is travelling overland to Marseilles to join the P. and O. liner *Strathaird*.

17 Maudit *soit* !... Avez-vous un couteau? Je lui passai mon canif.

18 *Il ne coupe guère* (*Un* peu émoussé), mon vieux! fit-il remarquer, *en se mettant* (comme il commençait) à aiguiser le crayon.

19 Il finit d'aiguiser le crayon, *me* rendit le couteau,

20 et *se mit en devoir de* (procéda à) s'appliquer *de nouveau* (une fois de plus) au problème.

21 *Voyons* (que je voie) maintenant, dit-il, reprenant le journal, *où nous en sommes* (combien loin nous sommes arrivés)...

22 *A* Waterloo! répliquai-je. Et, prenant son chapeau *dans le* (du) filet, je lui enfonçai bien *sur le nez* (par-dessus les yeux).

(F. A. J. GODFREY, dans *le Spectacle qui passe.*)

L'ŒIL MAGIQUE

23 M. John L. Baird, le pionnier de la télévision, a quitté Londres hier pour l'Australie,

24 où il doit poursuivre *ses* expériences sur un appareil de télévision *destiné aux* (pour emploi dans) avions de bombardement.

25 Il voyage par voie de terre jusqu'à Marseille, pour *re*joindre le paquebot *Strath.* de la Cie Péninsulaire et Orientale.

oooooooooooooooooooooooooooooooooooooo

(7) Blunt : *le contraire de sharp.* — Isn't he rather blunt? *N'est-il pas plutôt obtus?* — I let them hear a few blunt truths : *Je leur fis entendre quelques dures vérités.* (I gave them a piece of my mind).

(8) Waterloo Station : *gare de Londres, commémorant la bataille, comme à Paris la gare d'Austerlitz.*

(9) Jam, *en dehors de confitures, signifie pression, embarras.* A traffic-jam : *un embouteillage.* — I got jammed up in the crowd : *je fus pris et serré dans la foule.*

26 On the voyage Mr. Baird will carry out tests with a "magic eye", designed to enable a ship's pilot to see through fog.

27 "I have already carried out experiments in an aeroplane at Crystal Palace with my television set for use in bombing aircraft", **(N.5)**

28 he said while waiting for his train at Victoria.

29 "The set, which can be comfortably carried in the cockpit of a 'plane,

30 enables the crew of a bomber to see on a ground-glass screen a town from 50 to 100 miles away.

31 The invention can be used for reconnaissance work, and will be invaluable to scouting 'planes,

32 enabling them to ascertain the position of troops who are deployed **(10)**.

33 The "magic eye" will enable a ship's pilot to see through fog for a distance of 30 miles.

34 The voyage will give me the opportunity of making practical demonstrations."

(From *The Daily Telegraph.*)

26 *Pendant* (Sur) la traversée, M. B. effectuera des essais avec un « œil magique » destiné à permettre au pilote d'un navire de voir à travers *le* brouillard.

27 J'ai déjà effectué des expériences *en* (en un) avion *au* (à) Crystal Pal. avec mon appareil de télévision pour (emploi dans) avions de bombardement.

28 *nous* dit-il, en attendant son train à *la gare de* Victoria.

29 L'appareil, qui peut aisément *se porter* (être porté) dans la carlingue d'un avion,

30 permet à l'équipage d'un « bombardier » de voir sur un écran de verre dépoli une ville éloignée de 50 à 100 milles.

31 L'invention peut *servir* (être employée) pour le travail de reconnaissance, et sera *de valeur* inestimable pour les avions-éclaireurs,

32 leur permettant de déterminer la position de troupes (qui sont) déployées.

33 L' « œil magique » permettra au pilote d'un navire de voir à travers le brouillard *à 30 milles de distance* (pour une distance de 30 m.).

34 La traversée me donnera l'occasion d'*en* faire des démonstrations pratiques.

(Extrait de *le Télégraphe journalier.*)

OOOOOOOOOOOOOOOOOOOOOOOOOOOOOOOOOOOOOOOOOOO

(10) To deploy (diploï) : military term meaning to extend in a line, to open out, to display. — *Déployer un drapeau, des voiles :* To unfurl a flag, sails. — *Un grand déploiement de force :* A great display of strength.

27th LESSON

A-hunting (11) we will go

35 The wife around her husband throws
Her arms, and begs him stay;

36 "My dear, it rains, it hails **(12)**, it snows,
You will not hunt today."

37 But a-hunting we will go,
A-hunting we will go.

EXERCISE. — **1** Having no corkscrew to open the bottle, he broke its neck against the mantelpiece. — **2** You are quite right, he has good reason to complain. — **3** Well, young fellow, is your hat glued on? — **4** I believe the cheque he received ran up to four figures. — I should have given him twice as much. — **5** What a figure she is in that dress! — **6** My thumb got jammed between the door and the door-post. — **7** Between you and myself and the door-post, I'll tell you this... — **8** I had a strange experience while making experiments with a kite. — **9** This sum ought to enable you to tide over the end of the month. — **10** Time and tide wait for no man (Prov.).

NOUS IRONS A LA CHASSE

35 L'épouse jette les bras autour de son mari et le prie de rester.

36 Mon chéri, il pleut, il grêle, il neige, tu ne chasseras pas aujourd'hui.

37 Mais nous irons à la chasse, à la chasse nous irons.

OOOOOOOOOOOOOOOOOOOOOOOOOOOOOOOOOOOOOO

(11) To hunt *est chasser à courre, à cheval. — Aller à la chasse (au fusil) est* to go shooting. *Un chasseur se dit :* a sportsman, *faute d'expression particulière.*

(12) To hail (hée'l) : 1) grêler; 2) *saluer* (allemand heil), héler. — To be within hail, out of hail : *Etre à portée, hors de portée de la voix.* To hail a ship : *héler un navire.* — They are hail-fellow well met : *Ils ne se gênent pas l'un pour l'autre, ils ne font pas de manières.*

One mile equals 1,760 yards, or 5,280 feet, or 1,609.31 metres.

The Passing Show in an illustrated weekly.

OOOOOOOOOOOOOOOOOOOOOOOOOOOOOOOOOOOOOO

1 N'ayant pas de tire-bouchon pour déboucher la bouteille, il en cassa le goulot contre la cheminée. — **2** Vous avez parfaitement raison, il a bien lieu de se plaindre. — **3** Eh bien, jeune homme, votre chapeau est-il vissé? — **4** Je crois que le chèque qu'il reçut allait jusqu'à quatre chiffres (dépassait le mille). — Je lui aurais donné le double. — **5** Comme elle est fagotée dans cette robe! — **6** J'eus le pouce pris dans la porte (entre la porte et le montant). — **7** Entre « quatre-z-yeux », je vais vous dire ceci. — **8** J'ai eu une drôle d'aventure en faisant des essais (expériences) avec un cerf-volant. — **9** Cette somme devrait vous permettre de doubler le cap de fin de mois. — **10** Le temps et la marée n'attendent personne (Prov.).

27th LESSON

Twenty-eighth (28th) Lesson

REVISION AND NOTES

1. To snort, to sniff, to snuff, to snuffle, to snore, to snooze, to sneeze, to snivel, to snarl, to sneer, *sont des verbes plus ou moins parents du mot* snout (snaout'), *museau, groin (allemand* Schnauze).

To snort *est renâcler, ou s'ébrouer (comme un cheval par les naseaux)*. The little train came out of the tunnel, puffing and snorting : *Le petit train sortit du tunnel soufflant et renâclant.*

28 A

To sniff : *renifler, aspirer par les narines, exprime aussi le mépris.* — I'll take a sniff of fresh air : *Je vais prendre une bouffée d'air frais.* — He sniffed (*or* turned up his nose) at the proposal : *il a fait fi de la proposition.*

To snuff *est également aspirer par les narines, mais, plus particulièrement du tabac à priser; il signifie aussi moucher une chandelle.* — Do you take snuff? *Prisez-vous.* He took a pinch of snuff : *il prit une* (pincée de) *prise.*

To snuffle *est au contraire souffler par les narines; et aussi parler du nez.*

To snore, *ronfler*; to snooze, *sommeiller, " roupiller "*. I think I'll snooze a little (*or* take forty winks) : *Je vais faire un petit somme.*

To sneeze, *éternuer*. To snivel, *avoir la goutte au nez,* ou *pleurnicher*. Snivel *ou* snot : *la morve.* — You snotty (*or* snotty-nosed) fool! *Espèce d'imbécile morveux.*

To snarl : *grogner comme un chien furieux, montrer les dents.* To sneer : *ricaner, se moquer de.* He was leering and sneering at her : *Il la regardait en dessous en ricanant.*

Pour nous changer de cette famille de mots antipathiques, prenons snug, *qui veut dire* : lying close and comfortable; neat; trim and convenient. — I was sitting snug by the fire : *J'étais bien à l'aise au coin du feu.* — You would be snug and well-cared for : *Vous seriez à l'aise et bien soigné.*

2. To tend, *verbe actif, abréviation* de to attend, est *avoir soin de, s'occuper de.* The shepherd (shèpërd') tends his flock : *Le berger garde son troupeau.* — She tended me as if I had been her brother : *Elle me soigna comme son propre frère.*

To tend, *verbe neutre, du français* tendre, *est tendre (vers), contribuer (à)*. That would tend towards our aims : *Cela cadrerait avec nos projets.*

To tender : *présenter, offrir, soumissionner.*

A tender, *en dehors de tender (de locomotive), ou de gabare, signifie une offre de paiement, une soumission.*

— All **ten**ders must be s**ea**led : *Toutes soumissions doivent être cachetées.* — Is this l**e**gal **ten**der? *Est-ce de la monnaie légale?*

T**en**der, *adjectif tendre.* — He is too **ten**der-h**ear**ted: *Il a le cœur trop tendre.* — This m**ea**t is tough (teuff), it is not **ten**der : *Cette viande est coriace, elle n'est pas tendre.*

3. To grow (grôou), *croître, grandir, pousser, est aussi très usité dans le sens de* devenir, *de* to get. — Things are gr**o**wing (*or* **get**ting) d**ea**rer from day to day : *Les choses enchérissent de jour en jour.* — He is gr**o**wing (*or* **get**ting) fat : *il engraisse. Contrairement*

à toute logique, on dira même : He is gr**o**wing l**ea**n : *Il maigrit* (*Littéralement : il " croit " maigre*) *or* The days are gr**o**wing sh**or**ter : *Les jours diminuent* (*croissent plus courts.*)

This is gr**o**wing (*or* **get**ting) **in**to **fash**ion : *Cela vient à la mode.*

This is gr**o**wing (*or* **get**ting) out of **fash**ion : *Cela passe de mode.*

That boy is gr**o**wing out of his cl**o**thes : *Ce garçon devient trop grand pour ses habits, grandit trop vite.*

To grow *est à la fois, pour les plantes,* pousser *ou* faire pousser. — Wheat grows well here : *Le blé pousse bien ici.* — I only grow vegetables : *Je ne cultive que des légumes.*

4. To turn *nous fournit, naturellement, nombre d'expressions idiomatiques.*

I turned my mind to politics : *Je me mis à m'intéresser à la politique.* — It is enough to turn your stomach : *Il y a de quoi vous soulever le cœur.* — He turned the matter to good account : *Il sut tirer profit de l'affaire.*

He was turning an honest penny as street hawker (horkër) : *il gagnait honnêtement sa vie comme camelot.* — That should turn the scale in our favour : *Cela devrait faire pencher la balance (le plateau) en notre faveur.* The scales, (*or* the weighing (ouéë'ign') machine) : *La balance, la bascule.*

She was turned into a salt statue (stat'iou) : *Elle fut changée en statue de sel.* — Turn this into good English : *Mettez (ou Traduisez) ceci en bon anglais.* — The weather is turning fair : *Le temps se met au beau.*

She turned pale : *Elle pâlit.* — Proverbe : A fool's head never turns grey : *Tête de fou ne blanchit pas.*

I am waiting for something to turn up : *J'attends qu'il se présente quelque chose.* — You may turn in if you like : *Vous pouvez aller vous coucher si vous voulez.*

Things did not turn out as he expected : *Les choses ne tournèrent pas comme il s'y attendait.* — All the workmen turned out this morning : *Tous les ouvriers ont " débrayé " (quitté le travail) ce matin.*

28th LESSON

One **good** turn des**er**ves an**oth**er : *C'est à charge de revanche* (*Un service* ou bon tour *en mérite un autre*). — This will not s**er**ve my turn : *Cela ne fera pas mon affaire.* — He m**en**tions his **an**cestors at **ev**ery turn : *Il parle de ses aïeux à tout bout de champ.*

5. Craft : 1) *artifice, astuce* (He is cr**af**ty : *il est astucieux*) ; 2) *art, industrie, métier* (**Ev**ery man to his craft : *Chacun son métier*) ; 3) *toute espèce d'embarcation, et par extension* (*Air craft*) *d'avions.* Small craft : *des petits bateaux, de la " poussière d'escadre ".* — This work sh**o**ws fine cr**af**tsmanship : *Ce travail dénote beaucoup de métier.*

La terminaison ship *n'a ici rien de commun avec* navire. *C'est un suffixe qui marque l'état, la qualité, la capacité. Ainsi* : fri**en**dship : *amitié.* P**ar**tnership : *association.* His L**or**dship : *Sa Seigneurie* — He sh**o**wed fine g**en**eralship : *Il montra une belle capacité de général.* — H**or**semanship : *l'art de monter à cheval.* — W**or**ship (ou**eu**rship') : *l'adoration, le culte,* et aussi *les honneurs,* Your W**or**ship : *Votre Honneur* (à un magistrat).

A catch (*Une attrape*). — " How do you say : a yoke of oxen (attelage de bœufs) is passing, *or are* passing? "

" Well, I should think you may say either. "

" And now, the yolk (yôk) of an egg is white, *or* the yolk of an egg *are* white? "

" Surely, *is* white, there can be no doubt about it. "

" Wrong! The yolk of an egg is *yellow*! Ha! Ha! "

⁂

Conundrums. — What is the first thing you do when you fall into the sea?

— Get wet.

— Why is a horse like the letter O?

— Because gee (G) makes it go.

Gee! *or* gee up! (djî) *correspond à notre* Hue!

A geegee (djîdjî) : un " *canasson* ". *Pour faire arrêter le cheval, on crie* : Whoa! (houô).

— What is it that you must keep after you have given it to somebody?

— Your word.

— Why is a caterpillar (catërpilër : *chenille*) like a greedy (*gourmand*) boy?

— Because they both make the butter fly.

(The butterfly : *le papillon*).

(The dragon-fly : *la libellule*).

Twenty-ninth (29th) Lesson

The hero* in full *action*

1 ... He cl**o**sed the car door s**o**ftly and she saw him kn**o**cking at No. 703 as she dr**o**ve aw**a**y.

2 The door was **o**pened **al**most imm**e**diately. "Is Mr. T**al**bot in, Brien?"

3 The b**u**tler st**a**red.
"Why—why, yes, Mr. Morelle", he st**amm**ered.

4 He had not w**ai**ted at (1) t**a**ble th**e**se past two days with**ou**t disc**o**vering that R**on**ald Morelle was a n**a**me

5 to be **men**tioned to the acc**om**paniment of bl**as**phemous* etc**e**teras.

6 "He is in bed— I was just l**o**cking up. Does he exp**e**ct you, Mr. Morelle?"

7 "No," said R**on**nie. "All r**igh**t, Brien, I know my way up."

PRONUNCIATION. — Hero : hîrô. — blasphemous : blassfimeuss. — cosmetic : cozmètic. — epistle : èpiss'l. — souls : sôlz.

LE HÉROS EN PLEINE ACTION

1 ...Il ferma doucement la portière de l'auto, et elle le vit frapper au N° 703, comme elle s'en allait.

2 La porte *s'ouvrit* (fut ouverte) presque immédiatement. — M. Talbot y est-il, Brien?

3 Le maître d'hôtel ouvrit de grands yeux. — Mais... oui, monsieur Morelle, bégaya-t-il.

4 Il n'avait pas servi à table *depuis* deux jours (ces deux jours passés) sans découvrir que Ronald Morelle était un nom

5 à mentionner avec (l') accompagnement d'*épithètes* (d'etcteras) blasphématoires.

6 Il est au lit... Je fermais justement (à clé). Est-ce qu'il vous attend (S'attend-il à vous), monsieur Morelle?

7 Non, dit Ronnie. C'est bon, Brien, je connais *le chemin* (mon chemin en haut) *pour monter.*

OOOOOOOOOOOOOOOOOOOOOOOOOOOOOOOOOOOOOOOOOO

(1) To wait at table : *servir à table.* (A waiter : *un garçon.*) Dinner is ready *ou* is served *ou* is in : *Le dîner est servi,* ou *Madame est servie.*

8 He left an apprehensive servant standing irresolutely in the hall.

9 Jeremiah was not in bed. He was in his dressing-gown before a mirror,

10 and his face was mottled with patches (2) of grey mud—a cosmetic* designed to remove wrinkles from tired eyes.

11 Ronnie he saw reflected in the mirror.

12 "What—what the devil do you want?" he demanded hollowly. "What are you doing?"

13 "Locking the door", said Ronnie, and threw the key on the pillow of a four-poster bed.

14 "Dam you—open that door—you sneaking cad!" (3)

15 Mr. Talbot experienced a difficulty in breathing, his voice was a little beyond his control.

16 Also the plaster (4) at the corner of his mouth made articulation difficult.

17 "I've come to see you on a rather pressing matter", said Ronnie evenly.

8 *Ce fut un domestique appréhensif qu'il laissa* (Il laissa un domestique appréhensif debout irrésolument) *irrésolu* dans le vestibule.

9 Jérémie n'était pas au lit. Il était en robe de chambre devant un miroir,

10 et sa figure était tachetée de plaques de boue grise — un cosmétique destiné à enlever les rides d'yeux fatigués.

11 Il vit *Ronnie* (Ronnie il vit), réfléchi dans le miroir.

12 Que... que diable voulez-vous? demanda-t-il *d'une voix* creuse. Qu'est-ce que vous faites-*là*?

13 *Je* ferme la porte *à clé,* dit Ronnie, et *il* jeta la clé sur l'oreiller d'un lit à (quatre) colonnes.

14 *N. de D.!* (damnez-vous!)... ouvrez cette porte, *espèce de* sale mufle!

15 M. Talbot éprouvait *de la* (une) difficulté à respirer, *il n'était plus tout à fait maître de sa voix* (sa voix était un peu au-delà de son « contrôle »).

16 *D'ailleurs* (Aussi) l'emplâtre au coin de sa bouche *lui* rendait *l'*articulation difficile.

17 Je suis venu vous voir *pour* (sur) une affaire plutôt pressante, dit Ronnie posément (uniment).

OOOOOOOOOOOOOOOOOOOOOOOOOOOOOOOOOOOO

(2) To patch : *rapiécer, rafistoler.* A patch : 1) *une pièce, un morceau d'étoffe*; 2) *une mouche (pour le visage).* — They patched up their quarrel : *Ils se sont raccommodés.* — Your story is not a patch upon mine : *Votre histoire n'est rien en comparaison de la mienne.*

(3) A cad *est le contraire de* a gentleman. A caddy : *un gamin qui porte les « clubs » de golf.* A tea-caddy : *une boîte à thé.* — To sneak (snîk : *se glisser furtivement, ramper, s'avilir, moucharder, cafarder.* — A sneak : *un lâche, un mouchard, un cafard.*

(4) Plaster : *plâtre* ou *emplâtre.* A corn-plaster : *un emplâtre à corps.* — Court-plaster (côrt') : *taffetas d'Angleterre.* — Sticking-plaster : *sparadrap.* — Plaster of Paris : *gypse, plâtre.*

29th LESSON

18 "You wrote a letter to Dr. Merville making a very serious charge against my friend, Miss Merville.

19 I do not complain and I certainly do not intend abusing you.

20 I may kill you: that is very likely. I hope it will not be necessary.

21 If you shout or make a noise I shall certainly kill you.

22 because, as you will see, being an intelligent man,

23 I cannot afford to let you live until your servants come."

24 Mr. Talbot sat down suddenly, a comical figure, the more so since (5) the dried mud about his eyes and the corner of his mouth

25 made it impossible that he should express his intense fear.

26 As it was, he spoke with difficulty and without opening his mouth wider than the mud allowed.

27 "You shall pay for this, Morelle— By God!"

18 Vous avez écrit une lettre au Dr Merville, *portant* (faisant) une accusation très sérieuse contre mon amie, miss Merville.

19 Je ne me plains pas, et je n'ai certainement pas l'intention de vous injurier.

20 *Il se* peut *que* je vous tue : c'est très probable. J'espère que ce ne sera pas nécessaire.

21 Si vous criez ou faites *du* (un) bruit je vous tuerai certainement.

22 parce que, comme vous *le* verrez, étant un homme intelligent,

23 je ne puis *me permettre* (avoir les moyens) de vous laisser vivre jusqu'à ce que vos domestiques viennent.

24 M. Talbot s'assit soudainement, *la tournure* (une « figure ») comique, d'autant plus que la boue séchée autour de ses yeux et du coin de sa bouche

25 *lui* rendait impossible d'exprimer (qu'il « exprimerait ») son intense frayeur.

26 Il parlait *déjà* (comme c'était) avec difficulté et sans ouvrir la bouche plus *grand* (large) que la boue *ne le* permettait.

27 Vous *me* paierez cela, Morelle ! Par Dieu !

oooooooooooooooooooooooooooooooooooooo

(5) He is all the more to blame since he could have warned us in time : *Il est d'autant plus à blâmer qu'il aurait pu nous avertir à temps.* — The more so since he knew all about it : *D'autant plus qu'il était au courant de tout.*

28 "I want you to write me a letter which I shall give to Miss Merville

29 apologizing for your insulting note to the doctor—"

30 With a gurgle (6) of rage, Talbot sprang at him.

31 Ronnie half turned and struck twice.

32 The butler heard the thud (7) of a falling body: it shook the house. Still he hesitated.

29c

33 "Get up", said Ronnie. "I am afraid I have dislocated your beauty spots, Jerry (8), but you'll be able to talk more freely."

34 Mr. Talbot nursed his jaw but continued to sit on the floor.

35 His jaw was aching (9) and his head was going round and round.

28 Je veux que vous m'écriviez une lettre que je donnerai à miss Merville,

29 *faisant* des excuses pour votre billet insultant au docteur...

30 Avec un *cri étouffé* (« gargouillement ») de rage, Talbot bondit sur lui.

31 Ronnie se tourna à demi, et frappa deux fois.

32 Le maître d'hôtel entendit le bruit *sourd* d'un corps qui tombe; *la maison en fut secouée* (cela secoua la maison). Pourtant, il hésitait.

33 Debout, dit Ronnie. J'ai peur d'avoir disloqué vos grains de beauté, Jerry, mais vous *pourrez* (serez capable de) parler plus librement.

34 M. Talbot se *frotta* (soigna) la mâchoire, mais *resta* (continua d'être) assis *par terre* (sur le plancher).

35 Sa mâchoire était douloureuse, et la tête lui *tournait* (allait autour et autour).

oooooooooooooooooooooooooooooooooooooo

(6) To **gurgle** : *faire glouglou, ou couler avec un glouglou*; to **gargle** : *se gargariser.*

(7) A **thud** (feudd) : a **blow causing** a dull **sound**.

(8) **Jerry**, *diminutif de* **Jeremiah**. — **Ronnie** *est le diminutif de* **Ronald**.

(9) To **ache** (éé'k) : *faire mal.* My **heart aches** to see that : *Ça me fait mal au cœur de voir cela.* — I have a **headache** (hèdék) : *j'ai mal à la tête.* Mais : *j'ai mal à la jambe se dit :* My leg hurts me. — **Ache** *ne s'emploie qu'avec* **heart, head, ear, tooth, belly, stomach, face, back.**

29th LESSON

36 But he was an int**e**lligent man.

37 When he did get up he **o**pened a wr**i**ting bur**eau** **(10)** and, at R**o**nnie's dict**a**tion, wr**o**te.

38 "Thank you, Jerry." R**o**nnie p**o**cketed the l**e**tter.

39 "Perh**aps** when I have gone you will regr**et** h**a**ving wr**i**tten and will compl**ai**n to the pol**ice**;

40 you may **e**ven wr**i**te a worse l**e**tter to the d**o**ctor—who hasn't s**ee**n your first ep**i**stle*, by the way.

41 I must risk that. If you do, I shall c**e**rtainly destr**oy** you.

42 I shall be s**o**rry bec**au**se—well, bec**au**se I don't think you des**e**rve de**a**th.

43 You can be adj**us**ted. Most p**eo**ple can.

44 Will you put a stamp on the **en**velope, Jerry?"

45 At the str**ee**t-door: "Perh**ap**s you will l**o**se your job bec**au**se you have adm**i**tted me, Brien.

36 Mais c'était un homme intelligent.

37 Quand il se leva *enfin* il ouvrit un secrétaire et, sous la dictée de Ronnie, *il* écrivit.

38 Merci, Jerry. Ronnie empocha la lettre.

29D

39 Peut-être *que* quand je serai parti vous regretterez d'avoir écrit et vous plaindrez à la police;

40 *il se* peut même *que* vous écriviez une lettre *encore* pire au docteur... qui n'a pas vu votre première épître, *soit dit* en passant.

41 *Il* faut que je *courre ce* risque (cela). Si vous le faites, je vous *abattrai* (détruirai) certainement.

42 Je *le* regretterai, parce que... ma foi, parce que je ne pense pas que vous méritiez *la* mort.

43 Vous pouvez être *mis d'aplomb* (ajusté). *Comme* la plupart des gens (peuvent).

44 Voulez-vous mettre un timbre sur l'enveloppe, Jerry?

45 A la porte *d'entrée* (de la rue) : — Peut-être perdrez-vous votre emploi parce que vous m'aurez *laissé entrer* (admis), Brien.

oooooooooooooooooooooooooooooooooooooooo

(10) *Les Anglais nous ont emprunté*, avec bur**eau** (biour**ô**), bur**eau**cracy, bur**eau**crat, bureaucr**a**tical. — A bur**eau** : 1) a desk or writing-table, with dr**a**wers for p**a**pers; 2) an **of**fice or place where b**u**siness is trans**a**cted.

29th LESSON

46 If that happens, will you come to me, please?" The dazed (**11**) butler said he would.

47 Ronnie stopped at a pillar-box to post the letter and walked home.

(From *Captains of Souls**, by Edgar Wallace - Tauchnitz Edition.)

EXERCISE. — **1** He has been confined to his room these past (*or* last) three (*or* for the past *or* last) days. — **2** What is your charge for driving me to the station? — **3** He was charged with stealing a pearl necklace. — **4** They made it up (patched up their quarrel) after apologizing to each other. — **5** She made a wry face, when the doctor called her beauty-spot a wart (ouort'). — **6** Has your toothache stopped? — Yes, but now I have a pain in my eye (*or* my eye hurts). — **7** No admittance except on business. — Admittance free. — Please walk in. — **8** I admit that you are right : we should not have admitted him (*or* let him in). — **9** I haven't nearly enough leisure to start paying calls. — **10** You have an alibi (alibaï) if you can prove that you were not on the spot when the crime was committed. — **11** I'm sorry I lost my temper (*or* I got angry).

46 Si cela arrive, voulez-vous venir *me trouver* (à moi) s.v.p.? Le maître d'hôtel éberlué dit qu'il le *ferait*.

47 Ronnie s'arrêta à une *boîte aux lettres* (boîte-pilier) pour *y jeter* (poster) la lettre et rentra à pied chez lui.

(Extrait de *Capitaines d'Ames*, d'Edgar WALLACE.)

oooooooooooooooooooooooooooooooooooooooo

(11) To **daze** : *étourdir, éberluer, et aussi éblouir.* — To **dazzle** : *éblouir, aveugler de lumière, troubler la vue.* A **dazzling** light : *une lumière aveuglante.*

To test : *mettre à l'épreuve, faire l'essai de. — On dit aussi* to put **something** to the test.

A test *est naturellement un essai, une mise à l'épreuve.*

Mais les mots **testy** *et* **testily** *sont d'une autre tribu : ils viennent de* têtu, *et signifient maussade, de mauvaise humeur.* He replied **testily** : *Il répliqua avec humeur.*

oooooooooooooooooooooooooooooooooooooooo

1 Il a dû garder la chambre depuis trois jours. — **2** Combien prenez-vous pour me conduire à la gare? — **3** Il fut accusé d'avoir volé un collier de perles. — **4** Ils se raccommodèrent après s'être fait des excuses mutuelles (l'un à l'autre). — **5** Elle fit la grimace, quand le docteur appela son grain de beauté une verrue. — **6** Votre mal aux dents est-il passé? — Oui, mais maintenant j'ai mal à l'œil. — **7** Entrée interdite sauf pour affaires. — Entrée gratuite. — Entrée libre. — **8** Je conviens que vous avez raison, nous n'aurions pas dû le laisser entrer. — **9** Je suis loin d'avoir assez de loisirs pour me mettre à faire des visites. — **10** Vous avez un alibi si vous pouvez prouver que vous n'étiez pas sur place quand le crime a été commis. — **11** Je regrette de m'être emporté.

29th LESSON

Thirtieth (30th) Lesson

A startling proposal

1 "I shall be only too glad", said my aunt, "if I can leave my investments as they are."
2 I felt her eyes searching (1) mine for a trace of disappointment.
3 "Of course you can", I replied as carelessly, as I could.
4 "All your important holdings are absolutely secure (2), and, in your position,
5 it is hardly worth while troubling about the few pounds you have in local preference shares."
6 "Hardly worth your while either?"
7 "Barely. As for the other things, it depends what you want to do.
8 If you want to use your money to make more, you will have to choose a different type of investment.
9 But from what I have seen of your book, I shouldn't think you have any use (3) for a larger income."
10 She was clearly surprised at my plain (4) speech, and, I thought, uncertain whether or not to be angry.

PRONUNCIATION. — Security : sèkiourité. — realize : riëlaïz'. — infinite caution : i'nfinit corsh'n.

UNE PROPOSITION SURPRENANTE

1 Je ne serai que trop contente, dit ma tante, si je peux laisser mes placements comme ils sont.
2 Je sentis ses yeux scruter les miens pour *y trouver* une trace de désappointement.
3 Bien sûr *que* vous *le* pouvez, répondis-je aussi indifféremment que je *le* pus.
4 Toutes vos *principales valeurs* (importantes « tenures ») sont absolument sûres, et, dans votre *situation* (position),
5 ce n'est guère la peine de se tracasser au sujet des quelques livres *sterling* que vous avez en actions privilégiées locales.
6 Guère la peine pour toi non plus?
7 Tout juste. Quant aux autres choses, cela dépend *de* ce que vous voulez faire.
8 Si vous voulez vous servir de votre argent pour en *gagner* (faire) davantage, il vous faudra choisir un type de placement différent.
9 Mais d'*après* ce que j'ai vu de votre *carnet* (livre), je ne penserais pas que vous ayez *besoin* (emploi pour) d'un revenu plus *fort* (grand).
10 Elle fut *nettement* (clairement) surprise de *la franchise de mes paroles* (mon franc discours) et, *à ce qu'il me sembla* (je pensai), incertaine si elle devait ou non se mettre en colère.

oooooooooooooooooooooooooooooooooooooc

(1) To search (s**eu**rtch') : *faire des recherches, fouiller, scruter, sonder.* — To search a h**ou**se : *faire une perquisition dans une maison.* — To s**ee**k (*or* to l**oo**k for) a h**ou**se : *chercher une maison* — In search of h**a**ppiness : *A la recherche du bonheur.*

(2) Sec**u**re (siki**ou**ër) : *en sûreté, sûr, assuré.* Sure (shour) : *sûr, certain.* — To sec**u**re : 1) *mettre à l'abri*; 2) *s'assurer de, s'emparer de.* — I succ**ee**ded in sec**u**ring guarant**ee**s (gara'ntîz) ag**ai**nst non-p**ay**ment : *Je réussis à m'assurer des garanties en cas de non-paiement.* — Did you sec**u**re the door *or* m**a**ke the door fast? *Avez-vous bien fermé la porte?*

(3) *Rappelons la différence de prononciation* : to **u**se (iouz'); the **u**se (iouss); to close (clôz); close (clôss).

(4) Plain sp**ee**ch : *des paroles sans fard, non déguisées.* Plain : 1) **e**ven, l**e**vel, flat, sm**oo**th (smouv) ; 2) simple, unad**o**rned ; 3) with**ou**t b**eau**ty ; cl**ea**r, unmistakable. — It is a vast and plain c**ou**ntry : *C'est un pays vaste et plat.* (A plain : *une plaine*). — Now, tell me the plain truth : *Voyons, dites-moi la*

11 “There are m**a**ny calls **(5)** on my **in**come of which you know n**oth**ing”, she said.

12 “In that c**a**se, sec**u**rity* of **in**come must come first.”

13 “Ye—es, of course. In part. But perh**aps** you r**e**alize* that I have v**ery** large sums at my disp**o**sal?”

14 “I do.”

15 “Mind, M**al**colm, I have t**a**ken you compl**e**tely **in**to my c**on**fidence **o**ver my aff**airs**.

The inspector was in plain clothes

16 You are n**e**ver to discl**o**se them to **a**nyone.

17 If you do, I shall not forg**et** it or forg**ive** you. You underst**and**?”

18 “Qu**i**te. I have s**ee**n your inv**es**tment b**oo**k in my prof**ess**ional cap**ac**ity.”

19 The phr**a**se s**ou**nds int**o**lerably p**om**pous, but it was not uns**ui**table when said.

20 “Well then—now tell me, M**al**colm, what would you do, what pr**os**pects should I have,

21 if I entr**us**ted **(6)** you with a h**un**dred th**ou**sand p**ou**nds to **u**se for me?”

22 This time I was r**ea**lly st**ar**tled **(N. 1)**.

11 Il y a *de nombreuses charges* (beaucoup d'appels) sur mes revenus dont tu ne sais rien, dit-elle.
12 En ce cas-là, *la* sécurité *du* (de) revenu doit venir en premier.
13 Oui-i, bien sûr. En partie. Mais peut-être te rends-tu compte que j'ai de très grosses sommes à ma disposition?
14 Oui.
15 Rappelle-toi, Malcolm, que je t'ai mis entièrement dans le secret (t'ai pris entièrement dans ma confidence sur) de mes affaires.
16 Tu ne dois jamais les révéler à quiconque.
17 Si tu le fais, je ne l'oublierai ni ne te pardonnerai. Comprends-tu?
18 Tout à fait. J'ai vu votre carnet de placements dans ma capacité professionnelle.
19 *Cette* (La) phrase *a l'air* (sonne) intolérablement pompeuse, mais elle n'était pas déplacée quand *je la prononçai* (dite).
20 Eh bien alors, dis-moi maintenant, Malcolm que ferais-tu, quelles perspectives aurais-je,
21 si je te confiais 100.000 livres à employer pour moi?
22 Cette fois, je fus vraiment saisi.

ooooooooooooooooooooooooooooooooooooooooo

simple vérité. — What a **pity** she has such a **plain face**! *Quel dommage qu'elle ait une figure si commune!* — All our **goods** are **marked** in **plain figures** : *Toutes nos marchandises sont marquées en chiffres connus.* — It was plain that he did not wish to come : *On voyait bien qu'il ne désirait pas venir.* — The inspector was in plain clothes : *l'inspecteur était en bourgeois.*

(5) I **called** on her last **week** : *Je lui ai rendu visite la semaine dernière.* — I **called** on her not to **refuse** : *je l'implorai de ne pas refuser.* — **Please, keep within** call : *Restez à portée de la voix, s.v.p.* — He **made** an **urgent** call for **money** : *Il fit une urgente demande d'argent,* ou *un urgent appel de fonds.*

(6) To **entrust** *ou* **intrust** : *donner en garde, confier à.* The **parrot** had been **intrusted** to our **care** : *Le perroquet avait été confié à nos soins.* — To **trust** : *avoir confiance en.* — She is not to be **trusted** *ou* She is not **trustworthy** : *On ne peut se fier à elle.* — **Sorry**, Sir, but we do no sell on trust (*or* **credit**) : *Je regrette, monsieur, mais nous ne vendons pas à crédit.* — To trust *est aussi* « truster », *et* a trust : *un trust, un syndicat.* — The **steel** trust : *le syndicat de l'acier.*

30th LESSON

23 Despite my elation of the previous night, I had anticipated the somewhat grudging **(7)** offer of a few hundred pounds,
24 which, with the exercise of infinite caution*, I was to turn into ten thousand.
25 With a hundred thousand to manipulate, I saw myself becoming at last someone of importance.
26 In a flash **(8)** I pictured my improved status **(9)** in the office, perhaps a partnership.
27 But my aunt was watching me narrowly.
28 "I must have a little time", I said, "to think of my answer.

29 And I must know first exactly what you would allow me to do with the money."

(From *Death of my Aunt*, by C.H.B. Kitchin - Tauchnitz Edition.)

Oh! dear! what can the matter be?

(An old English song)

30 Oh! dear! what can the matter be?
Johnny's so long at the fair,

23 En dépit de mon exaltation du soir d'avant, *je m'étais attendu à* (j'avais anticipé) l'offre quelque peu rechignante de quelques centaines de livres,
24 lesquelles, *en exerçant* (avec l'exercice d') une prudence infinie, je devais transformer en dix mille.

25 Avec 100.000 *livres* à manipuler, je me vis devenant enfin quelqu'un d'*important* (importance).
26 Dans un éclair, *je me représentai* (dépeignis) ma *position* (état) améliorée au bureau, peut-être une *place* d'associé.
27 Mais ma tante me surveillait étroitement.
28 Il me faut un peu de temps, dis-je, pour *réfléchir à* (penser de) ma réponse.
29 Et il faut d'abord que je sache exactement ce que vous me permettriez de faire *de* (avec) l'argent.

(Extrait de *Mort de ma tante*, de C. H. C. KITCHIN.)

MON DIEU! QUE PEUT-IL BIEN Y AVOIR?

30 Mon Dieu! Que peut-il *bien* y avoir? Jeannot est si longtemps à la foire.

oooooooooooooooooooooooooooooooooooooooooo

(7) To **grudge** (greudj') : *donner en rechignant, à contrecœur.* I do not **grudge** the expense at all : *Je ne regrette nullement la dépense.* — I bear you no **grudge** : *Je ne vous en veux pas.* — He complied **grudgingly** with my request : *Il satisfit ma demande de mauvaise grâce.*

(8) I took a **flash-light picture** of them : *Je les photographiai au magnésium.* — That was only a **flash** in the pan (*la poêle*) : *Ce ne fut qu'un feu de paille.* — She has fine **flashes** of wit : *Elle a de brillantes saillies.* — He is a **flashy** individual : *C'est un individu tout en surface, brillant, mais creux.*

(9) Status (stée'teuss) : 1) Standing or position as regards rank or condition; 2) position of affairs. The status quo (kouo) : *le statu quo.*

30th LESSON

31 He promised to buy me a beautiful fairing (10),

32 A gay bit of lace that the lassies (11) are wearing,

33 He promised he'd bring me a bunch of blue ribbons
To tie up my bonny (12) brown hair.

34 He promised to buy me a basket of posies,

35 A garland of lilies, a wreath (13) of red roses,

36 A little straw hat to set off the blue ribbons
That tie up my bonny brown hair.

oooooooooooooooooooooooooooooooooooo

EXERCISE. — **1** Please don't trouble about my meals : I am not particular. — **2** All my money is invested in gilt-edged securities. — **3** He vainly searched his pockets for loose change. — **4** I had a lot of trouble in securing (*or* to secure) a seat for to-night's performance. — **5** From what I have heard, he must be making piles of money. — **6** I tell you in plain English I have no use for your help. — **7** Do no trust him farther than you can see. — **8** I trust we shall soon meet again. — **9** I feel sure she has a grudge against me. — **10** What would you like me to do for him? — **11** He beat me this time; but I'll be even with him before long. — **12** I was startled out of my wits (*or* mind). — **13** Who has lost this bunch of keys?

31 Il a promis de m'acheter un beau cadeau (de la foire).
32 Un gai bout de dentelle que les filles portent,
33 Il a promis de m'apporter un nœud de rubans bleus —
Pour attacher mes jolis cheveux bruns.
34 Il a promis de m'acheter un panier de bouquets,
35 Une guirlande de lis, une couronne de roses rouges,
36 Un petit chapeau de paille pour faire ressortir les rubans bleus. Qui attachent mes jolis cheveux bruns .

(10) A **fairing** : a present from the fair.
(11) A lass, *ou* **lassie** : *une fille (de la campagne)*. Lads and lassies : *garçons et filles.*
(12) **Bonnie** *ou* **bonny** (*du français* bon) : *beau, joli, plaisant à voir.*
(13) A **wreath** (rîf) : *choses entrelacées, ondulées; feston, couronne.* A wreath of cigarette-smoke : *Une spirale de fumée de cigarette.*

OOOOOOOOOOOOOOOOOOOOOOOOOOOOOOOOOOOOOO

1 Ne vous tracassez pas pour mes repas : je ne suis pas difficile. — **2** Tout mon argent est placé en valeurs *de tout repos* (à tranches dorées). — **3** Il fouilla vainement dans ses poches pour *y trouver* de la petite monnaie. — **4** J'ai eu beaucoup de peine à *me procurer* (m'assurer) une place pour la représentation de ce soir. — **5** D'après ce que j'ai entendu *dire*, il doit *gagner de l'argent gros comme lui* (faire des « piles » d'argent). — **6** Je vous *le* dis en bon anglais, votre aide ne me sert à rien. — **7** N'ayez pas *trop* confiance en lui (plus loin *que* vous ne pouvez voir). — **8** J'espère bien que nous nous retrouverons bientôt. — **9** Je *suis* (sens) sûr qu'elle m'en veut. — **10** Que voudriez-vous que je fasse pour lui? — **11** Il m'a battu cette fois-ci; mais je lui revaudrai cela *sous peu* (avant longtemps). — **12** *La peur (ou la surprise)* m'avait fait perdre la tête. — **13** Qui a perdu ce trousseau de clés?

30th LESSON

Thirty-first (31st) Lesson

The man who could fly

1 In the half-light of an April evening Dr. Sibwright, the famous nerve-specialist,
2 sat with clasped (1) hands and listened to the tale of his visitor—a new patient—
3 —"Let me tell you my last dream—exactly as the thing occurred."
4 "By all means (2) do so." "I went to bed early, but I could not sleep.
5 I got up and opened my window—a French window—and went out on the iron balcony;
6 my rooms are high up—the sixth floor (3).

7 It was a warm, still night for April; I could not feel a breath of wind—
8 —I stood there, looking down at the lamps and the trees and the moonlit roads,
9 and the water reflecting the moonlight; and I thought:
10 'Now has come the time to test it once for all.'

L'HOMME QUI SAVAIT (POUVAIT) VOLER

1 Dans la demi-lumière d'un soir d'avril, le Dr Sibwright, le fameux spécialiste des nerfs,

2 *écoutait, assis les mains jointes* (*était* assis les mains jointes et écoutait) l'*histoire* (le conte) de son visiteur, un nouveau malade...

3 Laissez-moi vous raconter mon dernier rêve, — exactement comme la chose s'est passée.

4 *Mais certainement* (par tous moyens), *racontez* (faites ainsi). — Je m'étais couché de bonne heure, mais je ne pouvais dormir.

5 Je me levai et ouvris ma fenêtre — une porte-fenêtre — et *je* sortis sur le balcon de fer;

6 *mon logement* (mes chambres) est haut, au sixième.

7 Il *faisait* (était) une nuit chaude *et* tranquille pour avril; *je ne sentais pas* (ne pouvais pas sentir) un souffle de vent...

8 ... Je me tins là, regardant *au-dessous de moi* (en bas) les *réverbères* (lampes) et les arbres et les routes éclairées de lune,

9 et l'eau reflétant le clair de lune; et je pensai :

10 Maintenant *le moment* (le temps) est venu d'en faire l'épreuve une fois pour toutes.

ooooooooooooooooooooooooooooooooooooooo

(1) To clasp : *agrafer, presser, enlacer.* — A clasp : *une agrafe, un fermoir.* A clasp-knife : *un couteau qui se ferme.* — With clasped hands : *les mains jointes.* — With folded arms : *les bras croisés.* — With crossed legs : *les jambes croisées.*

(2) By all means : *absolument, sans faute, de tout cœur.* — By no means : *pas le moins du monde, nullement, en aucune façon.* — By any means : *par tous les moyens, à tout prix.* — This was the only means (*pluriel*) : *C'était le seul moyen.*

(3) *L'étage* (*vu du dedans*) : the floor. — *L'étage* (*vu du dehors*) : the story ou storey. I live on the fourth floor of a six-story house : *J'habite au 4e d'une maison à 6 étages,* (V. *L'Anglais sans peine,* leç. 79, note 4.)

11 I got my legs over the balustrade, first one leg, then the other—very steadily and cautiously—"

12 "You are telling me your dream? This is your dream?"

13 "Yes, this is my dream. 'Now', I said, and I launched myself into space—

14 I flew out of London—somewhere to the south-west, beyond Wimbledon—

15 till I was tired, and I came down in a pretty little wood.

16 It was delightful there—moss to lie on, and bright moonlight:

17 so clear and strong that I could see the wild flowers beneath the trees.

18 I picked some primroses while I stayed there resting—

19 Then I flew back; but I was dead-beat.

20 I had barely strength to reach my balcony—to get as high.

21 I just caught the bars with a final effort, and pulled myself up—

22 I thought I should die of the fatigue (4). All next day I really thought I was dying."

23 "Well, and what do you believe?"

11 Je passai les jambes par dessus la balustrade, d'abord une jambe, puis l'autre, très posément et prudemment...
12 Vous me racontez votre rêve? C'est votre rêve?
13 Oui, c'est mon rêve. *Allons-y* (Maintenant), dis-je, *en me lançant* (et je me lançai) dans *l'*espace.
14 Je *m'en*volai hors de Londres — quelque part vers le sud-ouest, au-delà de Wimbledon,
15 jusqu'à ce que je fusse fatigué, et je descendis dans un joli petit bois.
16 Il y *faisait* (était) délicieux — *de la* mousse sur *quoi* se coucher, et *un* brillant clair de lune :
17 si clair et si fort que je *distinguais* (pouvais voir) les fleurs *des champs* (sauvages) sous les arbres.
18 Je cueillis quelques primevères *tout en me reposant* (pendant que je restais là *me* reposant)...
19 Puis *je revins en volant* (je volai de retour); mais j'étais fourbu.
20 J'eus tout juste la force d'atteindre mon balcon, d'arriver aussi haut.
21 J'attrapai juste les barreaux *d'un dernier* (dans un final) effort, et je me hissai (tirai en haut).
22 Je crus *mourir* (que je mourrais) d'épuisement. Toute *la* journée *du lendemain* (prochaine) je crus vraiment que je mourais.
23 *Et alors* (Bien, et) que croyez-vous?

oooooooooooooooooooooooooooooooooooooooo

(4) Fatigue (fëtig') : weariness (ouîrinèss) *or* **exhaustion,** *a un sens plus fort que* **tiredness. — Fatigue also means,** *corvée (militaire).* — **He was on fatigue duty :** *Il était de corvée.*

To shift *signifie* déplacer, changer, *ou* se tirer d'affaire. He is always shifting from one place to another : *Il change sans cesse d'un endroit à l'autre.* — You will have to shift for yourself : *Il faudra vous débrouiller tout seul.*

A shift *est* un changement, un subterfuge, *ou* une équipe *ou relève* (d'ouvriers). — A sudden shift of the wind : *Une brusque saute de vent.* — That's my last shift : *C'est ma dernière ressource.* — The men are working in three eight-hour shifts : *Les hommes travaillent en trois équipes de huit heures.* — A shift *est aussi* le linge de corps.

24 "That my impa**l**pable self, my **as**tral b**o**dy—call it what one may,

25 I beli**e**ve that it tr**u**ly flew, sust**ai**ned by *me.*"

26 "You mustn't beli**e**ve that", said the d**oc**tor gr**a**vely; "bec**au**se that is a f**oo**lish n**o**tion—sh**ee**r r**u**bbish (5)."

27 "But I think I have a pr**oo**f of the corr**e**ct-ness of my bel**ie**f."

28 He was **o**pening his p**o**cket-b**oo**k, and his f**i**ngers tr**e**mbled v**i**olently.

29 "Here are some of the fl**ow**ers that I p**i**cked in the w**oo**d."

30 The d**oc**tor t**oo**k the f**a**ded (6) pr**im**roses, and gl**a**nced at them c**u**riously.

31 "D**oc**tor, they were l**y**ing l**oo**se (7) on the floor when I w**o**ke—

32 sc**a**ttered on the c**a**rpet, from the w**i**ndow to my bed."

24 Que mon être impalpable, mon corps astral — *qu'on l'appelle comme on voudra* (appelle-le ce qu'on peut),

25 Je crois qu'il vola véritablement, *et que c'est moi qui le soutins* (sustenté par moi).

26 Il ne faut pas croire cela, dit le docteur gravement; parce que c'est une *idée* (notion) niaise, — pure baliverne.

27 Mais je pense *avoir* (*que* j'ai) une preuve de l'exactitude de ma croyance.

28 Il ouvrait son carnet de poche, et ses doigts tremblaient violemment.

29 Voici quelques-*unes* des fleurs que j'avais cueillies dans les bois.

30 Le docteur prit les primevères fanées et les regarda curieusement.

31 Docteur, elles gisaient *les unes près des autres* (détachées), par terre, quand je me réveillai,

32 éparpillées sur un tapis de*puis* la fenêtre *jusqu'à* mon lit.

OOOOOOOOOOOOOOOOOOOOOOOOOOOOOOOOOOOOOOO

(5) **Rubbish** : 1) *décombres, débris, ordures;* 2) *balivernes* (trash). — That is all **rubbish** (*or* trash, *or* **moonshine**) : *Tout ça, c'est de la blague.*

(6) To **fade** : 1) *se faner*; 2) *passer, se ternir* (*couleurs*); 3) *disparaître, dépérir.* — The light (the sound) is **fading away** : *La lumière (le son) s'atténue.* — She is gradually **fading away** : *Elle dépérit lentement.*

(7) **Loose** (loûss) : *détaché, délié, relâché.* — This knot is too **loose**, tighten it a bit. *Ce nœud est trop lâche, serrez-le un peu.* — The front wheels have got **loose** : *Les roues avant ont pris du jeu.* A **loose** tooth : *une dent qui branle.* — **Loose-living** : *le libertinage.* — The horse broke **loose** and galloped away : *Le cheval se détacha et s'enfuit au galop.* — To **loosen** (louss'n) : *desserrer, relâcher.* — Give him air! **Loosen** his collar! *Donnez-lui de l'air! Desserrez son col!*

33 “**Som**eone had put them there?” “Yes, **som**eone had. *I* dr**op**ped them when I **came** in.”

34 Dr. **Sib**wright laughed and shr**ugg**ed his sh**oul**ders.

35 “You know”, said the v**is**itor, “there was no possib**il**ity of **a**nyone h**av**ing **en**tered the b**ed**room.

36 The **ou**ter **(8)** door of my two r**oo**ms was l**o**cked.

37 And there was not a fl**ow**er in the r**oo**m bef**ore** it h**ap**pened.

38 I n**ev**er have **an**y fl**ow**ers. I should have noticed fl**ow**ers in a m**o**ment.

39 I was q**ui**te sure, but n**ev**ertheless I m**a**de inq**ui**ries.

40 It struck me that the p**or**ter or the h**ou**semaid might perh**aps** have put a n**os**egay on the m**an**telpiece,

41 and that then it blew ab**out** the r**oo**m. But no, n**ei**ther of them had done so.”

42 “Well now”, said the d**oc**tor ch**eer**fully, your th**e**ory is v**er**y ing**e**nious and am**us**ing,

33 Quelqu'un les y avait mises? — Oui, quelqu'un (avait). *C'est* moi qui les avait laissé tomber *en entrant* (quand j'entrai).

34 Le Dr Sibwright rit et haussa les épaules.

35 Vous savez, dit le visiteur, *il était absolument impossible* (il n'y avait aucune possibilité) *que quelqu'un ait pénétré* (de quelqu'un ayant pénétré) dans la chambre à coucher.

36 La porte extérieure de mes deux pièces était fermée à clé.

37 Et il n'y avait pas une fleur dans la chambre auparavant (*que* cela arrivât).

38 Je n'ai jamais de fleurs. J'aurais remarqué des fleurs en un moment.

39 J'étais tout à fait sûr, mais néanmoins je fis des *recherches* (enquêtes).

40 Je fus frappé *de l'idée* que le portier ou la femme de charge *aurait peut-être pu mettre* (pourrait peut-être avoir mis) un bouquet sur la cheminée,

41 et qu'ensuite *il aurait été répandu par le vent dans* (il « souffla » par) la chambre. Mais non, ni l'un ni l'autre, ne *l'*avait fait (ainsi).

42 Ma foi (Eh bien maintenant), dit le docteur joyeusement. votre théorie est très ingénieuse et amusante,

OOOOOOOOOOOOOOOOOOOOOOOOOOOOOOOOOOOOOOOO

(8) Outer (aoutër) : on the outside, ***opposed to*** **: inner, on the inside.**

43 but it won't **hold water (9)**. Let me knock it **into** a **cocked-hat for you (10)**;
44 and then, if you'll **take** my advice, you'll leave it on that intellectual **rubbish-heap**,
45 which we all of us **keep** for **baseless conjectures**, explo**ded ideas** and so forth—

(To be continued.)

oooooooooooooooooooooooooooooooooooo

EXERCISE. — **1** Well, doctor, how is your patient? — I think he will pull through. — **2** You are not pulling my leg, are you? — **3** He has been pulling the wool over your eyes. — **4** Haven't you tuned in on Daventry? — I have, but it keeps fading away and there are lots of atmospherics. — **5** Are you fond of outdoor games? — I am, but in this weather I would rather stay indoors (*or* in). — **6** The door was locked. The room was locked up. — **7** Take my advice, and cut out (*or* give up) whisky. — **8** This is a cock-and-bull story. — **9** It is an ill-wind that blows nobody any good (Prov.). — **10** Whom are you blowing kisses to? — **11** The wind blew out my lighter. — **12** He blew out his brains. — **13** She blew in (dropped in on us) without being invited.

43 mais elle ne tient pas *le coup* (ne tiendra pas l'eau). Laissez-moi vous *en faire des papillotes* (la cogner en un chapeau mis de côté);
44 et alors, si vous voulez *suivre* (prendre) mon conseil, vous la laisserez sur ce tas de détritus intellectuels
45 que tous, *tant que nous sommes,* nous gardons pour *les* conjectures sans fondement (sans base), *les* idées *démolies* (explosées), et ainsi de suite...

(*A suivre.*)

OOOOOOOOOOOOOOOOOOOOOOOOOOOOOOOOOOOOOO

(9) It won't hold water : *Cela « ne tiendra pas l'eau ». ne résistera pas à l'épreuve.* — It won't wash (*familier*) : *Cela « ne se lavera pas » : cela ne prend pas (nous ne le croyons pas).*

(10) He cocked his hat up on his ear : *il planta son chapeau sur l'oreille.* — He cocked his gun : *il arma son fusil.* — The cock : *le chien de fusil.* — A cocked-hat : *un chapeau retroussé.* — A cock-horse : *un dada.* (A rocking-horse.) — The cock, *outre le coq,* signifie aussi *le robinet* (the tap).

My tailor is rich... Que de chemin parcouru depuis cette simple phrase qui, vous vous le rappelez sans doute, est la première de ***L'Anglais sans peine.*** Notre « boule de neige » a pris de belles proportions; mais il ne s'agit pas de la laisser fondre. Nous voulons dire qu'il faut reviser non seulement ce que nous avons vu de ***La Pratique de l'Anglais,*** mais aussi revenir de temps à autre à ***L'Anglais sans peine,*** avec son brave Mr. Smith.

OOOOOOOOOOOOOOOOOOOOOOOOOOOOOOOOOOOOOO

1 Eh bien, docteur, comment va votre malade? — Je crois qu'il s'en tirera. — **2** Vous ne me montez pas un bateau, n'est-ce pas? — **3** Il vous a fait marcher (tiré la laine par-dessus les yeux). — **4** N'avez-vous pas réglé *le poste* sur Daventry? — Si, mais il y a du fading et beaucoup de parasites. — **5** Aimez-vous les jeux de plein air? — Oui, mais *de* (dans) ce temps-*là* (ci), j'aimerais mieux rester à l'intérieur. — **6** La porte était fermée à clé. La chambre était fermée à clé. — **7** Suivez mon avis, et renoncez au whisky. — **8** C'est une histoire *à dormir debout* (de coq et de taureau). — **9** *A quelque chose malheur est bon* (c'est un mauvais vent qui ne souffle *rien* de bon à personne). — **10** A qui *envoyez-vous* (soufflez-vous) des baisers? — **11** Le vent éteignit mon briquet. — **12** Il se fit sauter la cervelle. — **13** Elle nous tomba sur *le dos* sans être invitée.

31st LESSON

Thirty-second (32nd) Lesson

The man who could fly
(conclusion)

1 "If I accept your astral body, *en bloc* (1) for what it is worth: well, it would be a purely spiritual bird (2).

2 It might fly round and round the world, but it couldn't *pick* anything, or *carry* anything.

3 D'you see? The primroses are really against the theory."

4 "But what is your explanation of the facts?"

5 "My explanation, if I am forced to admit the facts—I mean, you understand, assuming

6 that you have not unwittingly (3) deceived yourself as to the conditions and surrounding circumstances—

7 the locked door, and so on.— Well, then, my explanation would be that you have *walked* in your sleep, instead of flying.

8 Somehow you went out of your room, and procured the flowers—from a neighbour's mantelpiece, perhaps."

L'HOMME QUI SAVAIT (POUVAIT) VOLER
(*suite et fin*) (conclusion)

1 Si j'accepte votre corps astral en bloc, pour ce qu'il vaut, eh bien, ce serait un « oiseau » purement spirituel.

2 Il pourrait voler autour du monde *autant qu'il voudrait* (autour et autour), mais *ce qu*'il ne pourrait pas *faire*, c'est cueillir q.q.ch. ou porter q.q.ch.

3 Vous voyez? Les primevères sont en réalité contre *votre* (la) théorie.

4 Mais quelle est votre explication des faits?

5 Mon explication, si je suis forcé d'admettre les faits, — je veux dire, vous comprenez, *supposant* (assumant)

6 que vous ne vous êtes pas *trompé* (déçu) à votre insu quant aux conditions et *aux* circonstances environnantes,

7 la porte fermée à clé, et ainsi de suite. (Bien). Alors, *voilà* : mon explication serait que vous avez marché *en dormant* (dans votre sommeil), au lieu de voler.

8 De façon ou d'autre, vous êtes sorti de votre chambre, et *vous vous êtes* procuré les fleurs — *sur* (de) la cheminée d'un voisin, peut-être.

ooooooooooooooooooooooooooooooooooooooo

(1) *En bloc* : as a whole; taken all in all.

(2) A jail-bird (jail *or* gaol (djé'ël) : *geôle* : *un gibier de potence*. — He is a strange bird : *C'est un drôle d'oiseau, de numéro*. — *Prov.* : Birds of a feather flock together : *Les oiseaux de même plumage (d'une plume) s'attroupent ensemble* : *Qui se ressemble s'assemble*. — She gave him bird : she threw him over : *elle le « plaqua »*. — This is only a bird's eye view of the subject : *Ceci n'est qu'une idée d'ensemble du sujet (vu d'en haut, comme le verrait un oiseau)*. — Bird's eye tobacco : *tabac coupé fin et très frisé*.

(3) Unwittingly (*racine*, wit) : not knowingly, unconsciously, inadvertently. — To deceive (dicîv) : 1) *tromper*, 2) *décevoir*, *désappointer*.

9 "Yes, doctor, I have thought of that—I was coming to that.

10 The thought of somnambulism has upset (N. 2) me—for this reason.

11 I am on the sixth floor. I might, some night, get up and jump out of the window."

12 "By Jove! You musn't do that." And then the doctor spoke authoritatively.

13 "Look here, you must take care of yourself (4).

14 I'm glad you came to me because you require (5) a certain amount of treatment, and—"

15 "You don't think I am going (N. 3) mad? Doctor Sibwright, I have trusted you implicitly.

16 You won't play me any tricks?" "No, no. But I do most seriously say

17 that you must at once and for ever drop all these queer (6) notions."

18 "You'll do nothing behind my back?

9 Oui, docteur, j'y ai pensé, j'y venais.

10 L'*idée* (pensée) *du* (de) somnambulisme m'a *bouleversé* (renversé), pour *la raison que voici* (cette raison-ci).

11 Je suis au 6e. *Je* pourrais, *une* (quelque) nuit *ou l'autre,* me lever et sauter par la fenêtre.

12 Sapristi ! Il ne faut pas faire cela. Et alors, le docteur parla avec autorité.

13 *Ecoutez bien* (regardez ici), il faut *faire attention à* (prendre soin de) vous(-même).

14 Je suis content que vous *soyez* venu *me voir* (à moi), parce que vous *avez besoin* (« requérez ») de *certains soins* (d'une certaine quantité de traitement), et...

15 Vous ne pensez pas que je deviens fou ? Docteur Sibwright, je me suis confié à vous implicitement.

16 Vous ne me jouerez pas de *mauvais* tours ? — Non, non, mais *ce que* je dis fort sérieusement

17 *c'est* que vous devez laisser tomber immédiatement et pour toujours toutes *ces idées* (notions) baroques.

18 Vous ne ferez rien *en cachette de moi* (derrière mon dos) ?

oooooooooooooooooooooooooooooooooooooo

(4) Good-bye, take care of yourself : *Au revoir, portez-vous bien.* (Good-bye vient de " God be with ye ".)

(5) To require : to **need**; to demand. — Is this all you require ? *Est-ce tout ce qu'il vous faut ?* The matter requires great care : *Cette affaire exige une grande attention.*

(6) He is a queer fish : *C'est un drôle de pistolet.* — But for you, they would be in queer street : *Sans vous, ils seraient sur le pavé.*

32nd LESSON

19 No setting people to watch me, or interfere (7) with me?

20 My coming to you and confiding in you is a proof that I am not going mad?"

21 "Of course it is. Dismiss any fears of that kind.

22 But you are in an unsatisfactory state of health.

23 Now I will tell you what you must do to put yourself all right."

24 The upshot (8) of this interview was that the new patient promised to leave London immediately,

25 to give himself sea air and active exercise,

26 to send his address and report progress from time to time.

27 "And look here", the doctor said, "take a room on the ground floor.

28 That is important—not because of any real danger, but to set your mind at rest.

19 *Vous ne mettrez pas* (Pas de « mise » de) des gens à me surveiller, où à se mêler *de mes affaires* (de moi)?
20 *Le fait que je suis venu* (Ma « venue ») vous trouver et me suis confié à vous est *la* (une) preuve que je ne deviens pas fou.
21 Naturellement (c'est). *Rejetez* (congédiez) toutes craintes de cette espèce.
22 Mais vous êtes dans un état de santé *peu* (non-) satisfaisant.

23 Maintenant, je vous dirai ce que vous devez faire pour vous remettre d'aplomb.
24 Le résultat de cette entrevue fut que le nouveau malade promit de quitter Londres immédiatement,
25 de prendre (se donner) l'air de la mer et *de faire de* l'exercice actif,
26 d'envoyer son adresse et de *signaler* (rapporter) ses progrès de temps en temps.
27 Et écoutez-moi bien, dit le docteur, prenez une chambre au rez-de-chaussée.
28 Cela est important — non à cause d'un danger réel, mais pour *vous tranquilliser l'esprit* (mettre votre esprit au repos).

OOOOOOOOOOOOOOOOOOOOOOOOOOOOOOOOOOOOOO

(7) She will **always interfere** : *il faut qu'elle se mêle de tout.* Don't let us **interfere** with him : *Ne nous ingérons pas dans ses affaires; ne nous occupons pas de lui.*

(8) **Upshot** : final **issue** (ichiou), **conclusion**. — What will be the **upshot** of it all? *Comment tout cela finira-t-il?*

29 When you go to bed, you can say to yourself:

30 "Now, if I am foolish enough to walk out of the window, I can't hurt myself.' "

From *Jacob's Ladder,* by W. B. Maxwell - Hutchinson & Co., London, publishers.)

The little brown jug

(A drinking-song)

31 My wife and I liv'd all alone
In a little log-hut (9) we call'd our own;

32 She lov'd gin, and I lov'd rum (10),
I tell you what (11), we'd lots of fun.

33 Ha, ha, ha, you and me,
Little brown jug, don't I love (12) thee.

34 If I'd a cow that gave such milk.
I'd clothe her in the finest silk;

29 Quand vous irez au lit, vous pourrez vous dire :

30 *Ma foi* (maintenant) si je suis assez bête pour sortir par la fenêtre, je ne peux pas me faire de mal.

(Extrait de *l'Echelle de Jacob*, de W. B. Maxwell.)

LE PETIT CRUCHON BRUN
(Une) chanson à boire

31 Ma femme et moi *nous* vivions tout seuls, dans une petite cabane en bois *qui était bien à nous* (que nous appelions notre propre) ;

32 Elle aimait le gin, et *moi* j'aimais le rhum, *aussi* je vous *le* dis (quoi), nous avions de la rigolade.

33 Ah, ah, ah, vous et moi, Petit cruchon brun *que je t'aime!* (Est-ce que je ne t'aime pas).

34 Si j'avais une vache qui donnait de tel lait, je l'habillerais *de* (dans) la plus belle soie ;

oooooooooooooooooooooooooooooooooooooo

(9) A log : 1)*un tronc d'arbre non équarri; une bûche;* 2) *un loch.* The log-book : *le livre de loch.* — A **Yule** (**ioûl**), log : *une bûche de Noël.* **Yule** : The Scotch and Northern English name for Christmas.

(10) Rum, *le rhum, comme adjectif, signifie baroque.* A rum fellow : *un drôle de corps. Notons ici l'erreur des menus français où l'on voit :* **rum**steak, *pour* **rump**steak (**reu'**mpstè'ëk), *de* rump, *croupe, culotte de bœuf.*

(11) I tell you what, *expression populaire : Je vais vous dire, ou Ecoutez-moi bien.*

(12) *Forme populaire ironique :* Don't I love thee? *N'est-ce pas que je t'aime? pour :* I do love thee.

35 I'd **fee**d her on the **choi**cest hay,
And milk her **forty times** a day.

36 The r**o**se is red, my n**o**se is t**oo**,
The violet's bl**ue** **(13)**, and so are you;

37 And yet I guess bef**ore** I stop
We'd **bet**ter **ta**ke an**oth**er drop.

oooooooooooooooooooooooooooooooooooooooo

EXERCISE. — **1** It is not **o**ver ten m**i**les aw**ay**, as the cr**ow** (crôou) flies. — **2** You are mist**a**ken, if you think you can dec**ei**ve me so **ea**sily. — **3** All that is requ**i**red of you is to **kee**p you m**ou**th shut. — **4** It **ser**ves him right : he shouldn't have interf**er**ed. — **5** He has **al**ways been an interf**er**ing b**usy**-b**o**dy. — **6** Let us m**a**ke hay wh**i**le the sun sh**i**nes (Prov.). — **7** You should not w**ear** a wh**i**te t**ie** with a **din**ner **jac**ket. — **8** He f**ee**ds on fr**u**its and **ve**getables. — **9** Are you off your feed? — **10** You'll get your m**o**ney back when the c**ow**s come h**o**me. — **11** I go to the **pic**tures once in a bl**ue** m**oo**n.

35 je la nourrirais *du* (sur le) foin le plus choisi, Et la trairais quarante fois par jour.

36 La rose est rouge, mon nez *l'est* aussi; la violette est bleue; et vous l'êtes aussi (V. note 13);

37 Et pourtant je *vois bien* (devine) qu'avant que je finisse, Nous ferions mieux de *boire* (prendre) encore une goutte.

oooooooooooooooooooooooooooooooooooooo

(13) To be blue *ou* to have the blues : *avoir le cafard.*

We had lots of fun *ou* We had heaps of fun : *Nous avons bien « rigolé », nous nous sommes donné du bon temps.* — We enjoyed ourselves : *Nous nous sommes bien amusés.* — I enjoyed my dinner : *j'ai bien dîné.*

I was struck all of a heap : *Cela m'a coupé bras et jambes, m'a « épaté ».*

oooooooooooooooooooooooooooooooooooooo

1 Ce n'est pas à plus de 10 milles, *à vol d'oiseau* (comme le corbeau vole). — **2** Vous faites erreur, si vous croyez pouvoir me tromper si aisément. — **3** Tout ce qu'on vous demande, c'est de tenir bouche close. — **4** C'est bien fait pour lui : il n'avait qu'à ne pas s'en mêler. — **5** Il a toujours aimé fourrer son nez partout. — **6** *Il faut battre le fer quand il est chaud* (Faisons du foin pendant que le soleil brille). — **7** *Il ne faut pas* (Vous ne devriez pas) porter une cravate blanche avec un smoking. — **8** Il se nourrit de fruits et de légumes. — **9** Avez-vous perdu l'appétit? — **10** Vous rentrerez dans votre argent quand *les poules auront des dents* (les vaches viendront à la maison). — **11** Je vais au cinéma *tous les 36 du mois* (une fois « dans une lune bleue »).

32nd LESSON

Thirty-third (33rd) Lesson

The *cow* and myse*l*f

1 I have **fou**nd lots of things in my **time**, and I exp**e**ct (1) you have, **too**.

2 Pe**nn**ies, and studs (2), and pe**n**cils, and **em**pty st**am**p-b**oo**ks.

3 But have you **ev**er fo**u**nd a c**ow**?

4 I don't **m**ea**n** a toy cow, but a **re**al, big one, with horns and **ev**erything? I have.

5 That is, I am not stri**ct**ly **cer**tain whe**th**er I found the cow or whe**th**er the cow found me.

6 All I know is that, all at once we bec**a**me **con**scious of **e**ach other.

7 We were al**o**ne in a **nar**row **la**ne.

8 There were no **oth**er people or cows in s**igh**t.

9 We st**a**red at **e**ach **oth**er cl**o**sely and sur**pri**sedly for a wh**i**le, and then I dec**i**ded that we had **bet**ter be fri**en**ds.

PRONUNCIATION. — Docile : dôçaïl *ou* docil (teachable; tractable). — taut : tôrt' (tight, not slack).

LA VACHE ET MOI (-même)

1 J'ai trouvé des tas de choses dans *ma vie* (mon temps), *et vous aussi, sans doute* (et je suppose *que* vous avez aussi).

2 Des *gros sous* (pennies) et des boutons de col, et des crayons, et des carnets de timbres vides.

3 Mais avez-vous jamais trouvé une vache?

4 Je ne veux pas dire une vache-jouet, mais une véritable, grande *vache,* avec des cornes et tout? *Moi oui* (j'ai).

5 C'est-*à-dire,* je ne suis pas *absolument* (strictement) certain si *c'est moi qui* (je) trouvai la vache, ou si *c'est* la vache *qui* me trouva.

6 Tout ce que je sais, c'est que, tout d'un coup, nous *prîmes conscience* (devînmes conscients) l'un de l'autre.

7 Nous étions seuls dans un étroit chemin *creux.*

8 Il n'y avait pas d'autres gens *ni* (ou) vaches en vue.

9 Nous *nous* fixâmes (l'un l'autre) de près et avec surprise pendant un moment, et puis je décidai qu'il nous fallait mieux être amis.

OOOOOOOOOOOOOOOOOOOOOOOOOOOOOOOOOOOOOOOOOO

(1) I **expect,** *ou* I **suppose,** *ou* I **assume.** — I **expect he will be home by 10 o'clock** : *Il sera sans doute rentré pour 10 heures.* — **You must not expect too much from him** : *Il ne faut pas lui en demander trop.* **It will be finished sooner than you expect** : *Ce sera terminé plus tôt que vous ne comptez.* — **That child gave us great expectations** : *Cet enfant nous donnait (ou nous avait donné) de grandes espérances.*

(2) Stud : 1) *bouton de col, clou à grosse tête*; 2) *haras, élevage de chevaux.* **The sky was studded with stars** : *Le ciel était « clouté d'étoiles ».* — A **stud-book** : *registre de « pedigree » des chevaux. — Le mot* **pedigree** (pèdigrî) *est d'origine inconnue, certains y voyant une déformation du français* « par degrés », *d'autres de* pied de grue, « *par sa ressemblance avec un arbre généalogique* » (!)

10 "Moo!" I said playfully.

11 The cow also became playful.

12 It turned round suddenly and whisked (3) its tail.

13 "Hi!" I cried.

14 The cow's hind (4) legs quivered, and its tail whisked again.

15 I tried to remember whether cows, like dogs, whisked their tails when they were pleased.

16 "Hi!" I cried again,
Evidently cows do not whisk their tails when they are pleased.

17 My second "Hi!" completed the animal's dawning annoyance, and caused it to gallop half-a-dozen yards away.

18 The increase in distance was pleasant, but did not solve the problem,

10 Meuh ! fis-je avec enjouement.
11 La vache aussi *se montra* (devint) enjouée.
12 Elle fit subitement *demi-tour* (tourna rond) et fouetta de la queue.
13 Hé ! criai-je.
14 Les pattes de derrière de la vache frémirent, et sa queue s'agita de nouveau.
15 J'essayai de me rappeler si les vaches, comme les chiens, agitaient *la* (leur) queue(s) quand elle étaient contentes.
16 Hé ! criai-je de nouveau. Evidemment, les vaches n'agitent pas *la* (leur) queue(s) quand elles sont contentes.
17 Mon second « Hé ! » acheva la vexation naissante de l'animal, et le *fit* (causa de) galoper à une demi-douzaine de *mètres* (yards).
18 L'accroissement de distance était agréable, mais ne résolvait pas le problème.

33B

(3) To whisk : *agiter vivement, faire un geste vif; épousseter.* — To whisk something away : *enlever vivement, escamoter q.q.ch.* — A whisk : *une époussette, un petit balai.* — Whiskers : *des favoris,* ou *pour les chats, la moustache; de longues moustaches.*

(4) The hind legs, the forelegs : *les pattes de derrière. de devant.* The hindmost; the foremost : *le dernier, le plus en arrière; le premier, le plus en avant. Pour une voiture, on dit :* the back wheels, the front wheels. The near-side back wheel : *la roue arrière gauche*; the off-side front wheel : *la roue avant droite.*

33rd LESSON

19 for now the cow was standing in the narrowest neck (5) of the lane, completely filling it.

20 The cow was taking no chances (6).

21 While still presenting its hind legs towards me, it turned its head round also, so that it could see when to kick.

22 It reminded me, unhumorously, of a gunner standing by his gun.

23 I, likewise, took no chances (6) and for quite a minute we mutually considered the position.

24 Then I remonstrated with myself.

25 "This is a *cow*, not a bull", I thought practically. "Cows are docile.*

26 Their horns are merely designed for ornament.

27 You can go right up to them, and they won't hurt you. You can, really."

28 Acting upon my thought, I walked right up to the cow, and it didn't hurt me.

19 car maintenant la vache se tenait dans le *passage* (col) le plus étroit du chemin creux, *le bouchant* (l'emplissant) complètement.

20 La vache ne *voulait courir aucun risque* (ne prenait aucune chance(s).

21 *Tout en* (Pendant que) présentant encore *son arrière-train* (ses jambes de derrière) vers moi, elle tournait aussi la tête, de façon *à voir* (elle pouvait voir) quand donner un coup de pied.

22 Elle me fit souvenir, sans amusement, d'un canonnier (debout) près de sa pièce.

23 Moi, de même, *je* ne voulus courir aucun risque, et pendant (toute) une *bonne* minute nous considérâmes mutuellement la *situation* (position).

24 Puis, je *me raisonnai* (remontrai avec moi-même).

25 C'est une vache, *et* non un taureau, *me dis-je* (pensai-je) pratiquement. — Les vaches sont dociles.

26 Leurs cornes sont simplement *là comme* (destinées pour) ornement.

27 *On* (Vous) peut s'en approcher tout droit, et elles ne vous feront pas *de* mal. *Mais oui.* (Vous pouvez réellement.)

28 *Mettant ma pensée en action* (agissant sur ma pensée), Je m'avançai *tout* droit jusqu'à la vache, et elle ne me fit pas *de* mal.

oooooooooooooooooooooooooooooooooooooo

(5) The neck of a bottle : *le goulot d'une bouteille.* — He wants to slip his neck out of the collar : *Il veut se dédire, tirer son épingle du jeu.* — He was turned out neck and crop (*or* bag and bagage) : *Il fut proprement jeté dehors.* — I have a stiff neck : *J'ai le torticolis.* — He is rather stiff-necked : *Il est plutôt collet monté.*

(6) Won't you try your chance (*or* your luck)? *Ne voulez-vous pas tenter votre chance?* — I do not like games of chance : *Je n'aime pas les jeux de hasard* (Games of skill : *les jeux d'adresse*). — He is merely a chance acquaintance : *Ce n'est qu'une connaissance de hasard.* — I have no luck : *Je n'ai pas de chance.* — There are ten chances to one : *il y a dix chances contre une.*

29 It remained motionless while I drew within range (7) and passed through the danger zone.

30 It did not even move when I squeezed myself level with its twisted head.

31 We smiled at each other; I actually, the cow spiritually (8).

32 Then I stroked (9) its nozzle, and it bounded into a hedge.

33c

33 I bounded into the other hedge.

34 That, probably, would have concluded our acquaintance but for an amazing fact.

35 When you bound, you also grab (10), and I had grabbed a rope.

29 Elle resta immobile, pendant que je venais à portée et traversais la zone de danger.

30 Elle ne bougea même pas quand je me *faufilai* (pressai) *au* niveau *de* (avec sa) *tête retournée* (tordue).

31 Nous *nous* sourîmes l'un à l'autre; moi, réellement, la vache, mentalement.

32 Alors, je lui caressai le museau, et elle bondit dans une haie.

33 Je bondis dans l'autre haie.

34 Cela aurait probablement *mis fin à nos relations* (conclu notre connaissance) sans un fait stupéfiant.

35 Quand vous bondissez, vous *faites aussi le geste d'empoigner* (empoignez aussi), et j'avais empoigné une corde.

oooooooooooooooooooooooooooooooooooooooo

(7) Within range, out of range : *à portée, hors de portée.* — A range (*or* row) of buildings : *Une rangée d'édifices.* — A range (*or* chain) of mountains : *une chaîne de montagnes.* — He ranges among the first scientists of the age : *Il prend rang parmi les premiers savants de l'époque.* — Wolves ranged about the country-side : *Des loups rôdaient dans la région.*

(8) *Spirituel (qui a de l'esprit), se dit* witty *ou* smart. Spiritual *signifie soit incorporel, opposé à matériel, soit mental, soit religieux.* — Spiritualism (spiritioualiz'm) : *spiritualité, spiritualisme, et aussi spiritisme.*

(9) *Ne pas confondre* to stroke (strôk), *passer la main sur, caresser et* a stroke (strôk), *de* to strike, *frapper, qui signifie un coup.* — A stroke of apoplexy : *une attaque d'apoplexie.* He gave him the finishing stroke : *Il lui donna le coup de grâce.* — That is a bold stroke : *C'est un coup hardi.* Proverb : Little strokes fell great oaks : *De petits coups abattent de grands chênes.* (To fell, *abattre est différent de* to fall, *tomber.*)

(10) To grab : to seize (sîz), to snatch, to grasp suddenly. — He is of a very grabbing (*or* grasping) nature : *C'est un grippe-sous.*

36 The rope was still clutched (11) in my hand, across the lane and at the other end of the rope was the cow.

37 Well, my duty was now obvious. Fate had decided it.

38 I now had the cow on a lead (12), and it would assumedly follow me wherever I went.

39 Provided, of course, I did not again stroke its nozzle.

40 I picked myself out of my hedge, and walked a little way.

41 When the rope became taut*, the cow picked itself out of its hedge, and followed.

42 Once more man dominated.

43 And thus we proceeded on our walk, peacefully, but without undue familiarity.

44 When it came on too slowly, I urged it on with playful cries of "Puss, puss!"

45 When it came on too fast, I urged myself on.

46 We walked for about a mile—and then something hit me sharply.

47 "Hey! You brute!" I roared.

36 La corde était encore serrée dans ma main *crispée, de l'autre côté* (à travers) du chemin creux et à l'autre bout de la corde était la vache.

37 *Ma foi* (Bien), mon devoir était clair maintenant. Le sort *en* (l') avait décidé,

38 *J'avais* maintenant la vache *en* (sur une) laisse, et *il était à supposer qu'*elle (supposément) me suivrait *partout où j'irais* (où jamais j'allais).

39 Pourvu, naturellement, que je ne lui caresse pas de nouveau le museau.

40 Je me *dégageai* (cueillis hors) de ma haie, et marchai un *peu* (petit chemin).

41 Quand la corde *se raidit* (devint raide), la vache se dégagea de sa haie, et suivit.

42 Une fois de plus l'homme dominait.

43 Et ainsi nous poursuivîmes notre marche, paisiblement, mais sans familiarité *déplacée* (non due).

44 Quand elle avançait trop lentement, je la pressais *par* (avec) des cris enjoués de « Minet, minet ».

45 Quand elle avançait trop vite, je me pressais moi-même.

46 Nous marchâmes (pour) environ un mille... et alors quelque chose me frappa *brutalement* (vivement).

47 Aïe! *Espèce de* (Vous) brute! hurlai-je.

ooooooooooooooooooooooooooooooooooooooo

(11) To clutch : to clasp or grip with the hand; to clench. — A clutch : ***un embrayage.*** **To slip in the clutch :** ***embrayer.*** **I slipped the clutch into third gear (ghîër) (*or* I slipped into third) :** ***Je passai en 3e vitesse.***

(12) A lead (lîd) ***ou*** **a leash :** ***une laisse.*** **— The lead** ***est aussi la direction, la conduite, le commandement, la prérogative du*** **leader. — Lead (lèd) :** ***le plomb.***

33rd LESSON

48 "And you, *you* be (13) a thief!" a voice roared back.

49 The rope was snatched from my hand,

50 and a face that needed no horns to make it fearsome was thrust in front of mine.

51 Well, well! Why worry? I yielded to the situation.

52 I can manage cows, but not their owners!

(From *Lost a Cow*, by J. Jefferson Farjeon in *The Passing Show*.)

ooooooooooooooooooooooooooooooooooooo

EXERCISE. — **1** Do not let them tread on your neck. — **2** For once, I will chance it. — **3** If you chance to come to London, do not fail to call on me. — **4** The price ranges between 10 and 15 shillings. — **5** He has all his wits about him. — **6** I was at my wit's end. — **7** The ghost appears on the twelfth stroke of midnight. — **8** At one stroke, he undid (spoilt) the work of years. — **9** Mind, your shoe-lace has come undone. — **10** If what you tell me is correct, I am undone. — **11** Is this your day off? — **12** Drink was his undoing.

48 Et vous, vous *n'*êtes *qu'*un voleur ! hurla une voix *en réponse* (de retour).

49 La corde *me* fut arrachée de *la* (ma) main

50 et une figure qui n'avait pas besoin de cornes pour *être* (la faire) effrayante *se fourra* (fut fourrée) devant la mienne.

51 *Eh bien, ma foi* (Bien, bien), pourquoi se tracasser ? Je cédai à la situation.

52 Je peux *me charger des* (diriger) vaches, mais pas *de* leurs propriétaires.

(Extrait de *Perdu une Vache*, de J. JEFFERSON-FARJEON dans *le Spectacle qui passe.*)

OOOOOOOOOOOOOOOOOOOOOOOOOOOOOOOOOOOO

(13) You be *pour* you are, *façon de parler paysanne.*

OOOOOOOOOOOOOOOOOOOOOOOOOOOOOOOOOOOO

1 *Ne vous laissez pas faire.* (Ne les laissez pas vous marcher sur le cou.) — **2** Pour une fois, je *m'y risquerai* (je le risquerai). — **3** Si vous venez par hasard à Londres, ne manquez pas de venir me voir. — **4** Le prix varie de 10 à 15 shillings. — **5** Il a toute sa présence d'esprit (il ouvre l'œil). — **6** J'étais au bout de mon latin. — **7** Le fantôme apparaît au douzième coup de minuit. — **8** D'un seul coup, il a gâté le travail de *plusieurs* années. — **9** Attention, votre lacet s'est dénoué. — **10** Si ce ce que vous me dites est exact, je suis *perdu* (défait). — **11** Est-ce votre jour de sortie? — **12** La boisson fut sa perte.

33rd LESSON

Thirty-fourth (34th) Lesson

A real b*ar*gain

1 "This", Mr. W**at**erall ann**ou**nced, as he **ga**zed **o**ver the top of his **pa**per at his **wi**fe,

2 "this is what I have **bee**n **loo**king for **(1)** for years—"

3 Mrs. W**at**erall, **re**alizing that her h**us**band w**an**ted to **rea**d s**om**ething from *The Daily* *T**el**egraph*,

4 j**um**ped to the concl**u**sion **(2)** that he had disc**o**vered an**oth**er c**u**re for b**al**dness.

5 She h**o**ped it would not be as c**om**plicated a c**u**re as the last one he had tried,

6 when he had sat for two h**ou**rs in the b**ath**-r**oo**m **e**very S**un**day m**or**ning,

7 wearing up**o**n his h**ea**d a h**e**misphere* of **in**diarubber **(3)**, which was kept firm by the v**a**cuum,

8 and was conn**ec**ted by a long t**u**be to an el**ec**-trical appar**a**tus emi**tt**ing fizzes **(4)** and bl**ue** sparks.

PRONUNCIATION. — Hemisphere : hèmissfiër. — solemnly : solë'mlé. — columns : coleumz. — bungalow : beugn'guëlôou. — pacify : passifaï. — apologized : ëpo-lodjaïz'd. — echoed : èkôd. — criticize : critiçaïz. — sighed : saï'd. — frequenting : frikouèn'tign'.

UNE VÉRITABLE OCCASION

1 Voici (ceci), annonça M. Waterall *en regardant* (comme il regardait) sa femme par-dessus (le haut de) son journal,

2 *voici* (ceci est) ce que je cherchais depuis des années...

3 Mme Waterall, se rendant compte que son mari voulait *lui lire* quelque chose du *Daily Telegraph,*

4 *décida sans plus* (sauta à la conclusion) qu'il avait découvert *encore un* (un autre) *traitement* (cure) pour la calvitie.

5 Elle espéra que ce ne serait pas un traitement aussi compliqué que le dernier qu'il avait essayé,

6 quand il *restait* (avait *été* assis) deux heures dans la salle de bains tous les dimanches matins,

7 portant sur la tête un hémisphère de caoutchouc qui était maintenu par le vide,

8 et était relié par un long *tuyau* (tube) à un appareil électrique émettant des craquements et des étincelles bleues.

ooooooooooooooooooooooooooooooooooooooo

(1) **Looking for for years...** la *répétition de* **for** *peut choquer des oreilles françaises, mais les Anglais sont moins pointilleux ; en outre, n'oublions pas que c'est là une conversation rapportée au naturel, et non un texte littéraire.* Prononcez : **loukign'** for för yîërz (*le second* for *atténué*).

(2) To jump to conclusions, « *sauter aux conclusions* ». *conclure ou déduire hâtivement, sans plus.*

(3) **Indiarubber** *ou simplement* **rubber**.

(4) Fizz : *onomatopée, décrivant un sifflement (pour l'électricité nous dirions craquement). S'applique surtout aux eaux gazeuses, au champagne. On dit même familièrement :* a bottle of fizz : *une bouteille de champagne ou de mousseux.*

9 Mr. Waterall read solemnly* from the advertisement columns*:

10 For Sale: *Two-roomed wooden bungalow* with lean-to (5) shed easily convertible into kitchen.*

11 *Quarter acre (6) of land planted with apples, pears, peaches, (7)*

12 *plums, cherries, currants, gooseberries, strawberries and vegetables.*

13 *More land obtainable adjacent. Price: £ 125.*

14 "For years!" repeated Mr. Waterall.

15 "And what would you do with it?" his wife asked.

16 "Do with it?" he repeated scathingly. "What do you suppose I should do with it?"

17 "I really don't know, dear", said Mrs. Waterall. "I can't guess."

18 "Do you mean to say we've been married all these years

19 without your having realized that I wanted a place (8) in the country?

9 M. W. lut solennellement, *dans* (de) les colonnes d'annonces :
10 A vendre : Châlet de bois, deux pièces, avec hangar en appentis facilement *transformable* (convertible) en cuisine
11 Quart d'acre de terre planté de *pommiers* (pommes), poiriers, pêchers,
12 pruniers, cerisiers, cassis, groseilliers, fraisiers et légumes.
13 *Autre* (Plus de) terrain *disponible* (« obtenable ») adjacent. Prix : £ 125.
14 Depuis des années ! répéta M. W.
15 Et qu'en ferais-tu ? demanda sa femme.
16 *Ce que j'en ferais? reprit* (répéta)-il *d'un ton* mordant. Que supposes-tu que j'en ferais ?
17 Je ne sais vraiment pas, chéri. Je ne *devine pas* (peux pas deviner).
18 Veux-tu dire que nous sommmes mariés depuis *tant d'* (toutes ces) années
19 sans que tu te sois rendu compte que je voulais une maison (endroit) à la campagne ?

ooooooooooooooooooooooooooooooooooooooo

(5) A lean-to : *un appentis.* To lean : *s'appuyer, se pencher.* — Please, lean upon my arm : *Appuyez-vous donc sur mon bras.* — That steeple leans to one side : *Ce clocher penche d'un côté.* — There was a ladder leaning against the wall : *Il y avait une échelle appuyée au mur.* To lean forward, to lean back : *se pencher en avant, en arrière.*

(6) An acre (ée'k'r) contains 4,840 square yards, and is equal to 40 *ares* 47 *centiares.* God's acre : *le champ du repos, le cimetière* (cemetery, churchyard).

(7) *Littéralement : planté de pommes, poires, pêches, au lieu de* apple-trees, pear-trees, peach-trees, etc.

(8) A place : a place of residence. — Come round to our place : *Passez chez nous, passez nous voir.*

34th LESSON

20 Haven't I continually pointed out (N. 4) how bad it is for the children to be cooped (9) up in London?—"

21 "Oh, I know, dear", said Mrs. Waterall to pacify* him. "You are always thinking about (10) the children."

22 "I think about the children too much", said Mr. Waterall. "If I thought about myself a little more, sometimes— ".

23 He broke off— And then: "Peaches!" he murmured.

24 "Do you mean to tell me you wouldn't like to have your own peaches every morning?"

25 "Of course, I think it would be lovely", she assured him.

26 "We could keep chickens (11)", he went on. "Those eggs, this morning, for instance,—

27 that sort of thing couldn't happen if we had a place in the country."

28 "I think they were Danish, dear." Mrs. Waterall apologized*.

20 Est-ce que je n'ai pas continuellement *fait ressortir* (indiqué) combien il est mauvais pour les enfants d'être claquemurés à Londres?

21 Oh, je sais, chér*i*; dit Mme W. pour *l'apaiser* (le pacifier). Tu *te préoccupes* (pense à propos) toujours des enfants.

22 *Je me préoccupe* trop des enfants, dit M. W. Si je *me préoccupais* un peu plus de moi-même, quelquefois...

That steeple leans to one side

23 Il s'interrompit... Et puis : Des pêches! murmura-t-il.

24 Veux-tu me dire que tu n'aimerais pas avoir tes pêches *à toi* (propres) tous les matins?

25 Bien sûr, je pense que ce serait délicieux, lui assura-t-elle.

26 Nous pourrions *avoir* (garder) des *poules* (poulets), continua-t-il. Ces œufs, ce matin, par exemple...

27 cette sorte de chose ne pourrait pas arriver si nous avions une *maison* (endroit) à la campagne.

28 Je crois qu'ils étaient danois, chér*i*, s'excusa Mme W.

OOOOOOOOOOOOOOOOOOOOOOOOOOOOOOOOOOOOOOOO

(9) A **coop** (**coupp**) *est un poulailler, ou un réduit obscur, comme un tonneau; primitivement, c'était un tonneau* (**barrel**, **tub**). *D'où le mot* **cooper** *: tonnelier.* — **To coop up** : *enfermer étroitement, claquemurer.* **Cooped** : **coûp't**.

(10) **I am thinking of it** : *j'y pense.* — **I am thinking about it** : *Je m'en préoccupe.* **I'll think it over** : *j'y réfléchirai.*

(11) **New hatched** (**hat'cht'**) **chickens** : *des poussins frais éclos.* — **She is no spring chicken** : *Elle n'est pas de la dernière couvée; elle a coiffé Sainte-Catherine.* — **He is chicken-hearted** : *C'est une poule mouillée.* — **Chicken-pox** : *la petite vérole.*

34th LESSON

29 "Danish?" echoed* her husband. "They might have been Anglo-Saxon!"
30 Mrs. Waterall was almost sure that he was making a joke
31 but she could not be perfectly sure,
32 because one of the shops at which she dealt (N. 5) was called *The Anglo-Saxon Stores*,
33 and it might be that he was criticizing* the eggs from there.

34 So, she sighed* with the intention of giving an impression, if he had made a joke,
35 that she was helpless (12) with inward laughter or, if he had not made a joke,
36 that she was sorry about the eggs and would give up frequenting* *The Anglo-Saxon Stores*.
37 "And of course", Mr. Waterall added, "the time has come to keep a dog!"

(From *Buttercups and Daisies* (13), by Compton Mackenzie - Cassel, publishers.)

29 Danois? *fit* son mari en écho. Ils *auraient pu être* (pourraient avoir été) anglo-saxons!
30 Mme W. était presque sûre qu'il *plaisantait* (faisait une plaisanterie);
31 mais elle ne pouvait *en* être parfaitement sûre,
32 parce qu'une des boutiques où elle *se servait* (traitait) s'appelait « Le Magasin anglo-saxon »
33 et cela se pouvait (pouvait être) qu'il critiquât (critiquait) les œufs *qui en venaient* (de là).
34 Alors, elle soupira avec l'*idée* (intention) de donner l'impression, s'il avait plaisanté,
35 qu'elle n'en pouvait plus (avec) *à force de* rire intérieur, ou, s'il n'avait pas plaisanté.
36 qu'elle regrettait *pour* (au sujet) les œufs et renoncerait à fréquenter « Le Magasin anglo-saxon ».
37 Et naturellement, ajouta M. W., le *moment* (temps) est venu d'avoir (garder) un chien!

(Extrait de *Boutons d'or et Pâquerettes*, de COMPTON MACKENZIE.)

ooooooooooooooooooooooooooooooooooooooo

(12) Helpless : « *sans aide* », *qui n'y peut rien, gauche, maladroit, impotent.* She is as **helpless** as a child : *Elle est aussi incapable qu'un enfant.*

(13) She is as fresh as a **daisy** (dée'zé) : *Elle est fraîche comme une rose (une pâquerette).* — It is time for him to **feed** the daisies (*or* to turn up his toes to the daisies) : *Il est temps qu'il aille manger les pissenlits par la racine.*

34th LESSON

Auld Lang Syne (14)

38 Should auld acq**ua**intance be forg**ot** (15),
And **ne**ver brought to m**i**n' (16)?

39 Should auld acq**ua**intance be forg**ot**,
And days o' auld lang s**y**ne?

40 For auld lang s**y**ne, my d**ea**r,
For auld lang s**y**ne,
We'll tak' a cup o' k**i**ndness yet,
For auld lang s**y**ne.

Auld Lang Syne est une chanson traditionnelle, qu'on chante particulièrement dans les réunions d'anciens camarades qui ne s'étaient pas vus depuis longtemps.

Ecossaise à l'origine, elle s'est étendue peu à peu à toutes les branches de la grande famille anglo-saxonne.

oooooooooooooooooooooooooooooooooooooooo

EXERCISE. — **1** If you l**ea**n **too** far back in your chair your will fall **o**ver. — **2** We c**an**not aff**or**d to k**ee**p a s**er**vant. — **3** Eggs; fresh eggs; new-laid eggs; bad, or st**a**le (*or* r**o**tten) eggs. — **4** Don't count your chi**ck**ens bef**ore** they are h**a**tched (h**a**t'cht). — **5** He was the l**i**fe and soul of the p**ar**ty. — **6** Haven't you gu**e**ssed yet? — No, I can't; I give it up. — **7** I don't m**ea**n to give up the ghost so s**oo**n. — **8** What an **aw**ful bore he is! I just m**an**aged to st**i**fle my yawns (y**o**rnz) d**u**ring his sp**ee**ch. — **9** I **won**der what he is s**u**lking for. — **10** I h**ea**r he has had words ag**ai**n with his m**o**ther-in-law. — **11** Do you know of **any** g**oo**d c**u**re for corns?

LE TEMPS JADIS

38 Devrait-on oublier *les vieux amis* (la « vieille » connaissance), Et ne jamais les rappeler à la *mémoire* (esprit) ?

39 Devrait-on oublier les vieux amis, Et *les* jours du temps jadis ?

40 Pour le *bon vieux* temps (jadis), mon cher, Pour le bon vieux temps, Nous prendrons encore une coupe d'*amitié* (amabilité), Pour le bon vieux temps.

(14) Auld lang syne, *locution écossaise équivalant littéralement à* " old long since ", *désigne* le temps jadis, le bon vieux temps.

(15) Forgot, *pour* forgotten.

(16) Min, *pour* mind, *employé dans le sens de* memory. En Ecosse et dans le Nord de l'Angleterre, on dit encore : I mind well *pour* I remember well.

Ask no questions, and you will be told no lies, *telle est la phrase anglaise qui correspond à notre :* « Si on te le demande, tu diras que tu n'en sais rien. »

oooooooooooooooooooooooooooooooooooooooo

1 Si vous vous renversez trop dans votre chaise, vous culbuterez. — **2** Nous n'avons pas les moyens d'avoir un domestique. — **3** Des œufs; des œufs frais; des œufs du jour (frais-pondus); des œufs gâtés, *ou* pourris. — **4** *Ne vendez pas la peau de l'ours* (ne comptez pas vos poussins avant qu'ils soient éclos). — **5** Il était le boute-en-train de la fête. — **6** N'avez-vous pas encore deviné ? — Non, je ne peux pas, j'abandonne, je donne ma langue au chat. — **7** Je n'ai pas l'intention de rendre sitôt le *dernier soupir* (l'esprit, le fantôme). — **8** Quel affreux raseur (il est) ! C'est tout juste si j'ai pu étouffer mes bâillements pendant son discours. — **9** Je me demande pourquoi il boude. — **10** Je *crois savoir* (entends) qu'il a encore eu une prise de bec (mots) avec sa belle-mère. — **11** *Pourriez-vous m'indiquer* (Savez-vous d') un bon remède pour les cors ?

34th LESSON

Thirty-fifth (35th) Lesson

REVISION AND NOTES

1. To start, to startle, *expriment tous deux la surprise, le tressaillement.* How you made me start! *or* How you startled me! *Que vous m'avez fait peur! Mais* to start, *dans ce sens, est neutre, tandis que* to startle *est actif.* — I was startled at her screams : *Ses cris me firent tressaillir.* I started out of my sleep (*or* I woke up with a start) : *Je m'éveillai en sursaut.*

35A

To start, *est aussi* partir, *ou* commencer. — The train starts at 9.15 : Le train part à 9 h. 15. — When do you start work? *Quand vous mettez-vous au travail?* — I had little money to start with : *J'avais peu* d'argent pour débuter.

C'*est également* faire partie, donner le départ. — I couldn't start the engine : *Je ne pus mettre le moteur en marche.* — They started a new business : *ils ont fondé une nouvelle affaire.*

His eyes were starting out of his head : *Les yeux lui sortaient de la tête.* — I gave a start : *Je fis un sursaut.* — I gave him a start : *Je lui donnai de l'élan, le fis démarrer.*

An **up**start : *un parvenu.*

2. To upset et **to set up** *ont un sens opposé,* le *premier étant* renverser (to overturn, overthrow) *et le* *second* établir *ou* s'établir. — This ups**e**t all my plans : *Cela renversa tous mes projets.* — I hope to set up for mys**e**lf bef**o**re long : *J'espère m'établir à mon compte sous peu.*

Attention à l'accent tonique! To ups**e**t, *renverser*, mais the **up**set : *le renversement, bouleversement*, et **up**set, *adjectif : fixé, déterminé.* The **up**set price was £ 300 : *La mise à prix (aux enchères)* était de £ 300.

3. Devenir *est tantôt* to bec**o**me, to get, *ou* to gr**o**w, to turn, *ou même* to go. *En général,* to gr**o**w *exprime un changement assez lent, tandis que* to turn *et* to go *donnent l'idée de rapidité.* He gr**ew** weary of his work : *Il se lassa de son travail.* — He t**ur**ned cons**er**vative : *Il se fit conservateur (politique)*. — He went mad : *Il devint fou* (ou *enragé*) *subitement.* — She went bl**ue** in the f**a**ce : *Elle en bleuit (de colère)*.

4. To point, *indiquer, diriger.* — The **com**pass (cŏm'pĕss) points to the North : *La boussole indique le nord.* — To point at : *montrer du doigt,* ou *viser.* — You shouldn't point at p**e**ople : *Il ne faut pas montrer les gens du doigt.* — He pointed his p**is**tol at me : *Il braqua son pistolet sur moi.*

To point out : *signaler, faire remarquer.* — As I p**oi**nted out to him, it was cl**o**sing-t**i**me : *Comme je le lui fis remarquer, c'était l'heure de la fermeture.*

35th LESSON

Point, *substantif, a diverses significations.* — The point of a needle : *La pointe d'une aiguille.* — She won't give up her point : *Elle ne veut pas en démordre.* — This is a knotty point : *C'est une question épineuse* (" *noueuse* "). — I make it a point to be punctual : *Je me fais un devoir d'être ponctuel.* — That is not the point : *Ce n'est pas là la question.* — Come to the point! *Venez-en au fait!* — He was at the point of death : *Il était à l'article de la mort.*

5. To deal, *distribuer* ou *faire des affaires, traiter.* — I shall never deal with you again : *Je ne ferai plus jamais d'affaires avec vous.* — God deals his blessings to all his creatures : *Dieu distribue ses bienfaits à toutes ses créatures.* — Whose turn is it to deal? *A qui est-ce de donner (les cartes)* ? — He deals in corn and sugar : *Il fait le commerce des grains et du sucre.* — I was unfairly dealt with : *Je fus traité injustement.* — He dealt (*or* struck) him a heavy blow : *Il lui porta un coup violent.* — Let me deal with him in my own way : *Laissez-moi le traiter à ma façon.*

He was convicted of double-dealing : *Il fut convaincu de duplicité.* — I will have no such dealings : *Je ne veux pas de telles façons d'agir.*

6. Ough se prononce de sept façons différentes :

1) euf, *comme* dans en**ough**, rough (*rude*), tough (*coriace*), slough (*peau quittée par un serpent*).

2) off, *comme* dans cough (*toux*), trough (*auge*).

3) ok, *comme* dans hough (*jarret*).

4) aou, *comme* dans pl**ou**gh (*charrue*), b**ou**gh (*rameau*), dr**ou**ght (dr**a**out', *sécheresse*), d**ou**ghty (*vaillant, râblé*).

5) ô, *comme* dans though, alth**o**ugh, dough (*pâte, américain : la " galette "*), slough (*bourbier*).

6) ou : through.

7) or : bought, brought, fought, ought, thought, nought (nothing, zero), sought, wrought (*travaillé, façonné, forme irrégulière de* to work : wrought iron : *du fer forgé*).

35 C

Conundrums. — What is the difference between a blacksmith (*forgeron*) and a reliable horse?

— One is a horse-shoer (shouër), " *chausseur de chevaux* ") and the other a sure (shouër) horse.

Reliable : which one may rely upon. *Relier* is to bind (books) or to connect (places).

— What is the difference between a tree and an aeroplane (éëroplène) ?

— One sheds its leaves and the other leaves its sheds.

Expliquons : To shed *est répandre, laisser tomber, verser :* to shed tears : *verser des larmes.* To shed light : *Répandre de la lumière.* The trees shed their leaves : *Les arbres perdent leurs feuilles.* — *Et d'autre part* a shed : *un hangar.*

— What's the difference between a sailor in gaol and a blind man.

— The one cannot go to sea, and the other cannot see to go.

A gaol, *or* jail (djèël) : *une geôle, une prison*; a goal (gôl) : *un but.*

35th LESSON

Thirty-sixth (36th) Lesson

People next-door

1 "What is so n**i**ce ab**ou**t l**i**ving in **Lon**don is that you n**e**ver *need* know people.

2 I m**ea**n, you n**e**ver know p**e**ople just *bec**au**se* they l**i**ve n**ex**t-door to you."

3 This, by the way, is what my m**oth**er **u**sually says at t**ea** to dull str**a**ngers who live in the c**oun**try.

4 If they are dull str**a**ngers who live in **Lon**don she adds—"do you?" to the end of the s**ec**ond s**en**tence, and it works just as well.

5 If this doesn't draw them out it is Ge**or**ge's turn.

6 "Did you know that all the p**e**ople in the world could stand on the **I**sle (**1**) of Wight?" he says.

7 "No", they **an**swer, or **e**ven "Yes."

8 And then it is up to (**2**) D**a**vid to tell them that out of **e**very thr**ee** j**u**te-w**or**kers two are **un**employed.

9 But to go back to p**e**ople n**ex**t-door.

10 Take our h**ou**se, for **in**stance.

PRONUNCIATION. — Agriculture : agrikeultieur. — severely : sivîèrlé.

LES GENS D'A COTE (porte à côté)

1 Ce qu'il y a *de* si agréable à vivre à Londres, c'est que vous n'avez jamais *vraiment* besoin de connaitre *les* gens.

2 Je veux dire, vous ne connaissez jamais *les* gens simplement parce qu'ils vivent (la porte) à côté de vous.

3 Ceci, *soit dit* en passant, est ce que ma mère dit généralement, *en prenant le* (au) thé, aux inconnus ennuyeux qui habitent à la campagne.

4 Si ce sont des inconnus ennuyeux qui habitent à Londres, elle ajoute : n'est-ce pas? à la fin de la deuxième phrase, et cela *fait* (travaille) aussi bien *l'affaire*.

5 Si cela ne les *dégèle pas* (tire pas dehors), c'est le tour de George.

6 Saviez-vous que tous les *habitants* (gens) du monde pourraient tenir (debout) dans l'île de Wight? dit-il.

7 Non, répondent-ils, ou même : Oui.

8 Et alors c'est (en haut) à David de leur dire que sur (hors de chaque) trois travailleurs du jute, deux sont en chômage.

9 Mais *revenons* (pour revenir) aux gens d'à côté.

10 Prenez notre maison, par exemple.

oooooooooooooooooooooooooooooooooooooooo

(1) Une île : an **island** (**aïl'n'd**) *ou, moins usité* : an **isle** (**aïl'**). *On dit :* the **Isle of Wight**, the **Isle of Man**, the **British Isles**, *mais* the **Channel Islands (Jersey and Guernsey)**. *Le mot habituel pour une île est* an **island**.

(2) It is up to you to do it :: *C'est à vous de le faire, cela dépend de vous.* — He is up to something *or* to no good : *Il mijote q.q.ch., ou il ne mijote rien de bon.* — I am up to a

11 Take the people who have just come to live on our right.

12 There they are, within a few feet of us, divided—or, if you like, joined—by a single wall;

13 eating, drinking, going to their work, having their parties;

14 and what do we know about them? Nothing.

15 Of course we can't help seeing them sometimes.

16 The head of the family walks down the steps and past our window every morning while we are having breakfast.

17 At least, we suppose he's the head of the family,

18 and David says he must be a civil servant because of the leather-case he carries

19 and because of his bowler-hat (3) and his moustache.

20 "I don't see that proves anything", says my mother.

21 But one day George told us that he had seen the man getting into a taxi on a wet morning and shouting "Ministry of Agriculture* and Fisheries!"

11 Prenez les gens qui *viennent de s'intaller* (sont juste venus vivre) à notre droite.
12 Les voilà, à quelques pieds de nous, séparés, ou si vous voulez, joints par un seul mur;
13 *ils mangent* (mangeant), boivent, vont à leur travail, ont leurs distractions;
14 et que savons-nous d'eux? Rien.
15 Bien sûr, nous ne pouvons nous empêcher de les voir quelquefois.

16 Le *chef* (tête) de la famille *descend* (marche en bas) *le perron* (les marches) et *passe devant* (passé) notre fenêtre chaque matin pendant que nous *sommes au* (avons) petit déjeuner.
17 Du moins, nous supposons que c'est le chef de la famille,
18 et David dit que *ce* (il) doit être un fonctionnaire, à cause de la serviette de cuir qu'il porte,
19 et à cause de son chapeau melon et *de* sa moustache.
20 Je ne vois pas *ce que cela prouve* (que cela prouve q.q.ch.), dit ma mère.
21 Mais un jour, George nous dit qu'il *l'*avait vu (l'homme) entrer (entrant) dans un taxi un matin *de pluie* (mouillé) et *crier* (criant) : « *Au* Ministère de l'Agriculture et *des* Pêcheries!

OOOOOOOOOOOOOOOOOOOOOOOOOOOOOOOOOOOOOO

thing or two : « *Je connais une chose ou deux* » : *On ne m'en remontre pas si aisément.* — Your ideas are not **up**-to-da**te** : *Vos idées sont démodées.* — I don't f**ee**l up to the mark this m**o**rning : *Je ne me sens pas en forme (à la hauteur) ce matin.*

(3) A b**o**wl (bôoul) : *un bol (une jatte) ou une boule.* — Shall we have a game of bowls? *Ferons-nous une partie de boules?* — We **ga**thered **rou**nd the **pu**nch-b**o**wl : *Nous fîmes*

22 "Why couldn't you have told us that be**fore**?" we said.

23 I rem**em**ber that this h**app**ened at lunch one **Sun**day, and at that m**o**ment the bell rang.

24 It was the m**ai**d from n**ex**t-door to ask us if we knew that our cat was on that flat pi**e**ce of r**oo**f **ou**tside our top b**ack**-w**in**dow

25 and had b**ee**n there for four hours and didn't s**ee**m to know how to get off ag**ai**n.

26 We th**an**ked her and went upst**air**s.

27 I don't supp**o**se we should **ev**er have got it off if the c**i**vil s**er**vant's **el**dest son, the dark cl**ev**er-l**oo**king one,

28 hadn't thought of p**ut**ting a l**ad**der out of their **at**tic w**in**dow and pers**ua**ding the cat to walk al**on**g it.

29 Then we went downst**air**s, and the c**i**vil s**er**vant hims**elf** c**ar**ried the cat out and g**a**ve it to us,

30 and we st**a**yed t**al**king on his steps for q**ui**te a long t**i**me.

31 "I exp**ec**t he's **u**sed to cats", said Ge**or**ge as we sat down to lunch ag**ai**n.

22 Pourquoi *n'aurais-tu pas pu nous dire cela* (ne pourrais-tu nous avoir dit cela) auparavant? fîmes-nous.
23 Je me rappelle que ceci arriva au déjeuner un dimanche, et *qu'*à ce moment-là, *on sonna* (la sonnette sonna).
24 C'était la bonne d'à côté, pour nous demander si nous savions que notre chat était sur *ce bout* (morceau) de toit plat en dehors de notre fenêtre d'en haut *de* derrière,
25 et *qu'*il y était depuis quatre heures et ne semblait pas savoir comment en sortir (de nouveau).
26 Nous la remerciâmes, et montâmes en haut.

27 Je ne *pense* (suppose) pas que nous l'*en* aurions jamais tiré si le fils aîné du fonctionnaire, le brun *qui a* l'air intelligent,
28 n'avait pas pensé *à passer* (mettre) une échelle *par* (hors de) *la fenêtre de leur* (leur fenêtre de) mansarde et à persuader le chat de *passer* (marcher le long) dessus.
29 Puis nous descendîmes, et le fonctionnaire lui-même *apporta* (porta hors) le chat et nous le donna
30 et nous restâmes *à parler* (parlant) sur son perron tout à fait longtemps.
31 Je *suppose* (compte) qu'il a l'habitude des chats, dit George, comme nous nous remettions (asseyions de nouveau) à déjeuner.

oooooooooooooooooooooooooooooooooooooo

cercle autour du saladier de punch. — **A bowler** : *Un lanceur de boules (ou de balle, au cricket).* — **To bowl a player out** : *mettre un joueur dehors (en renversant son* **"wicket"** *(guichet); au figuré, attraper, régler son compte à q.qu'un.* — **That fairly bowled him over** : *Cela lui en boucha un coin, le déconcerta.*

36th LESSON

32 "Why?" we asked. "Because of the Fisheries", he said.

33 So far I have only told you about the people who live on our right.

34 The other day a friend of ours brought a dull stranger in to tea. A Mr. Chope.

35 "What is so nice about living in London, Mr. Chope, is that you never *need* know people.

36 I mean, you never know people just *because* they live next-door to you", said my mother,

37 and took another look at him and added, "Do you?"

38 There was a very loud knocking on the left-hand wall. Mr. Chope jumped.

39 "Did you hear that?" he breathed.

40 "Oh, *that*", said my mother. "That's that horrible child next-door."

41 "Which one?" asked George, forgetting all about the Isle of Wight.

42 "The one with red hair who sniffs and whistles out of tune?"

32 Pourquoi? demandâmes-nous? — A cause des Pêcheries, dit-il.

33 *Jusqu'ici* (Si loin) je ne vous *ai parlé* (dit) que des gens qui vivent à notre droite.

34 L'autre jour, un *de nos amis* (ami de nous) amena un inconnu ennuyeux au thé. Un M. Chope.

35 Ce qu'il y a de si agréable à vivre, à Londres, monsieur Chope. c'est que vous n'avez jamais *vraiment* besoin de connaître les gens.

36 Je veux dire vous ne connaissez jamais *les* gens simplement parce qu'ils vivent à côté de vous, dit ma mère,

37 et *après l'avoir regardé un coup* (prit un autre regard à lui, et) *elle* ajouta : « N'est-ce pas? »

38 *On frappa alors très bruyamment* (Il y eut un très bruyant « frappement ») *au* (sur le) mur de (main) gauche. M. Chope *sur*sauta.

39 Avez-vous entendu cela? *souffla* (respira)-t-il.

40 Oh, cela, dit ma mère. C'est cet horrible *gosse* (enfant) d'à côté.

41 Lequel? demanda George, oubliant tout *à fait* (de) l'île de Wight.

42 *Celui* (l'un) avec les cheveux rouges, qui renifle et siffle *faux* (hors de ton)?

36th LESSON

43 "Oh, no, George, not *that one*. No, the elder one.

44 He's taking up fretwork, (4) and I should think from the sound of it.

45 that he's *riddling* (5) that wall with brackets (6) and things."

46 "How do you know it's fretwork?" asked David.

47 "Their nurse (7) told me. Don't you think it's disgraceful, Mr. Chope", she went on severely*,

48 "that children who must be at least eight and nine should still go about with a nurse?

49 Of course, they may be younger. It's difficult to tell with unhealthy fat children."

43 Oh, non, George, *ce n'est* pas celui-là. Non, l'aîné.
44 Il se met à faire du découpage, et je penserais *d'après ce qu'on entend* (du son de cela)
45 qu'il est *tout simplement* en train de cribler ce mur de crochets et d'*affaires* (choses).
46 Comment sais-tu que c'est *du* découpage? demanda David.
47 Leur bonne d'enfants me l'a dit. Ne *trouvez* (pensez-) vous pas que c'est honteux, monsieur Chope, continua-t-elle sévèrement,
48 que *des* enfants qui doivent avoir au moins huit et neuf *ans se promènent* (iraient çà et là) encore avec une bonne?
49 *Il est vrai qu'* (Naturellement) ils peuvent être plus jeunes. C'est difficile à dire, *pour* (avec) des enfants malsains et bouffis (gras).

ooooooooooooooooooooooooooooooooooooooo

(4) To fret : *ronger, user par frottement; découper à la scie, ciseler.* A fret-saw : *une scie à découper.* — The wind fretted the **sur**face of the s**e**a : *Le vent ridait la surface de la mer.* — To fret *est aussi se ronger, se tourmenter.* — I shouldn't fret ab**ou**t it if I were you : *Je ne me tourmenterais pas pour cela à votre place.* — He was fr**e**tting and f**u**ming **in**wardly : *il rongeait son frein, se faisait du mauvais sang.* — *Le fret :* freight (fr**éë**t).

(5) To **rid**dle : *cribler.* A **rid**dle : 1) *un crible;* 2) *une énigme, une devinette.* — He fell **rid**dled with **bu**llets : *Il tomba criblé de balles.* — I am very fond of **rid**dles, p**u**zzles, puns and co**nun**drums : *j'aime beaucoup les énigmes, les devinettes, les calembours et les à-peu-près.*

(6) In br**a**ckets : *entre crochets, entre parenthèses.* — *Les guillemets s'appellent* inv**er**ted c**o**mmas (*virgules renversées*). — *Le tiret :* dash; *le trait d'union :* hyphen (haïf'n). — *Le point :* full stop; *le point et virgule :* **se**mi-co**lon**; *deux points, à la ligne :* c**o**lon, new line. — *Point d'interrogation :* **Ques**tion mark. — *Point d'exclamation :* Exclam**a**tion mark; *points de suspension :* dots.

(7) Nurse (neûrss) : *une bonne d'enfants* (**nur**semaid) *ou une infirmière* (**hos**pital nurse). A wet nurse : *une nourrice.* A m**a**le nurse : *un infirmier.* — A **nur**sery : *une chambre d'enfants.* A **nur**sery-**gar**den : *une pépinière;* a **nur**sery-man : *un pépiniériste.*

36th LESSON

50 Soon **a**fter this Mr. Chope went.

51 David, who h**ap**pened to be st**an**ding on the b**al**cony,

52 saw him cl**i**mb the steps of the h**ou**se on the left and f**ee**l (8) for his k**ey**.

53 No, we have n**e**ver s**ee**n Mr. Chope ag**ai**n.

54 As my m**oth**er says, that's what is so n**i**ce ab**ou**t l**i**ving in L**on**don.

(From *Punch.*)

Are you taking up English seriously? *Vous mettez-vous sérieusement à faire de l'anglais?*

This business takes up my whole time : *Cette affaire occupe tout mon temps.*

EXERCISE — **1** I don't see what there is so difficult ab**ou**t that. — **2** I tell you there is more in it than m**ee**ts the eye. — **3** Your l**i**ttle trick did'nt work this time. — **4** The c**e**ntre-f**or**ward missed thr**ee** shots out of four. — **5** She w**al**ked past him with**ou**t s**ee**ming to n**o**tice him. — Do you m**ea**n she cut him p**ur**posely? — **6** He n**ur**ses a gri**e**vance ag**ai**nst all t**a**x-coll**e**ctors. — **7** I had to f**ee**l my way in the dark. — **8** I think it f**ee**ls ch**i**lly in this r**oo**m. — **9** I was **i**nstantly aw**a**re that I had dr**o**pped a brick. — **10** You c**a**nnot go on like this; you must pull yours**e**lf tog**e**ther. — **11** We are all in the s**a**me b**oa**t : we must pull tog**e**ther.

50 *Peu* (Bientôt) après (ceci), M. Chope *s'en* alla.

51 David, qui se trouvait par hasard sur le balcon,

52 le vit grimper les marches de la maison à (sur la) gauche et chercher (tâter pour) sa clé.

53 Non, nous n'avons jamais revu M. Chope.

54 Comme dit ma mère, c'est ce qu'il y a de si agréable à vivre à Londres.

(Extrait de *Punch*.)

OOOOOOOOOOOOOOOOOOOOOOOOOOOOOOOOOOOOOOOO

(8) How do you **feel** now? *Comment vous sentez-vous maintenant?* — I **feel quite** all right, thanks : *je me sens tout à fait bien, merci.* — **Iron feels** cold : *le fer est froid au toucher.* — That man **feels** for **nobody** : *Cet homme ne s'intéresse à personne.* — I was **feeling** for my **wallet** : *Je tâtais mon porte-feuille dans ma poche.* — How pleasant the **sea-breeze feels**! *Comme la brise de mer est agréable!* — How does he **feel** ab**out** his **nephew** (nèfioù)? *Quels sont ses sentiments à l'égard de son neveu?*

OOOOOOOOOOOOOOOOOOOOOOOOOOOOOOOOOOOOOOOO

1 Je ne vois pas ce qu'il y a là de si difficile. — **2** Je vous dis qu'il y a là plus qu'il n'y paraît à première vue. — **3** Votre petit truc n'a pas *réussi* (travaillé) cette fois-ci. — **4** L'avant-centre manqua trois « shots » sur quatre. — **5** Elle passa près de lui sans paraître le remarquer. — Voulez-vous dire qu'elle fit exprès de *ne pas le reconnaître* (le « couper »)? — **6** Il couve un ressentiment contre tous les percepteurs. — **7** Je dus marcher à tâtons dans l'obscurité. — **8** Je trouve qu'on sent la fraîcheur dans cette chambre. — **9** J'eus immédiatement conscience d'avoir fait une gaffe (laissé tomber une brique). — **10** Vous ne pouvez pas *rester* (continuer) comme cela; il faut vous ressaisir. — **11** Nous sommes tous dans le même bateau : il nous faut souquer ensemble.

36th LESSON

Thirty-seventh (37th) Lesson

A *cin*ema m*an*agers' trou*b*les

1 A favourite dodge (1) with feminine scroungers* is to arrive at the cinema* and walk up and down the foyer (2) for half-an-hour.
2 Then they come across and tell me that a friend has let them down, (3) that they haven't any money—
3 and would I let them have a seat if they promise to send a postal order?
4 I have my own way of dealing with situations of this sort.
5 "If it were just a personal matter", I tell them, "I'd let you have a ticket like a shot.
6 But I should get into fearful trouble with my directors if I issued (N. 1) a ticket without payment."
7 One has to be very strict in matters of this kind—
8 for in the centre of London there is what almost amounts (4) to a society of scroungers.
9 If a manager gets a name for "being easy", the news soon goes round

PRONUNCIATION. — Scrounger : scraou'ndjër. — cinema : cinèmë. — diabolically : daïëbolikëlé. — financiers : fina'ncîërz. — characteristics : carëctèrisstikss'. — challenged : tchale'ndjd. — tough : teuff. — argued : ârguïoûd'. — theoretically : *f*i-orètikëlé. — weight : ouéït'.

LES ENNUIS D'UN GÉRANT DE CINÉMA

1 Une ruse favorite *des* (avec) *resquilleuses* (resquilleurs féminins), *c'*est d'arriver au cinéma et d'aller et venir dans le hall pendant une demi-heure.
2 Puis elles se présentent (viennent à travers) et me disent qu'un de leurs amis *leur a manqué de parole* (les a laissées en bas), qu'elles n'ont pas d'argent,
3 et est-ce que je leur *donnerais* (laisserais avoir) une place si elle promettent d'envoyer un mandat-poste?
4 J'ai ma façon *à moi* (propre) *d'agir dans* (traiter avec) des situations de cette sorte.
5 Si ce n'était qu'une affaire personnelle, leur dis-je, je vous donnerais un billet *sans hésiter* (comme un coup de fusil).
6 *Mais je m'amènerais* (j'entrerais dans) des ennuis terribles avec mes directeurs si je distribuais un billet sans paiement.
7 On est obligé d'être très strict dans *les* affaires de ce genre,
8 car dans le centre de Londres il y a ce qui *revient* (monte) presque à une société de resquilleurs.
9 Si un gérant acquiert *la réputation* (un nom pour) d'être « coulant », la nouvelle circule bientôt,

OOOOOOOOOOOOOOOOOOOOOOOOOOOOOOOOOOOOOOO

(1) To **dodge** (**do**d'j') : *esquiver, éviter; biaiser.* A **dodge** : *un tour, une ruse, une esquive.* He **dodged** the blow by **ducking** his **head** : *Il esquiva le coup en baissant la tête.* — It is hard to **dodge** the **income-tax** : *Il est difficile d'esquiver l'impôt sur le revenu.*

(2) The foyer (foua-y**è**) : *L'entrée d'un théâtre ou cinéma, ce que nous appellerions le « hall ». — Autre échange de bons procédés entre Anglais et Français : ce qui à Paris s'appelle un « dancing » se nomme à Londres un «* Palais de danse ».

(3) To let **someone down**, *malgré l'analogie, n'est pas exactement « laisser tomber q.qu'un », mais manquer de parole.* **He** let us **down badly** : *Il nous manqua fâcheusement de parole.*

(4) What does the bill **amount** (ëmaou'n't) to? *A combien s'élève la note?* — That **amounts** to **calling** me a liar : *Cela revient à me traiter de menteur.* — The whole **matter amounts** to **very little** : *Toute l'affaire se réduit à peu de chose.*

37th LESSON

10 and his theatre is besieged by free-entertainment tricksters.

11 They try to get in at back exits, loiter about the foyer,

12 borrow money from other patrons, and generally make a nuisance (N. 2) of themselves.

13 Some of them are almost diabolically* clever.

14 If they used their natural ingenuity (5) in a more profitable way, they might soon be big City financiers*,

15 for they have all the characteristics* of the professional twister.

37A

16 Another very troublesome person is the patron who purchases a cheap seat

17 and then slips back into the five-and-sixpennies when he supposes that nobody is watching him.

18 Usually, when challenged* people like this return quietly to their proper (6) seats.

10 et son théâtre est assiégé par des *amateurs* (truqueurs) de distraction gratuite.

11 Ils essaient d'entrer par *les* sorties de derrière, traînent par le hall,

12 empruntent de l'argent à d'autres clients, et en général *sont une vraie peste* (font une « nuisance » d'eux-mêmes).

13 Certains d'entre eux sont presque diaboliquement adroits.

14 S'ils employaient leur ingéniosité naturelle d'une façon plus profitable, ils pourraient bientôt être de hauts financiers de la City,

15 car ils ont toutes les caractéristiques de l' « *embobineur* » (tordeur) professionnel.

16 Une autre personne *qui cause beaucoup d'ennuis* (très ennuyeux), c'est le client qui *prend* (achète) une place bon marché,

17 et puis se faufile (glisse en arrière) dans les *places à* 5 sh. 6 d quand il suppose que personne ne l'observe.

18 D'habitude, quand on les interpelle, *cette espèce de gens* (gens comme ceci) retournent tranquillement à leurs propres places.

OOOOOOOOOOOOOOOOOOOOOOOOOOOOOOOOOOOOOOOOO

(5) *Ingénieux se dit* ingen**i**ous (i'ndjînieuss), *et ingénu,* ingen**u**ous (i'ndjèni**ou**ess). *Mais, par suite d'une confusion,* ingen**u**ity (in'djèni**ou**ïté) *signifie ingéniosité, et* ingen**u**ousness (indjènioueussness), *d'ailleurs moins employé, ingénuité.*

(6) Pr**o**per : *propre, convenable.* A pr**o**per name : *un nom propre.* You should have come at the pr**o**per time : *Vous auriez dû venir en temps opportun.* — That's the pr**o**per thing to do : *C'est bien cela qu'il faut faire.* — I shall do as I think pr**o**per : *Je ferai comme bon me semblera.* — Did he say it in pr**o**per terms? *L'a-t-il dit en propres termes?* — Speak pr**o**perly : *Parlez convenablement.* — His beh**a**viour was qu**i**te impr**o**per : *Sa conduite était tout à fait inconvenante.* — She is qu**i**te unf**i**t for that kind of work : *Elle est tout à fait impropre à ce genre de travail.*

37th LESSON

19 Occasionally, however, one comes up against a really tough* (7) egg.

20 "I couldn't see from where I was", he complains blandly, "and I'm going to stay right here."

21 It all depends how near they happen to be to the exit as to what procedure you adopt.

22 If the offender is near the door, you just move him out, but, if he is sitting in the middle of a row,

23 it isn't worth while creating a scene and disturbing other patrons.

24 You just have to leave him there, for the time being at all events.

25 I was "had" in this way by a patron who revisited the theatre,

26 a few weeks later, at a time when I happened to be in the foyer.

27 Although he had a woman companion with him, I refused to let him in.

28 He argued*, threatened, called me his "good man",

29 and eventually became so menacing that I had to telephone for the police.

30 This shook him a bit and he went away quietly—and he went alone,

19 *Parfois* (occasionnellement), cependant, on tombe sur un véritable « dur » (œuf).
20 Je n'y voyais pas d'où j'étais, se plaint-il suavement, et je vais rester *là où je suis* (droit ici).
21 Tout dépend de la distance à laquelle ils se trouvent de (combien près ils se trouvent être à) la sortie, pour la (quant à quelle) procédure à adopter (*que* vous adoptez).

22 Si le contrevenant est près de la porte, vous le sortez simplement ; mais, s'il est assis au milieu d'une rangée,
23 ce n'est pas la peine de *faire un scandale* (créer une scène) et de déranger *les* autres clients.
24 Il vous faut simplement le laisser là, *du moins* pour le temps *présent* (étant), en tout cas.
25 J'ai été « *eu* » de cette façon par un client qui revint au cinéma (revisita le théâtre),
26 quelques semaines plus tard, alors que (à un moment quand) je me trouvais dans le hall.
27 Bien qu'il *fût accompagné d'une femme* (eût une femme-compagnon avec lui), je refusai de le laisser entrer.
28 Il discuta (« argua »), menaça, m'appela son « brave (bon) homme »,
29 et *finit par devenir* (devint éventuellement) si menaçant que je dus téléphoner à la police.
30 Ceci l'ébranla *quelque* (un) peu, et il s'en alla tranquillement — et (il) s'en alla seul,

---

(7) Tough (teuff) : *résistant, coriace.* This steak is really too tough : *Ce bifteck est vraiment trop coriace.* — We had a tough job of it : *La besogne a été dure.* — Dans a tough egg, egg *est au figuré, et signifie « zigoteau, numéro » ; un œuf dur :* a hard-boiled egg.

31 for his girl-friend, disgusted with his behaviour, decided, then and there, to have nothing more to do with him.

32 It is, of course, rare for a manager to quarrel with one of his patrons.

33 Usually the customer, however wrong, is "always right",

34 and many times I have theoretically* dismissed usherettes **(8)** to satisfy the whims of an irate client **(9)**.

35 It saves trouble and hurts nobody. What's the good of arguing?

(From *The Film Weekly.*)

37c

Abide with me

(A sacred song)

36 Abide **(10)** with me! fast fall the eventide **(11)**;

37 The darkness deepens, Lord, with me abide!

31 car son amie, dégoûtée de sa conduite, décida *sur-le-champ* (alors et là) de ne plus rien avoir à faire avec lui.
32 *Cela va sans dire qu'il est rare* (Il est naturellement rare) *qu'un* (pour un) gérant se dispute (de *se* quereller) avec un des ses clients.
33 D'habitude, le client, *si tort qu'il puisse avoir* (combien jamais *dans son* tort), « a toujours raison »,
34 et maintes fois j'ai congédié théoriquement des ouvreuses pour satisfaire les caprices d'un client irascible.
35 Cela épargne des ennuis, et ne fait de mal à personne. A quoi bon discuter !

(Extrait de *l'Hebdomadaire du Film.*)

RESTE AVEC MOI

Cantique (Un chant sacré)

36 Reste avec moi ! l'ombre du soir tombe vite ;
37 L'obscurité *se fait plus* profonde, Seigneur, reste avec moi !

OOOOOOOOOOOOOOOOOOOOOOOOOOOOOOOOOOOOOO

(8) An **ush**er (**eu**shër), du vieux français « *ussier* », *huissier, signifie soit un portier, un « ouvreur », ou un « pion ». Le féminin* usher**e**tte *est formé à la française.*

(9) *Nous avons vu trois mots différents pour « client » :* a p**a**tron (one who p**a**tronizes) ; a **cus**tomer (who gives his **cus**tom, *sa pratique*) ; a client : *se dit des clients dans les professions libérales, avocat, médecin, etc.* **Cus**tomer *est le plus usité, signifiant soit* a p**ur**chaser, a buyer, *ou, familièrement,* a f**e**llow : he is an **ug**ly **cus**tomer : *c'est un vilain monsieur.* A **queer cus**tomer : *un drôle de « client », de type.*

(10) Abide (ëb**aï**d') : stay. — I ab**i**de by what I say : *je m'en tiens à ce que je dis.* — She **cann**ot ab**i**de (*or* b**ea**r) him : *Elle ne peut le souffrir.*

(11) **E**ventide, pour **e**vening-tide, *appellation poétique du soir.*

Tout comme on peut prononcer either **aï***vër ou* **î***vër,* **of**ten **of**'n *ou* **oft**'n, *on peut dire* fin**a**'nciër *ou* faïn**a**'nciër *pour* fin**an**cier, *et* dir**è**ctër *ou* daïr**è**ctër *pour* direc**tor**.

38 When other helpers fail, and comforts flee,

39 Help of the helpless. O, abide with me!

40 I fear no foe, with Thee at hand to bless;

41 Ills have no weight*, and tears no bitterness;

42 Where is death's sting? Where, grave, thy victory?

43 I triumph still, if Thou (12) abide with me!

Abide with me est un cantique, mais si universellement connu dans le monde anglo-saxon qu'on ne saurait l'ignorer.

EXERCISE. — **1** If I ever come across him, I'll give him a piece of my mind. — **2** When I had given up expecting it, he came across with the money. — **3** You can sit here for the time being; you are not in our way. — **4** I told him I disapproved of his plans. — **5** Would it hurt your feelings if I were to break with him? — **6** Leave that alone, do not go asking for trouble. — **7** He wears his heart on his sleeve. — **8** Who has made that mess again in the drawing-room? — **9** She resents (rizè'nt's) his familiarity. — **10** It is all I can do to make both ends meet. — **11** All donations, however small, are welcome. — **12** He made no distinction between friend and foe.

38 Quand *les* autres *secours* (« secoureurs ») *me* manquent, et *que les* consolations s'enfuient,
39 Secours des sans-secours, O ! reste avec moi !
40 Je ne crains aucun ennemi, avec Toi *à portée* (à main) pour *me* bénir ;
41 *Les* maux n'ont pas de poids, et *les* larmes pas d'amertume ;
42 Où est l'aiguillon de la mort ? Où, tombe *est* ta victoire ?
43 Je triomphe encore, si Tu restes avec moi !

ooooooooooooooooooooooooooooooooooooo

(12) If Thou abide : *subjonctif, pour* If Thou abidest. Thee, thy *et* thou (*v*aou) *s'emploient quand on s'adresse à Dieu, ou en style noble.*

A storm in a **tea**-cup *est* : *Une tempête dans un verre d'eau.* Storm *signifie aussi assaut :* The Spaniards **took** the **town** by storm : *Les Espagnols prirent la ville d'assaut.*

ooooooooooooooooooooooooooooooooooooo

1 Si jamais je le rencontre, je ne lui mâcherai pas les mots. — **2** Alors que j'avais renoncé à l'attendre, il se présenta avec l'argent. — **3** Vous pouvez rester (assis) ici pour le présent ; vous ne nous gênez pas. — **4** Je lui dis que je désapprouvais ses projets. — **5** Cela vous froisserait-il si je rompais avec lui ? — **6** Laissez ça tranquille ; ne recherchez pas les ennuis. — **7** Il a le cœur sur la *main* (manche). — **8** Qui a encore fait ce gâchis dans le salon ? — **9** Elle supporte mal ses familiarités. — **10** C'est tout ce que je peux faire de joindre les deux bouts. — **11** Tous les dons, si petits soient-ils, sont les bienvenus. — **12** Il ne fit pas de différence entre amis et ennemis.

37th LESSON

Thirty-eighth (38th) Lesson

The job

1 *To the Managing Director, Beetle, Weevil, Snayle & Co.* **(1)**.

2 Dear Peter,—I don't know whe**th**er you rem**em**ber me, but we were at sch**oo**l tog**eth**er
and gre**a**t pals **(2)** at one t**i**me, though the years have sort of dr**i**fted us ap**ar**t a bit.

3 Do you rem**em**ber old P**es**tlemortar, the sc**i**ence-m**as**ter,

4 and the day he set f**i**re to his b**ea**rd at the B**u**nsen b**ur**ner,

5 and how Jones m**i**n**i**mus **(3)** tr**i**ed to put it out with sulph**u**ric* **a**cid?

6 And th**o**se ple**a**sant S**u**nday **e**vening walks down **(4)** by the old farm

PRONUNCIATION. — Sulph**u**ric : seulfi**ou**ric. — **sul**phur : s**eu**lfër. — **pre**mium : pr**i**mi-eum'. — **mer**cenary : m**eur**cenëré. — sin**cere**ly : si'nc**îë**rlé.

LA PLACE

1 (A) *M.* l'Administrateur-Délégué, B. W. Sn. et Cie.
2 Cher Pierre, je ne sais si tu te souviens de moi, mais nous avons été à l'école ensemble,
et grands copains à une certaine *époque* (temps), quoique les années nous *aient* (ont) *pour ainsi dire* (espèce de) *éloignés l'un de l'autre* (dérivés à part) *quelque peu* (un bout).

3 Te rapelles-tu le vieux « Mortierpilon », le prof. de sciences,
4 et le jour *où* il mit le feu à sa barbe *avec* (à) le *bec* (brûleur) Bunsen,
5 et comment Jones *le cadet* (minime) essaya de l'éteindre avec de l'acide sulfurique?
6 Et ces plaisantes promenades *du* dimanche soir (en bas) près de la vieille ferme,

ooooooooooooooooooooooooooooooooooooooo

(1) **Beetle** : *un scarabée et en général toute espèce d'insecte coléoptère.* **A brown beetle** : *un hanneton.* **A black beetle** : *une blatte.* — **Weevil** : *charançon.* — Dans **Snayle**, *vous reconnaîtrez* **snail**, *escargot...*

(2) **A pal** : **a chum** : **a mate.**

(3) **Minimus** (**minimeuss**) : *le plus petit, terme latin qui ne s'emploie qu'à l'école, pour* **junior** (**djiounïër**).

(4) **Down** *ne signifie pas ici en bas, mais quelque chose comme là-bas* (**Down there**).

7 when we used to drink in (5) the glories of the sunset and smoke sly (6) cigarettes?

8 But I mustn't get lost in reverie (7).

9 What I am really writing about is to ask if you could find some sort of job in your firm for my son George, who has just left school.

10 As you may know, I am an artist myself and haven't any connections in the business world.

11 Hoping you are fit,

G. Fisher.

12 *To G. Fisher, Esq.* (8), *"The Pineapples", Pondover:*

13 Dear Mr. Fisher,—I have to thank you for your favour of yesterday,

14 but regret I cannot see my way to promise anything for your son.

15 I am ashamed to say I cannot quite place you in my recollection,

16 but of course our school was a large one, and it is a long time ago.

7 quand nous *nous enivrions* de (buvions « dans ») *la magnificence* (les gloires) du soleil couchant et fumions des cigarettes en catimini ?

8 Mais il ne faut pas que je m'égare dans *la* rêverie.

9 *Ce pourquoi* (Ce que) je t'écris réellement (au sujet de), c'est pour te demander si tu pourrais trouver une place *quelconque* (quelque sorte) dans ta maison pour mon fils George, qui vient de sortir de l'école.

10 Comme il se peut que tu le saches, je suis artiste moi-même, et n'ai pas de relations dans le monde des affaires.

11 Espérant que tu es en bonne santé,

G. Fisher.

12 (A) M. G. Fisher, « Les Ananas », Pondover.

13 Cher monsieur Fisher, Je dois vous remercier de votre honorée d'hier ;

14 mais j'ai le regret de *me voir incapable* (ne pouvoir voir mon chemin pour) de vous promettre quoi que ce soit pour votre fils.

15 J'ai honte d'*avouer* (dire) que je n'arrive pas tout à fait à vous remettre dans ma mémoire ;

16 mais naturellement, notre école était (une) grande, et il y a longtemps de cela.

ooooooooooooooooooooooooooooooooooooo

(5) In *se rattache à* **drink**, *et non à* **the glories. To drink in** : *absorber, s'enivrer de.* — **He drank in every word she said** : *Il buvait littéralement chacune de ses paroles.*

(6) **To smoke sly cigarettes** : **to smoke cigarettes on the sly,** *en cachette, en catimini.*

(7) **Reverie** (*prononcé à la française, sauf l'accent tonique*) : **a waking dream; a loose or irregular train of thoughts occurring in musing or meditation.**

(8) **Esq.**, *pour* **Esquire** (esskouaïër) : *écuyer. En Angleterre, ce titre se donne à tout le monde dans la suscription des lettres :* **A. M. Jones, Esq.** — *Aux Etats-Unis, on écrirait :* **Mister A. M. Jones.**

38th LESSON

17 I should of course be delighted to serve an old schoolmate if I saw the opportunity,

18 but business has been so shockingly bad lately that we are inclined rather to cut down staff (9) than otherwise.

19 In fact I have every reason to think that the firm will do well if it lasts my time

20 the public demand for the articles we produce being on the decline.

21 You will understand that in these circumstances I cannot help you.

22 Yours faithfully,

Peter Beetle.

23 *To the Managing Director, Beetle, Weevil, Snayle & Co.*

17 Je serais naturellement enchanté de *rendre service à* (servir) un ancien camarade d'école si j'*en* voyais l'occasion,

18 mais les affaires ont été si fâcheusement mauvaises *ces derniers temps* (dernièrement) que nous sommes plutôt enclins à restreindre (couper en bas) *notre* personnel *qu'autre chose* (autrement).

19 De fait, j'ai tout lieu de penser que la maison *s'en tirera* (fera) bien, si elle dure *aussi longtemps que moi* (mon temps),

20 la demande *du public* (publique) pour les articles que nous produisons étant *en décroissance* (sur le déclin).

21 Vous comprendrez que dans ces circonstances, je ne puis vous *être utile* (aider).

22 Veuiller agréer mes sincères salutations,

Pierre B.

23 (A) *M.* l'Administrateur-Délégué, B. W. Sn. et Cie.

(9) Staff : 1) *bâton, soutien;* 2) *état-major; personnel.* — He was leaning heavily on his staff : *Il s'appuyait lourdement sur son bâton.* — Bread is the staff of life : *le pain est le soutien de la vie.* — A general staff officer : *un officier de l'état-major général.* The medical staff : *le personnel médical.* — *Pluriel :* staffs *ou* staves.

24 Dear Peter,—Sorry you can't do anything for the boy.

25 I am also rather hurt that you cannot recollect me, as we were great pals.

26 Don't you remember the time you stole a blancmange (10) from the kitchen and hid it in my bed?

27 I shall never forget it myself.

28 *Do* try and rack (11) your brain, old man, and see if you can't conjure up (12) my image.

29 I have rather a long nose and my hair is of a pleasing auburn.

30 By the way, if you can't find room for the boy yourself you might know another firm with a vacancy.

31 I suppose I mentioned that I was prepared to pay up to £ 1,000 premium to give him a good start? (13).

32 Yours fraternally,

G. Fisher.

24 Cher Pierre, *Je* regrette que tu ne *puisses* (peux) rien pour le *jeune homme* (garçon).
25 Je suis plutôt *froissé* (blessé) que tu ne puisses te souvenir de moi, comme nous étions grands copains.
26 Ne te rappelles-tu pas la fois *que* tu *avais* volé une gelée à la crème *dans* (de) la cuisine et l'*avais* cachée dans mon lit?
27 Je ne l'oublierai jamais moi-même.
28 Essaye *donc un peu* de te *creuser* (torturer) la cervelle, mon vieux, et vois si tu ne peux évoquer mon image.
29 J'ai plutôt *le* (un) nez long et mes cheveux sont d'un châtain roux agréable.
30 A propos si tu ne peux trouver de place pour le jeune homme toi-même, tu pourrais connaître une autre maison avec un *emploi vacant* (une « vacance »).
31 Je suppose que je t'*ai dit* (mentionné) que j'étais *prêt* (préparé) à payer jusqu'à £ 1.000 d'*indemnité* (prime) pour lui *faire* (donner) un bon début?
32 A toi fraternellement, G. FISHER.

oooooooooooooooooooooooooooooooooooooooooooo

(10) Blancm**a**nge (blama'nj') *ou* blancmanger (blama'njé) : A preparation of the consistency of a jelly, variously composed of dissolved isinglass (*colle de poisson*), **arrow-root** (*espèce de fécule*), maize-flour (*farine de maïs*), etc. with milk and flavouring substances.

(11) Rack : 1) *instrument de supplice* (*roue ou chevalet*); 2) *râtelier, crémaillère.* — A bottle-rack : *un porte-bouteilles.* — A pipe-rack : *un râtelier à pipes.* — A toast-rack : *un porte-pain grillé.* — A bicycle-rack : *un garage à bicyclettes.* — He was racking his brains : *il se torturait la cervelle.* — He let his business go to rack and ruin : *il laissa ses affaires tomber en ruine, aller à vau-l'eau.* (He let his business go to the dogs.)

(12) A conjurer (cö'ndjërër) : *un prestidigitateur, un sorcier.* — To conjure (cö'ndjër) : *ensorceler, user de sorcellerie.* — To conjure up the devil : *évoquer le démon.* — To conjure (co'ndjiouër) : *conjurer, implorer.* Vainly did she conjure him, he remained adamant : *Ce fut en vain qu'elle le supplia, il resta inflexible (dur comme diamant).* — Image (imédj') : *ce qui représente, ce qui ressemble.* God created man in his own image : *Dieu créa l'homme à son image.* — *Un livre d'images* : a picture-book.

(13) To start : 1) *tressaillir;* 2) *prendre le départ, s'élancer.* How you made me start! *Que vous m'avez fait peur!*

33 *To G. Fisher, Esq., "The Pineapples", Pondover.*

34 My dear George,—What must you think of me!

35 It was your signing yourself **(14)** just "G. Fisher" that confused me,

36 as of course we were much too great pals to use surnames **(15)**.

37 As if I could forget that blancmange or the Sunday evening cigarettes!

38 Of course I can find a place for *your* son in my firm,

39 and I believe there are few firms he could enter with better prospects,

40 All the very best,

Peter Beetle.

41 *To the Managing Director, Beetle, Weevil, Snayle & Co.*

42 Dear Peter,—As a matter of fact I have neither a son George nor £ 1,000.

33 (A) M. G. Fisher, « Les Ananas », Pondover.

34 Mon cher George, Que dois-tu penser de moi?

35 *C'est en* (C'était ton) signant simplement « G. Fisher » *que tu* (qui) m'as embrouillé,

36 *puisque* (comme) naturellement nous étions beaucoup trop (grands) copains pour nous servir *des* noms de famille.

37 Comme si je pouvais oublier cette gelée à la crème ou les cigarettes du dimanche soir!

38 Bien sûr je puis trouver une place pour ton fils *à toi* dans ma maison,

39 et je crois qu'il y a peu de maisons *où* il pourrait entrer avec de meilleures perspectives.

40 *Avec mes meilleurs vœux* (Tout *ce qu'il y a* de mieux).

Pierre B.

41 (A) *M.* l'Administrateur-Délégué, B. W. Sn. et Cie.

42 Cher Pierre, *A vrai dire* (comme une « matière de fait »), je n'ai ni (un) fils George, ni £ 1.000.

oooooooooooooooooooooooooooooooooooooo

— The train starts at 9 o'clock : *le train part à 9 h.* — He gave a start : *il fit un sursaut.* He gave him a start : *Il lui mit le pied à l'étrier, lui donna de l'élan.*

(14) To sign (saï'n).

(15) Surname : *nom de famille.* Christian name : *pré-nom.* Nickname : *surnom.*

38th LESSON

43 I just **happ**ened to run acro**ss** Fa**tt**y Br**ow**n the **oth**er day and we had a bet

44 as to whe**th**er you would still be the **s**ame **mer**cenary* li**tt**le b**ea**st you were as a boy.

45 I won.

Yours sinc**er**ely*,

G. Fi**sh**er.

Remarquez bien que and Company *s'écrit en abrégé* and Co., *et non* " *and Cy* " *comme on le voit souvent dans les journaux français.*

OOOOOOOOOOOOOOOOOOOOOOOOOOOOOOOOOOOOOOOOO

EXERCISE. — **1** Can you **see** your way to go sh**a**res with me? — **2** His f**a**ce s**ee**ms fami**li**ar, but I c**an**not qu**i**te pl**a**ce him. — **3** B**us**iness is sh**ock**ingly bad; I have to cut d**own** exp**en**se to the **ut**most. — **4** I h**e**ar those sh**a**res are at a premium on the Stock-Exch**a**nge. — **5** This child is the v**ery** **im**age of his gr**and**father. — **6** I t**a**ke in this **new**spaper chiefly bec**au**se of the p**i**ctures. — **7** He st**ar**ted out of his sl**ee**p. — **8** I had very l**itt**le m**on**ey to start with. — **9** I am so **u**sed to c**a**lling him by his n**ick**name that his s**ur**name has gone out of my mind. — **10** As a m**att**er of fact, I have forg**o**tten it mys**elf**. — **11** He **en**tered the Church as a m**idd**le-**a**ged man. — **12** Will you be so g**oo**d as to **en**ter your n**a**me and s**ur**name in this book? — **13** Why be so m**a**tter-of-fact?

43 J'ai tout simplement rencontré par hasard le *gros* (graisseux) Brown l'autre jour, et nous avons *fait* (eu) un pari

44 (quant à) si tu serais toujours le même mercenaire petit *dégoûtant* (brute) *que quand tu étais écolier* (que tu étais comme un garçon).

45 J'ai gagné.
Bien à toi,

G. FISHER.

What does she **look** so cut up ab**out**? *Pourquoi a-t-elle l'air si affligée?* — I believe her **salary** has **been** cut **down** : *Je crois que son salaire a été réduit.*

oooooooooooooooooooooooooooooooooooooo

1 Voyez-vous *la possibilité* (votre chemin) de partager avec moi? — **2** Sa figure *me* semble connue, mais je ne peux pas le remettre au juste. — **3** Les affaires sont horriblement mauvaises; il me faut réduire les frais à l'extrême. — **4** Je crois savoir que ces actions font prime en Bourse. — **5** Cet enfant est tout le portrait de son grand-père. — **6** Je suis abonné à ce journal surtout à cause des images. — **7** Il se réveilla en sursaut. — **8** J'avais très peu d'argent pour commencer. — **9** J'ai tellement l'habitude de l'appeler par son surnom que son nom m'est sorti de la tête. — **10** Le fait est que je l'ai oublié moi-même. — **11** Il entra dans les Ordres dans son âge *mûr* (moyen). — **12** Voulez-vous avoir l'obligeance d'inscrire vos noms et prénom (prénom et nom) dans ce registre? — **13** Pourquoi être si terre-à-terre?

38th LESSON

Thirty-ninth (39th) Lesson

Uncanny (1) instincts

1 We were discussing intuition* in animals.

2 Barry had quoted the usual case of a friend of one of his relations

3 whose horse had declined to pass a certain spot,

4 and a minute or two later of course a tree had crashed across the road at that very place.

5 Denis had recounted (2) a similar story about a dog and a hoarding (3),

6 and the conversation seemed scheduled (4), to take the normal course of such discussions.

7 In fact I was just about to tell a story about an elephant when James said abruptly,

8 "Let me tell you about an experience which befell (5) me personally—

9 It happened in the very cold winter of 1928-1929 (6), when I was staying with some German friends, in Mecklenburg.

PRONUNCIATION. — Intuition : i'ntiou-ish'n. — female : fîméël. — roe-deer : rô-diër. — geese : ghîss. — reprovingly : riprouvign'lé.

INSTINCTS MYSTÉRIEUX

1 Nous discutions *de l'*intuition *chez les* (dans) animaux.
2 Barry avait cité le cas *bien connu* (habituel) d'un ami d'un de ses parents
3 dont le cheval avait *refusé* (décliné) de *franchir* (passer) un certain endroit
4 et une ou deux minutes après naturellement, un arbre *s'était abattu* (avait fracassé) en travers de la route à cet endroit même.
5 Denis avait *rapporté* (recompté) une histoire *analogue* (similaire) au sujet d'un chien et d'une palissade,
6 et la conversation semblait *destinée* (classée) à *suivre* (prendre) le cours normal de *pareilles* (telles) discussions.
7 En fait, j'étais sur le point de raconter une histoire *d'* (à propos d'un) éléphant quand James dit *brusquement* (abruptement) :
8 Laissez-moi vous raconter (au sujet d') une aventure qui m'est advenue personnellement...
9 Cela arriva dans l'hiver très froid de 1928-1929, *alors que* (quand) je séjournais avec quelques amis allemands, *au* (en) Mecklembourg.

oooooooooooooooooooooooooooooooooooooo

(1) Uncanny, *mot d'origine écossaise, signifiant mystérieux, surnaturel, sinistre, néfaste.* — This is uncanny : *il y a de la sorcellerie là-dessous.* — Le mot **canny** : *avisé, prudent,* est *peu usité.*

(2) To recount (ricaou'n't) : 1) to relate in detail (ditè'ël); to tell the particulars of. — 2) to count over again.

(3) A hoarding (hôrdign') : 1) *une clôture en planches devant une maison en construction ou en réparation.* — 2) *Du verbe* to hoard, *amasser, accumuler* : a hoard *ou* a hoarding : *un trésor caché, un magot.* — What is the use of hoarding up money? *A quoi bon thésauriser?* — I bet he's got a hoard hidden away somewhere : *Je parierais qu'il a un « bas de laine » bien caché quelque part.*

(4) A schedule (skèdioul, *ou* sédioul, *ou* shèdioul) : *du vieux français schédule, « une cédule » : liste, inventaire, « état ».* To schedule : *inventorier, mettre sur une liste, classer.*

(5) Which befell me : which happened to me.

(6) 1928-1929 : nineteen twenty-eight nineteen twenty-nine. (*On ne dit pas* nineteen hundred and twenty-eight.)

10 A neighbouring landowner invited us over for a day's shooting.

11 Before we began he gathered the guns round him and said expansively:

12 'Gentlemen, we will shoot everything—everything, that is, except female* roe-deer*.

13 Rabbits, hares, pheasants, partridges, geese*, roe-bruck and foxes.'

14 In view of what followed it might have been better if I had told him frankly that English gentlemen do not shoot foxes.

15 However, I did not. I remained silent."

16 "What has all this got to do with animal intuition?" I asked.

17 He glanced at me reprovingly*. "I'm coming to it—if you will let me.

18 About mid-day a rabbit broke cover just in front of me.

19 I bowled it over with my right barrel.

20 Five seconds later, before I had time to reload, an old dog-fox (7) trotted out.

21 Now it had undoubtedly seen that rabbit shot.

10 Un propriétaire terrien du voisinage nous invita *chez lui* (par-dessus) pour une journée de chasse.
11 Avant de commencer, il réunit les « fusils » autour de lui et dit *d'une manière* expansive(ment) :
12 Messieurs, nous tirerons tout, *c'est-à-dire* tout, (c'est) excepté les femelles de chevreuil.
13 Lapins, lièvres, faisans, perdrix, oies, daims et renards.
14 *Etant donné* (En vue de) ce *qui suivit*, il aurait peut-être mieux valu (il pourrait avoir été mieux) *que je lui dise* (si je lui avais dit) franchement que *les* gentlemen anglais ne tirent pas *les* renards.

15 Quoi qu'il en *soit,* je ne le fis pas. Je demeurai silencieux.
16 Qu'est-ce que tout cela a à faire avec l'intuition animale? demandai-je.
17 Il *me jeta un* regard réprobateur. — J'y arrive, si vous voulez me *permettre* (laisser).
18 Vers midi, un lapin *sortit du fourré* (brisa « couvert ») juste devant moi.
19 Je le culbutai *de* (avec) mon canon de droite.
20 Cinq secondes *après* (plus tard), avant que je *n'aie* eu le temps de recharger, un vieux renard *mâle* (chien) sortit au trot.
21 Or, il avait sans aucun doute vu *tuer ce lapin* (ce lapin tiré).

OOOOOOOOOOOOOOOOOOOOOOOOOOOOOOOOOOOOOOOOOO

(7) A bitch-fox : *une renarde* (bitch : *chienne*); a fox-cub : *un renardeau.* — That would be setting the fox to keep the geese (ghîss) : *Ce serait « mettre le renard à garder les oies », enfermer le loup dans la bergerie.*

22 Why, then, did it trot out? There is only one explanation.

23 That fox's intuition had told it that I was the only English gentleman present and that English gentlemen do not shoot foxes.

24 But what was I to do (8)? My German friends were shouting excitedly to right and left.

25 I raised my gun and fired the remaining barrel in the fox's direction."

26 "Shooting wide (9), of course?" I said.

27 "The shots made a pattern (10) in a patch of snow beside it", agreed James,

28 "but never to my dying day shall I forget the look of utter contempt (11) in that creature's eyes

29 as it slowly looked (12) me up and down and finally bounded disgustedly into the undergrowth."

30 "Nevertheless", remarked Barry, "the fox's intuition was correct in all the essentials.

22 Alors, pourquoi sortait-il? Il n'y a qu'une explication.
23 L'intuition de ce renard lui avait dit que j'étais le seul gentleman anglais présent, et que *les* gentlemen anglais ne tirent pas *les* renards.
24 Mais que (étais-je pour) faire? Mes amis allemands *poussaient* des cris excités à droite et *à* gauche.
25 J'élevai mon fusil et tirai le *coup* (canon) restant dans la direction du renard.
26 En tirant *à côté* (large), naturellement? dis-je.
27 Les *plombs* (coups) firent un *dessin* (échantillon) dans *de la* (une pièce de) neige auprès de lui, *admit* (agréa) James,
28 mais jamais jusqu'à *ma mort* (mon « jour mourant ») *je* n'oublierai (je) l'*expression* (air) de *profond* (absolu) mépris dans les yeux de cet *animal* (créature),
29 comme il me regardait lentement *des pieds à la tête* (en haut et en bas), et finalement bondit, dégoûté (avec dégoût) dans les broussailles.
30 Néanmoins, *fit* remarquer Barry, l'intuition du renard était exacte dans *l'essentiel* (les essentiels).

Lead-shot *ou* small shot : *les plombs de chasse.* — Grape-shot : *la mitraille.* — Buck-shot : *les chevrotines.*

(8) *Que faire?* What am I (*or* are we) to do?

(9) The road was seven yards wide : *la route avait sept yards de large.* — That is wide from the truth : *C'est loin de la vérité.* — To shoot wide (*or* wide of the mark) : *tirer à côté, manquer, et par extension, se tromper, ne pas deviner* : You are wide of the mark : *Vous n'y êtes pas du tout.*

(10) A pattern : an original or model proposed for imitation; an ornamental design; a piece or part exhibited as a specimen of the whole. — *Dans ce dernier sens d'échantillon, se dit surtout pour les étoffes portant un dessin. Un échantillon sans valeur* : a sample of no value.

(11) Contempt (co'ntè'm't) : *le mépris. Je méprise vos insinuations* : I feel nothing but contempt for your insinuations (*or* I despise *or* I scorn your insinuations). — *Méprisable* : contemptible *ou* despicable (desspikëb'l). — *Méprisant* : scornful, *ou* contemptuous.

(12) *Il me regarda* : he looked at me. *Mais* : he looked me up and down : *il me regarda de la tête aux pieds, et* : Won't you look me up sometimes? *Ne viendrez-vous pas me voir à l'occasion?* (N. 3).

39th LESSON

31 **E**ven though **tem**porarily, and **r**ightly, dis-gu**s**ted that a gun could be so much as raised in its dir**ec**tion by an **E**nglishman,

32 intu**it**ion told it that it was s**a**fe. A most re-**mark**able case."

33 James sh**oo**k his h**ea**d s**a**dly.

34 "No", he said, "that **an**imal's intu**it**ions were wrong all al**on**g the l**i**ne.

35 It occ**ur**red to me that I would n**ev**er get an**oth**er ch**an**ce in my l**i**fe to pot a fox in s**a**fety.

36 I meant to *hit* it."

(From *Punch.*)

Twinkle, twinkle, little star...

37 Tw**in**kle, tw**in**kle **(13)** **lit**tle star!

38 How I **won**der what you are.

31 *Quoique* (Même si) dégoûté *passagèrement* (temporairement) et à juste *titre,* qu'un fusil ait pu même (autant que) être levé dans sa direction par un Anglais,

32 *l'*intuition lui *avait* dit qu'il était *en* sûr*eté*. *C'est* un cas des plus remarquables.

33 James secoua la tête tristement.

34 Non, dit-il, les intuitions de cet animal étaient fausses sur toute (tout le long de) la ligne.

35 L'*idée* m'*était* venue que je n'aurais jamais de ma vie une autre chance de canarder un renard *impunément* (en sûreté).

36 Je voulais le toucher (frapper).

(Extrait de *Punch*.)

SCINTILLE, SCINTILLE, PETITE ÉTOILE

37 Scintille, scintille, petite étoile!

38 Comme je me demande ce que tu es,

oooooooooooooooooooooooooooooooooooooo

(13) To **twinkle** : 1) *scintiller;* 2) *cligner de l'œil, clignoter*. **In the twinkle of an eye** *ou* **In a twinkle** : *en un clin d'œil.*

39 Up above the world so high,
40 Like a diamond in the sky!
41 When the blazing **(14)** sun is gone,
42 When he nothing shines upon,
43 Then you show your little light,
44 Twinkle, twinkle all the night.

EXERCISE. — **1** That's the very thing I wanted to say; you have taken it out of my mouth. — **2** The plane nose-dived and crashed to the ground with a loud report. — **3** Never to my dying day shall I forget what you did for me. — **4** She looked him up and down contemptuously. — **5** I wouldn't do so much as raise my little finger to help him. — **6** His accent gave him away. — **7** My dog? I gave it away. — **8** I hear he is rather well off. — **9** Whatever happens, we can't be worse off now. — **10** I think that would be nearer the mark.

39 (En haut). Au-dessus du monde, si haut.
40 Comme un diamant dans le ciel !
41 Quand le soleil flamboyant *s'en* est allé.
42 Quand il ne brille *plus* sur rien.
43 Alors tu montres ta petite lumière,
44 Scintille, scintille toute la nuit.

Voici la suite de *Twinkle, twinkle, little star* :

Then the trav'ler in the dark
Thanks you for your little spark.
He could not see which way to go,
If you did not twinkle so.
In the dark blue sky you keep,
Often through my curtains peep,
For you never shut your eye,
Till the sun is in the sky.

Dying *est à la fois participe présent de* to die, *mourir, et de* to dye, *teindre.*

" Cleaners and dyers " : « *Nettoyage à sec et teinturerie.* »

oooooooooooooooooooooooooooooooooooooooo

(14) To blaze : *flamber, flamboyer.* A blaze : *une flamme, une flambée.* — Why the blazes didn't you tell me? *Pourquoi diable ne me l'avez-vous pas dit?* — His business is going on like blazes : *Ses affaires marchent à tout casser.* — A blazer : *un veston de repos bariolé.*

oooooooooooooooooooooooooooooooooooooooo

1 C'est cela même que je voulais dire; vous me l'avez pris sur la langue. — **2** L'avion piqua du nez et s'écrasa au sol avec un grand bruit. — **3** Jamais de ma vie je n'oublierai ce que vous avez fait pour moi. — **4** Elle le regarda de la tête aux pieds avec mépris. — **5** Je ne lèverais même pas le petit doigt pour l'aider. — **6** Son accent le trahit. — **7** Mon chien? J'en ai fait cadeau. — **8** Je crois savoir qu'il est plutôt à l'aise (cossu). — **9** Quoi qu'il arrive, nous ne pouvons être pires, maintenant. — **10** Je crois que ce serait plus près de la vérité.

39th LESSON

Fortieth (40th) Lesson

About dogs

1 There is **nothing** more **pai**nful than **bei**ng **bitt**en in the leg by a dog—
2 exc**ept**, of course, **bei**ng **bitt**en in both legs by two dogs.
3 When this **acc**ident occ**urs**, the **in**jured limb should be worn in a sling for at l**ea**st a f**or**tnight,
4 and the dog should be bl**i**ndfolded, led **out**side the **city** g**a**tes, and shot at d**a**y-break.
5 A thing you will **of**ten hear q**ui**te respe**c**table p**eo**ple say is,
6 "Give a dog a bad **name** (1) and hang him."
7 **Nev**er t**a**ke **a**ny notice of a rem**ark** of this sort.
8 In the first pl**a**ce, it is q**ui**te unn**ec**essary to give a dog a **name** at all, as I know by exp**e**rience.
9 I had a b**u**ll-t**err**ier once which was a **name**less **or**phan*, n**o**body's d**ar**ling and all the rest of it,

PRONUNCIATION. — **Orphan** : **orf'n.** — **lethal** : lif'l. — Grosvenor : grôv'nër. — purveyor : peurvéïër. — luxury : leug'jiouré. — deliver : dilivër. — dowager : daouëdjër. — duchesses : deutchèssiz.

A PROPOS DES CHIENS

1 Il n'y a rien de plus douloureux que d'être mordu *à* (dans) la jambe par un chien.

2 excepté, naturellement, d'être mordu aux deux jambes par deux chiens.

3 Lorsque cet accident arrive, le membre endommagé *doit* (devrait) être porté en écharpe pendant une quinzaine au moins,

4 et le chien doit avoir les yeux bandés, être conduit en dehors des portes de la cité, et fusillé à l'aube.

5 *Voici* une chose que vous entendrez souvent dire *à* des gens tout à fait respectables (est) :

6 « *Qui veut noyer son chien l'accuse de la rage* » (Donnez un mauvais *re*nom à un chien et pendez-le).

7 Ne faites jamais attention à une remarque de ce genre

8 En premier lieu, c'est absolument *superflu* (non-nécessaire) de donner aucun nom (du tout) à un chien, comme je le sais par expérience.

9 J'ai eu une fois un « bull-terrier » qui était un orphelin sans nom, *sans affection au monde* (le chéri de personne) et tout le reste (de cela),

He has got a good name among is friends

ooooooooooooooooooooooooooooooooooooooo

(1) He has got a **good**, a bad **name among** his friends : *Il s'est fait une bonne, une mauvaise réputation parmi ses amis...* — He is a man of **name** : *C'est quelqu'un.* — A **good name** is **better** than **riches** : *Bonne renommée vaut mieux que ceinture dorée.*

40th LESSON

10 and had esc**a**ped from the Dog's Home **o**nly fift**ee**n m**i**nutes bef**o**re the l**e**thal* (2) ch**a**mber

11 was to have b**ee**n nicely **air**ed for its rec**ep**tion.

12 It att**ach**ed its**el**f to me in B**at**tersea Park when I was b**i**cycling (3) there one S**un**day.

13 I then and there m**a**de a pet (4) of it and t**oo**k it home,

14 where the h**ou**se-c**ar**penter pr**i**sed (5) it off my calf with the aid of an **in**strument which is kn**o**wn in Am**er**ica, I beli**e**ve, as a star-b**a**ngled (6) sp**an**ner.

15 P**e**ople, esp**e**cially l**a**dies, **u**sed **of**ten to ask me, "What do you call your dog?"

10 et s'était échappé de la fourrière quinze minutes seulement avant que la *cellule* (chambre) mortelle

11 ne *fût* (devait avoir été) gentiment aérée pour sa réception.

12 Il s'attacha à moi dans le Parc de Battersea, alors que j'y *faisais* de la bicyclette un *certain* dimanche.

13 Je *l'adoptai* (en fis un « favori ») sur-le-champ, et l'emmenai chez moi,

14 où le charpentier de la maison *lui fit lâcher* prise de mon mollet à l'aide d'un instrument qui est connu en Amérique, *à ce que* je crois, comme une clé anglaise (*V. Note*).

15 *Les* gens, spécialement *les* dames, me demandaient souvent : « *Comment* (Qu') appelez-vous votre chien? »

OOOOOOOOOOOOOOOOOOOOOOOOOOOOOOOOOOOOOO

(2) Lethal : **deadly, fatal** : *mortel (qui tue)*; **mortal** : *mortel (qui peut mourir)*.

(3) A bicycle (baïcik'l) : *une bicyclette*; a bike : *une bécane*; a motor-cycle (môtër-çaïk'l') *ou* motor-bike : *une moto.*

(4) A pet (pètt') : *mot manquant en français, pour un « petit chien » ou un animal favori.* To pet : *choyer, dorloter.* He is his mother's pet : *C'est le petit chéri à sa mère.* — Pet *a aussi le sens tout différent d'*accès de mauvaise humeur. — He got into a pet : *il s'emballa.* — That's my pet scheme (skîm) : *C'est mon projet favori, ma marotte.*

(5) To prise *ou* prize : *soulever comme avec un levier* (lever). *Naturellement, le sens de* priser, estimer, *est plus usuel, et alors l'orthographe est* prize. A prize : *un prix qu'on gagne ou une prise, une capture. Différent de* price, *le prix qu'on paie.*

(6) A star-bangled spanner *est un à peu près sur* " the star spangled banner " : *la bannière étoilée américaine.* — A spanner : a monkey-wrench : *une clé anglaise.* — A bangle : *un bracelet de négresse*; to bangle away : *dissiper, gaspiller.* — A spangle : *une paillette*; to spangle : *orner de paillettes, consteller.*

40th LESSON

16 and I always replied quite truthfully that I did not call it at all.

17 I had tried calling it, I explained, but as it never paid the slightest attention,

18 I was at last forced to adopt towards the sagacious animal an attitude of dignified silence.

19 There were draw-backs to this treatment, however.

20 On one occasion the indignant father of a small child,

21 which my terrier happened to be worrying (7) in Grosvenor* Square one afternoon.

22 shouted out to me quite sharply, "Hi, you! Call your dog off my Nellie, can't you?" I could not.

23 As I pointed out to the man, he had the advantage of me in knowing his child's name,

24 whereas (8) I did not know the name of my bull-terrier;

25 consequently, if any action were to be taken to save the situation, it was obviously for him to call his Nellie off my dog.

26 I will assume then, for argument's sake, that you have bought a more or less faithful hound (9)

16 et je répondais toujours tout à fait véridiquement que je ne l'appelais pas du tout.

17 J'avais essayé de l'appeler, expliquais-je mais comme il n'*y* faisait jamais la *moindre* (plus légère) attention,

18 j'*avais* été finalement forcé d'adopter envers *cet* (l') animal sagace une attitude de silence *digne* (dignifié).

19 Il y avait des inconvénients à ce traitement cependant.

20 *En* (Sur) une *certaine* occasion, le père indigné d'un petit enfant,

21 que mon terrier se trouvait en train de *mordre* (tourmenter) dans Grosvenor Square un après-midi,

22 me cria *dessus* tout à fait *brutalement* (vivement) : « Hé *là!* Vous! *R*appelez votre chien d'*après* ma petite *Hélène, voulez* (ne pouvez)-vous? » Je ne pouvais pas.

23 Comme je le *fis remarquer* à l'homme, il avait l'avantage *sur* (de) moi en *ce qu'il connaissait* (connaissant) le nom de son enfant,

24 tandis que je ne connaissais pas le nom de mon bull-terrier;

25 par conséquent, s'il fallait *accomplir un acte* (prendre une action) quelconque pour sauver la situation, c'était évidemment à lui de rappeler sa *petite Hélène* d'*après* mon chien.

26 Je *supposerai* (assumerai) donc, *pour l'intérêt du raisonnement* (pour *la* cause de l'argument), que vous avez acheté un chien plus ou moins fidèle

oooooooooooooooooooooooooooooooooooo

(7) To **worry**, *que nous connaissons comme* tracasser, *signifie aussi* lacérer, mordre.

(8) Whereas (houèràz) : the fact being that... considering that... *tandis que, étant donné que* (**N. 4**).

(9) A **hound** (haou'nd') *se dit plutôt d'un chien courant; s'emploie aussi comme insulte.*

40th LESSON

27 from one of th**o**se purv**ey**ors* of **lap**dogs who live in St M**ar**tin's Lane,

28 who will sell you a d**oz**en g**o**ldfish for **eigh**teen pence if you are not v**er**y firm with them.

29 Your first c**a**re must be to m**a**ke s**u**re that the d**ea**r thing has pl**en**ty of **ex**ercise.

30 Some p**eo**ple prov**i**de for this by h**i**ring a bl**i**nd man to l**ea**d their dogs ab**ou**t on a string;

31 but this is an exp**en**sive and (in th**e**se days of m**o**tor 'b**u**ses) a d**a**ngerous form of l**ux**ury*.

32 The best plan is to t**a**ke the l**it**tle b**ea**st with you when you start to go to your **of**fice in the m**or**ning,

33 so arr**a**nging that your route (**10**) lies past the **Ar**my and N**a**vy St**o**res (**11**).

34 H**e**re you can l**ea**ve the cr**e**ature in charge of a ch**ar**ming b**ea**rded **of**ficial at the door,

35 who will del**i**ver* it to you int**act** on your way h**o**me in the **e**vening.

36 P**on**to (or what**ev**er the br**u**te's n**a**me is) will get q**ui**te suff**ic**ient **ex**ercise,

37 b**i**ting the v**al**uable Sp**it**zes left at the **en**trance by d**ow**ager* d**uch**esses*

38 who have p**op**ped in to bu**y** s**ev**enpence worth of l**i**lac to d**ec**orate the d**i**nner-t**a**ble,

27 *à* (de) l'un de ces *fournisseurs* (pourvoyeurs) de *petits* chiens (de giron) qui vivent dans la ruelle St-Martin,

28 qui vous vendront une douzaine de poissons *rouges* (d'or) pour 18 pence si vous n'êtes pas très fermes avec eux.

29 Votre premier soin doit être de vous assurer que le *chien-chien* (la chère chose) *fait* (a) abondamment d'exercice.

30 Certaines gens y pourvoient en louant un aveugle pour mener leurs chiens *au bout d'* (sur) une ficelle;

31 mais *c'est là* (ceci est) une coûteuse et — par ces *temps* (jours) d'autobus — une dangereuse forme de luxe.

32 *Ce qu'il y a de mieux à faire* (le meilleur plan), *c'*est d'emmener la petite bête avec vous quand vous vous mettez en route pour votre bureau le matin,

33 en vous arrangeant *de façon* (ainsi) que votre itinéraire passe par les Magasins de l'Armée et de la Flotte (*V. Note*).

34 (Ici) vous pouvez *y* laisser l'*animal* (la créature) *aux soins* (en charge) d'un charmant *employé* (« officiel ») barbu, à la porte,

35 qui vous le livrera intact quand vous rentrerez le soir.

36 Ponto, — ou quel que soit le nom de l'*animal* (brute). aura *largement* (tout à fait) assez d'exercice

37 *à mordre* (mordant) les précieux loulous laissés à l'entrée par des duchesses douairières

38 qui ont fait un saut à l'intérieur pour acheter *pour* sept pence (*de* valeur) de lilas pour décorer la table *de la salle à manger* (du dîner),

oooooooooooooooooooooooooooooooooooooo

(10) Route (**roûte**) : *itinéraire, route à suivre.*

(11) The **Army** and **Navy** Stores : *grand magasin de Londres, où on fait des conditions spéciales aux soldats et marins et à leurs familles.*

39 or by **bar**king der**is**ively at th**o**se f**oo**lish **per**sons who will try to **en**ter by the door which is m**ar**ked "OUT" in plain **ca**pital **let**ters.

40 We now come to the all-imp**or**tant q**ues**tion of diet **(12)**—

41 What you must give your dog is bones (or *are* bones), if you like.

42 **A**ny bones will do, exc**ep**t ch**i**cken bones.

43 Th**e**se bones should be s**er**ved hot, with a dash of gr**a**vy and one or two dog b**is**cuits,

44 on the front do**or**step, not so cl**o**se to the **let**ter-box as to prev**en**t the p**o**stman from del**iv**ering your m**or**ning's mail,

45 nor yet so n**e**ar the bell as to cause **a**ny d**a**nger of sk**id**ding to sh**or**t-sighted v**is**itors.

46 When the dog has f**in**ished his m**e**al, which must be supplied once a day **o**nly,

47 he should be taught to w**i**pe his m**ou**th on the mat or scr**a**per,

39 ou *à aboyer* (aboyant) par dérision après ces imbéciles (personnes) qui veulent *absolument* essayer d'entrer par la porte qui est marquée SORTIE en lettres majuscules bien nettes.

40 Nous *en* arrivons maintenant à la question *d'importance capitale* (toute importante) de la *nourriture* (« diète »),

41 Ce que vous devez donner à votre chien, c'est — ou ce sont — des os, si vous voulez.

42 N'importe quels os feront *l'affaire,* sauf *les* os de poulet.

43 Ces os *doivent* (devraient) être servis chauds, avec un *rien* (trait) de jus de viande et un ou deux biscuits à chiens,

44 sur le pas de la porte *d'entrée* (de devant), pas assez près de la boîte aux lettres pour empêcher le facteur de distribuer votre courrier du matin,

45 ni *non plus* (pourtant) assez près de la sonnette pour causer aucun danger de glissade (dérapage) aux visiteurs myopes.

46 Quand le chien a fini son repas, qui doit *lui* être fourni une fois par jour seulement,

47 il doit être *dressé* (enseigné) à s'essuyer la bouche sur le paillasson ou *le* décrottoir;

oooooooooooooooooooooooooooooooooooooooo

(12) Diet (daïët') *signifie régime alimentaire, nourriture*
Etre à la diète : to be on a low diet; to fast (*jeûner*).

48 run up **in**to the dr**a**wing-r**oo**m and kiss m**a**ster **goo**d-night,

49 and then h**a**sten to the best b**e**droom, curl hims**e**lf up **(13)** on the s**o**fa, with f**o**lded hands and f**ee**t, and fall **in**to a prof**ou**nd rep**o**se **(14)**.

(From *The Bolster Book*, by Harry Graham - Mills and Boon Ltd., London, publishers.)

Chat échaudé craint l'eau froide, se dit aussi : A burnt child dre**a**ds the fire. — *Autre proverbe similaire* : Forewarned, forearmed : *Un homme averti en vaut deux*. (V. **Exercise,** phrase **4**).

oooooooooooooooooooooooooooooooooooooo

EXERCISE. — 1 The old maid sim**p**ly d**o**tes (dôt's) on her pets. — **2** Her pet p**oo**dle won a prize at the Dog Show. — **3** What (*or* How) do you call this in Sp**a**nish? — **4** Once bit, twice shy (Prov.). — **5** It is a c**a**se of the biter being bit. — **6** His bark is worse than his bite. — **7** Dead dogs don't bite (Prov.). — **8** When we play at bl**i**ndman's buff, he n**e**ver wants to be bl**i**ndfolded. — **9** She likes to be p**e**tted and m**a**de a fuss of. — **10** The best plan for you should be to ign**o**re (igh'n*o*r) it altog**e**ther. — **11** May I l**e**ave my muff in your charge till l**a**ter on? — **12** You ought to have g**i**ven him in charge imm**e**diately. — **13** I'll have gin with a d**a**sh of b**i**tter. — **14** He s**ee**ms to be **al**ways ge**tt**ing **in**to scr**a**pes.

48 se rendre en courant au salon, et embrasser son maître *pour lui souhaiter une* bonne nuit,

49 et alors *filer* (se hâter) à la meilleure chambre à coucher, se coucher en rond sur le divan, les mains et les pieds croisés, et *s'enfoncer* (tomber) dans un repos profond.

(Extrait de *le Livre du Traversin*, de Harry GRAHAM.)

OOOOOOOOOOOOOOOOOOOOOOOOOOOOOOOOOOOOOOO

(13) To curl, *friser, boucler, signifie aussi s'enrouler.* The ivy curls round the oak : *le lierre s'enroule autour du chêne.* The dog lay curled up at my feet : *Le chien était pelotonné à mes pieds.*

(14) Profound[4] repose : deep rest. *L'emploi de « mots longs », d'origine latine, est une des formes de l'humour littéraire.*

OOOOOOOOOOOOOOOOOOOOOOOOOOOOOOOOOOOOOOO

1 La vieille fille raffole *tout* simplement de ses bébêtes. — **2** Son caniche favori a gagné un prix à l'exposition des chiens. — **3** Comment appelez-vous cela en espagnol? — **4** *Chat échaudé craint l'eau froide* (Une fois mordu, deux fois timide.) — **5** *Dans ce cas* (C'est un cas de), *le trompeur a été trompé* (le mordeur a été mordu). — **6** *Il n'est pas si méchant qu'il en a l'air* (Son aboiement est pire que sa morsure). — **7** *Morte la bête, mort le venin* (les chiens morts ne mordent pas). — **8** Quand nous jouons à colin-maillard, il ne veut jamais qu'on lui bande les yeux. — **9** Elle aime qu'on la dorlote et qu'on fasse des embarras pour elle. — **10** Ce que vous auriez de mieux à faire, ce serait de *n'en tenir aucun compte* (l'ignorer complètement). — **11** Puis-je laisser mon manchon à votre garde jusqu'à tantôt? — **12** Vous auriez dû le faire arrêter immédiatement. — **13** Je prendrai du gin avec un rien de bitter. — **14** Il semble toujours se fourrer dans de mauvaises histoires.

40th LESSON

Forty-first (41st) Lesson

A little sport

1 I have just spent an arduous morning marking out a tennis-court upon the lawn,

2 and am consequently covered with whitewash from head to foot.

3 I anticipate several close sets of tennis to-morrow with the local champion, to whom I have despatched a modest challenge.

4 The contest should be worth watching, presenting (as it will)

5 several peculiar and novel features* (1) usually absent from the game.

6 In the first place, there are no rackets in the house, and I have been forced to send across and borrow a pair from the Vicarage.

7 The Dean's rackets are probably unique* in their way.

PRONUNCIATION. — Feature : fît'yër. — unique : iounîque. — crinoline, chignon, *sont prononcés à la française.* — disuse : dissioûss. — miniature : minitchër.

UN PEU DE SPORT

1 Je viens de passer une matinée ardue à tracer un court de tennis sur la pelouse,

2 et en conséquence *je* suis couvert de lait de chaux de la tête aux pieds.

3 Je *m'attends* à (anticipe) plusieurs parties serrées de tennis demain avec le champion local à qui j'ai *fait parvenir* (dépêché) un modeste défi.

41A

4 Le combat devrait valoir la peine d'être vu, présentant (comme il le *fera*)

5 plusieurs *éléments* (traits) singuliers et nouveaux ordinairement absents du jeu.

6 En premier lieu, il n'y a pas de raquettes dans la maison, et j'ai été forcé d'*en* envoyer (à travers) emprunter une paire *au* (du) presbytère.

7 Les raquettes du Doyen sont probablement uniques en leur genre (façon).

oooooooooooooooooooooooooooooooooooooooo

(1) Features : 1) *les traits, le visage;* 2) *ce qui est caractéristique, la confirmation.* Feature *vient du vieux français* faiture, *devenu* facture. — To feature *est un néologisme théâtral.* — There is an excellent cast, featuring several popular artists : *Il y a une excellente distribution, comprenant plusieurs artistes populaires.*

8 They are of the Early Victorian variety, with a Grecian bend at the shoulder and a rakish expression across the face,

9 and were probably much admired in the days of crinolines* and chignons*.

10 Long disuse* has warped (2) them in more than one direction.

11 and their strings are so loose as to suggest the advisability of their being employed as landing-nets rather than as lawn-tennis rackets.

12 The absence of suitable balls is another difficulty with which I have had to contend (3).

13 I had meant to order a box at the Stores, before leaving London,

14 but in the hurry of departure this was forgotten.

8 Elles sont de la variété du début *du règne de* Victoria, avec une courbe grecque à l'épaule, et *un* air (une expression) dissolu *dans* (à travers) la *physionomie* (figure),

9 et furent probablement fort admirées *à l'époque* (dans les jours) des crinolines et *des* chignons.

10 *Un* long *abandon* (non-usage) les a gauchies dans plus d'une direction.

11 et leurs cordes sont *si lâches qu'elles font penser* (si lâches comme pour suggérer) à l'opportunité de les employer comme épuisettes plutôt que comme raquettes de tennis.

12 L'absence de balles convenables est une autre difficulté avec laquelle je suis aux prises (*V. Note*).

13 J'avais eu l'intention d'*en* commander une boîte aux *Galeries* (Stores) avant de quitter Londres,

14 mais dans la presse du départ ceci fut oublié.

oooooooooooooooooooooooooooooooooooooo

(2) To **warp** (ouorp') : *gauchir, déjeter, fausser.* — The **warp** and **woof** : *la chaîne et la trame* (**weaving** : *tissage*).

(3) To **contend** : to strive, to dispute, to struggle. — A bone of **contention** : *une pomme de discorde. Ne pas confondre* **contention** (*lutte, démêlés*) *avec* **contentment** (*contentement*) ; *il est de la famille de* **contentious** (*contentieux*).

41st LESSON

15 At present there are only four balls in the house, and none of them is particularly suitable for the purposes (4) of lawn-tennis.

16 One is made of a transparent celluloid material of a light pinkish colour,

17 and apparently contains dried peas which cause it to rattle (5) pleasantly when shaken.

18 This I stole from the nursery, during the temporary absence of a small niece.

19 I managed to abstract another—a hard india-rubber ball, heavily punctured—from my aunt's favourite dachshund (6),

20 who is at this moment audibly lamenting his loss in the coal cellar where I have temporarily confined (7) him.

15 A présent, il n'y a que quatre balles dans la maison, et aucune d'elles ne convient particulièrement aux *besoins* (buts) du lawn-tennis.

16 *L'une* est (faite) d'une *substance* (matériel) de celluloïd transparent, *de* (d'une) couleur *rose* (« rosâtre ») clair,

17 et contient apparemment des pois secs, qui la font résonner agréablement quand *on la secoue* (secouée).

18 (Celle-ci) Je *l'ai* volée *dans* (de) la chambre des enfants, durant l'absence temporaire d'une petite nièce.

19 Je réussis à en *soustraire* (abstraire) une autre, une balle de caoutchouc dur, *fortement* (lourdement) trouée, *au* (du) basset allemand favori de ma tante,

20 *lequel* (qui) est en ce moment en train de *se* lamenter *bruyamment* (audiblement) *de* sa perte dans la cave au charbon, où je l'ai temporairement *relégué* (« confiné »).

oooooooooooooooooooooooooooooooooooooooo

(4) I did not do it on **purpose** (**peur**pöss) : *Je ne l'ai pas fait exprès* (It was unintentional). — What you say is not to the **purpose** : *Ce que vous dites est hors de propos.* — I think this will **answer** my **purpose** : *Je crois que ceci fera mon affaire.* — Now, let us come to the **purpose**! : *Allons, venons-en au fait!* — This is all to no **purpose** : *Tout cela ne rime à rien.* — He will do **anything** to gain his **purpose** : *Il fera n'importe quoi pour en venir à ses fins.*

(5) A **rattle** *est une crécelle*; to **rattle**, *faire un bruit de crécelle, ou analogue.* — A **rattle** of drums : *un roulement de tambours.* — A **rattle** of chains : *un cliquetis de chaînes.* — A **rattle**snake : *un serpent à sonnette.* — The **rattling** of death : *le râle de la mort.*

(6) **Dachshund** (**dakss'hou'nt'**) : *nom allemand du basset allemand.*

(7) He was confined to his **room** for a whole fortnight : *Il a dû garder la chambre toute une quinzaine. Mais :* His wife has **been** confined of a boy : *Sa femme a accouché d'un garçon.* — **Hence**forth I will confine myself to ten cigarettes a day : *Désormais, je me bornerai à dix cigarettes par jour.* — Confinement *signifie détention, contrainte, ou les couches.* — When is her confinement expected? : *Quand s'attend-on à son accouchement?*

41st LESSON

21 The third ball I found in the best bedroom.

22 It looks exactly like a cricket-ball, but is in reality an inkpot.

23 I do not mean to use this until I have exhausted all other legitimate means of defeating my opponent.

24 The fact that the lid of the inkpot is liable (8) to open suddenly in mid-air

25 adds a new terror to my American service, and should, if necessary,

26 enable me to hold my own (9) successfully against the local tennis champion.

27 If this fails I have yet (10) another ball in reserve.

28 It is a small but heavy glass globe, containing a life-like representation of a real snow-storm,

29 it being only necessary to invert (11) the sphere to produce the effect of a miniature* elemental disturbance.

(From *The Bolster Book*, by Harry Graham
Mills and Boon Ltd., London, publishers.)

21 La troisième balle, je *l'*ai trouvée dans la meilleure chambre à coucher.

22 Elle ressemble exactement à une balle de cricket, mais c'est en réalité un encrier.

23 Je n'ai pas l'intention de *l'*employer (celle-ci) *avant* (jusqu'à ce que j'aie) d'avoir épuisé tous *les* autres moyens légitimes de défaire mon adversaire.

24 Le fait que le couvercle de l'encrier est sujet à s'ouvrir tout à coup en (milieu) l'air

25 ajoute une nouvelle terreur à mon service américain, et devrait, *en cas de besoin* (si nécessaire)

26 me permettre de *me défendre* (« tenir mon propre ») avec succès contre le champion local de tennis.

27 Si *cela* (ceci) échoue, j'ai encore une autre balle en réserve.

28 C'est un globe de verre, petit mais lourd, *qui contient* (contenant) une représentation *au naturel* (comme vivante) d'une véritable tourmente de neige,

29 *la seule chose à faire étant* (« c'étant seulement nécessaire ») de *renverser* (invertir) la sphère pour produire l'effet d'une perturbation des éléments en miniature.

(Extrait de *le Livre du Traversin*, de Harry Graham.)

oooooooooooooooooooooooooooooooooooooooo

(8) Scent (sè'nt') is **liable** to a **heavy duty** on **entering** England : *Le parfum est soumis à un droit élevé à l'entrée en Angleterre.* — This horse is **liable** to **stumble** occasionally : *Il peut arriver à ce cheval de buter de temps en temps.* — His **liabilities** (laïëbilitèz) **exceed** his **assets** : *Son passif (ses engagements) dépasse son actif.*

(9) To hold one's **own** : *être capable de se défendre, de prendre soin de soi-même; résister.* — Don't be afraid for him, he can hold his **own against** all **comers** : *Ne craignez pas pour lui, il peut se défendre contre tous venants.* — I more than held my **own** : *Je fis mieux que me défendre.*

(10) Yet *ou* still.

(11) To **invert** : to turn **upside down.**

41st LESSON

A-Roving

(A sea-shanty) (12)

30 In **Am**sterdam there **lived** a **maid,**
And she was tall and fair;

31 Her **eyes** were **blue,** her **cheeks** were **red,**
And she had **auburn** hair.

32 But I'll go no more a-**ro**ving **(13)** with you,
fair maid,
A-**ro**ving, a-**ro**ving,

33 Since **ro**ving has **been** my **ruin,**
I'll go no more a-**ro**ving with you, fair maid.

oooooooooooooooooooooooooooooooooooooooo

EXERCISE. — **1** It is **u**seless **try**ing to **whi**tewash him : he is q**ui**te unp**ar**donable. — **2** I **chal**lenge you to do **a**ny **bet**ter. — **3** By the way, what is **ex**actly your p**ur**pose in this m**at**ter? — **4** Now you are sp**ea**king to the p**ur**pose! — **5** This **li**fe is hell with the lid off! — **6** I anti**ci**pate (*or* ex**pect**) a **ve**ry cl**o**se **con**test; it will be well worth **wat**ching. — **7** **Se**ven **con**victs br**o**ke l**oo**se from **Dar**tmoor last night. — **8** Here! wait for me : my back **ty**re is **pun**ctured. — **9** How is it that this **ti**cket has not b**ee**n **pun**ched? — **10** He sp**o**ke in an **au**dible whi**sp**er. — **11** Drink was the **ru**in of him.

LA BALADE (Chanson de bord)

30 A Amsterdam il *y avait* (vivait) une fille — Et elle était grande et belle.

31 Elle avait les yeux bleus, les joues rouges — Et des cheveux châtains.

32 Mais je n'irai plus *me* balader avec toi, *la* belle (fille), — Balader, balader,

33 Puisque *me* balader *a causé mon malheur* (été ma ruine) — Je n'irai plus *me* balader avec toi, *la* belle (fille).

ooooooooooooooooooooooooooooooooooooooo

(12) A **shanty**, *ici un « chant » de matelots; signifie aussi cabane, hutte.*

(13) To **rove** : **to wander about; to ramble. — A sea-rover** : *un écumeur de mer, un flibustier.* — **A rover** : *un coureur (de femmes); un vagabond.*

ooooooooooooooooooooooooooooooooooooooo

1 C'est inutile d'essayer de le blanchir : il est tout à fait impardonnable. — **2** Je vous défie de faire mieux. — **3** A propos, quel est exactement votre but dans cette affaire? — **4** Voilà ce qu'il fallait dire! — **5** Cette vie est pire que l'enfer (l'enfer avec le couvercle ôté). — **6** Je m'attends à une lutte serrée; cela vaudra bien la peine de voir. — **7** Sept forçats se sont échappés de Dartmoor la nuit dernière. — **8** Hé là (Ici!) attendez-moi; mon pneu arrière est crevé. — **9** Comment se fait-il que ce billet n'ait pas été poinçonné? — **10** Il chuchotait de façon à être entendu. — **11** La boisson causa sa perte.

41st LESSON

Forty-second (42nd) Lesson

REVISION AND NOTES

1. **Issue** (ish'shiou) *a de nombreuses significations en dehors de celle d'issue.* — An issue of blood, of water : *un épanchement de sang, un écoulement d'eau.*

42 A

The issue of bonds was oversubscribed : *L'émission d'obligations fut plus que couverte.* — The issue of tickets is at the next wicket : *La distribution des billets se fait au guichet d'à côté.*

He died without issue (*or* He died issueless) : *Il mourut sans descendance.*

I would like to bring this matter to an issue : *j'aimerais mener cette affaire à sa fin.* — This is the only issue out of the difficulty : *C'est le seul moyen de sortir de cet embarras.*

I read it in yesterday's issue of "The Times" : *Je l'ai lu dans l'édition d'hier du "Times".*

What is exactly the question at issue? *Quel est exactement la question en dispute?*

Has the colonel issued his orders yet? *Le colonel a-t-il déjà donné ses ordres?* — The men were issued a double ration of rum : *On distribua aux hommes une double ration de rhum.*

2. A nuisance (nioussë'nss) *est tout ce qui est contrariant, tout ce qui nuit au repos, ou à l'ordre établi.* — Don't be a nuisance! *Ne nous assommez pas!* — What a nuisance! *Quel ennui! Quelle contrariété!* — It is a public nuisance : *C'est dangereux pour la sûreté publique.*

L'inscription : Commit no nuisance *correspond à notre : Défense de déposer des ordures.*

3. To look at something : *regarder quelque chose.* I looked at her : *Je la regardai.* — *Mais,* I looked her in the face : *Je la regardai en face.* — She looked me up and down : *Elle me regarda de la tête aux pieds.* — She looked down upon me : *Elle me regarda de haut (avec mépris).*

Look at it : *Regardez-le.* — Mais, Look to it : *Occupez-vous en, veillez-y.*

I shall look it up in the dictionary : *Je le chercherai dans le dictionnaire.* — They all look up to him : *Ils le prennent tous pour modèle.* — Look me up whenever you like : *Passez me voir quand il vous plaira.* — Look him up sharply : *Surveillez-le de près.*

4. Wherefore, *c'est pourquoi, par conséquent;* whereas, *alors que, vu que;* whereby, *par quoi, au moyen duquel;* wherein, *en quoi, dans lequel;* whereof, *dont, duquel;* whereon *or* whereupon, *sur quoi, là-des-*

sus; wherewith, *avec quoi, avec lequel;* wheresoever, *partout où, où que ce soit,* sont des tournures assez peu usitées.

Tandis que whereabout et wherever *se rencontrent plus fréquemment.*

That explains it. — "I've been watching that mechanic for the last fifteen minutes. — There's a man who knows his business.

He didn't spill a drop of oil on the ground. He put down the hood **(1)** gently, fastened it securely, and left no fingerprints on it.

He wiped his hands on clean waste **(2)** before opening the door, spread a clean cloth over the upholstery **(3)**, meshed the gears noiselessly, and then drove slowly into the street."

"Yes, that's his own car."

— **(1)** — Hood : *capuchon, capote.* The bonnet : *le capot.*

— **(2)** — Waste : *restes, déchets, chiffons.*

— **(3)** — Ulpholstery : *tapisserie, capitonnage.* To mesh the gears : to slip in the clutch.

Mountain-guide : "Be careful not to fall here. It is dangerous. But if you do fall remember to look to the left, as you get a most wonderful view."

Teacher : "Tommy, what is the future of "I give"?"

Tommy : " You take! "

"But, boy, you can't live on the slender income your mother makes from selling the milk. Doesn't your father do anything?"

"Yes, he pours in the water."

***

Conundrums. — Why is a dog warmer in summer than in winter?

— Because in winter, it has a coat, and in the summer it has the same coat and pants.

A coat, *un habit; en français on dit la robe d'un animal.* — Pants : 1) short for trousers (pantaloons) ; 2) pants : *halète* (to pant).

— Why did the whale (houé'ël) wail (oué'ël) ?

— Because the woodpecker would peck'er.

Traduisons, si baroque que cela paraisse sans les jeux de mots : Pourquoi la baleine gémissait-elle? — Parce que le pivert voulait lui donner des coups de bec.

— What is that which occurs once in a minute, twice in a moment, but not once in a year?

— The letter M.

— If a chicken could talk, why would it always swear? (*jurer*).

— Because it could only use "fowl" language. (Fowl (faoul) : *volaille;* foul (faoul) : *grossier, gâté, infect.*)

42nd LESSON

Forty-third (43rd) Lesson

You go your way, I'll go mine

1 The **mes**senger* got off his **bi**cycle in front of the **hou**se of Mrs. R**o**sa S**an**doval.

2 He went to the door and kn**o**cked g**en**tly.

3 He knew **al**most imm**e**diately that s**om**eone was inside the h**ou**se.

4 He could not hear **an**ything, but he was sure the knock was br**in**ging s**om**eone to the door

5 and he was most **(1)** **ea**ger* to see who this p**er**son would be—

6 Then the door was **o**pen, and there she was.

7 To **Ho**mer the M**ex**ican w**om**an was bea**u**tiful.

8 He could see that she had been p**a**tient all her life, so that now, **af**ter years of it,

9 her lips were set in a g**en**tle and s**ai**ntly smile.

PRONUNCIATION. — **Messenger** : mèss'ndjër. — **eager** : îghër. — **awkward** : orkouëd. — **envelope** : è'nvelop ou a'nvelop. — **smooth** : smoù*v*.

VOUS IREZ VOTRE CHEMIN, J'IRAI LE MIEN

1 Le messager descendit de sa bicyclette devant la maison de Mme Rosa Sandoval.

2 Il alla à la porte et frappa doucement.

3 Il *comprit* (sut) presque immédiatement que quelqu'un était à l'intérieur de la maison.

4 Il ne pouvait rien entendre, mais il était sûr que le coup attirait quelqu'un à la porte

5 et il était très désireux de voir qui serait cette personne...

6 Puis la porte fut ouverte, et elle était là.

7 Pour Homer, *cette* (la femme) Mexicaine était belle.

8 Il pouvait voir qu'elle avait été patiente toute sa vie, si bien que maintenant, après des années de cela,

9 ses lèvres étaient *figées* (fixées) dans un doux et *débonnaire* (saint) sourire.

OOOOOOOOOOOOOOOOOOOOOOOOOOOOOOOOOOOOOOOO

(1) Most (*le plus*) *signifie aussi* « *très* » *ou* « *fort* ». **The dinner was most delicious** : *Le dîner fut fort délicieux.*

10 But... the app**ea**rance of a m**es**senger at the front door (**2**) is full of t**er**rible implic**a**tions.

11 **Ho**mer knew that Mrs. R**o**sa **San**doval was shocked to see him.

12 Her first word was the first word of all surpr**i**se.

13 She said "Oh," as if inst**ea**d of to a m**es**senger she had thought of **o**pening the door to s**om**eone

14 she had known a long time and would be pl**e**ased to sit down with.

15 Bef**ore** she spoke again she st**ud**ied **Ho**mer's eyes

16 and **Ho**mer knew that she knew the m**es**sage was not a w**el**come one.

17 "You have a **tel**egram?" she said.

18 It wasn't **Ho**mer's fault (**3**). His work was to del**i**ver **tel**egrams.

19 **E**ven so, it seemed to him that he was part of the whole mist**a**ke.

10 Mais... l'apparition d'un messager à la porte (d'entrée) *implique quelque chose de terrible* (est pleine de terribles implications).

11 Homer *se rendit compte* (sut) que Mme R. S. était *surprise* (choquée) de le voir.

12 Son premier mot fut *le mot classique de l'étonnement* (le premier mot de tout étonnement).

13 Elle dit : « Oh ! » comme si, au lieu d'*ouvrir la porte* à un messager, elle avait imaginé l'ouvrir à quelqu'un

14 qu'elle *connaissait depuis* (avait connu) longtemps et avec qui elle serait contente de s'asseoir *un moment*.

15 Avant de parler encore, elle étudia les yeux d'Homer

16 et Homer se rendit compte qu'elle comprenait que le message n'était pas un *message* bienvenu.

17 Vous avez un télégramme? dit-elle.

18 Ce n'était pas *de* la faute d'Homer. Son travail était de distribuer des télégrammes.

19 Pourtant, il lui semblait qu'il faisait partie de toute cette erreur.

OOOOOOOOOOOOOOOOOOOOOOOOOOOOOOOOOOOOOOOO

(2) Front door (*porte « de devant » donc porte principale*) et back door (*porte de derrière, donc porte de service*) *s'emploient couramment en Angleterre et aux Etats-Unis.*

(3) It is Mary's fault : *C'est de la faute de Marie.* It's her fault : *C'est de sa faute. A remarquer que le « de » (sa faute) ne s'exprime pas en anglais.*

20 He felt awkward* and almost as if he alone were responsible for what had happened.

21 At the same time he wanted to come right out and say,

22 "I'm only a messenger, Mrs. Sandoval. I'm very sorry I must bring you a telegram like this,

23 but it is only because it is my work to do so."

24 "Who is it for?" the Mexican woman said.

25 "Mrs. Rosa Sandoval, 1129 G Street (4)," Homer said.

26 He extended the telegram to the Mexican woman, but she would not touch it.

27 "Are you Mrs. Sandoval?" Homer said.

28 "Please," the woman said. "Please come in. I cannot read English. I am Mexican.

29 I read only *La Prensa* which comes from Mexico City.

30 Please, what does the telegram say?"

31 "Mrs. Sandoval," the messenger said, "the telegram says—"

20 Il se sentait gauche, presque comme si lui seul était responsable de ce qui était arrivé.

21 En même temps, il avait envie d'aller droit au but et de lui dire :

22 « Je ne suis qu'un messager, madame Sandoval. Je suis navré de devoir vous apporter un télégramme comme celui-ci,

23 mais c'est seulement parce que c'est mon travail de le faire. »

43c

24 Pour qui est-il? dit la Mexicaine.

25 Madame Rosa Sandoval, 1129 rue G, dit Homer.

26 Il tendit le télégramme à la Mexicaine, mais elle ne voulut pas y toucher.

27 Etes-vous Mme Sandoval? dit Homer.

28 Je vous en prie, dit la femme. Entrez, je vous en prie. je *ne sais pas* (ne peux pas) lire l'anglais. Je suis mexicaine.

29 Je ne lis que *La Prensa* qui vient de Mexico.

30 Je vous en prie, que dit le télégramme?

31 Madame Sandoval, dit le messager, le télégramme dit...

OOOOOOOOOOOOOOOOOOOOOOOOOOOOOOOOOOOOOOO

(4) G Street : *Souvent aux Etats-Unis les rues, au lieu de porter des noms, portent des numéros ou des lettres.* Fifth Avenue : *La Cinquième Avenue.*

32 But now the woman interrupted him.
33 "But you must *open* the telegram and *read* it to me," she said. "You have not opened it."
34 "Yes, ma'am (5)," Homer said as if he were speaking to a school teacher who had just corrected (6) him.
35 He opened the telegram with nervous fingers.
36 The Mexican woman stooped to pick up the torn envelope*, and tried to smooth* it out.
37 As she did so she said,
38 "Who sent the telegram—my son Juan Domingo?"

(To be continued.)

ooooooooooooooooooooooooooooooooooooooo

EXERCISE. — **1** It is six of one and half a dozen of the other. — **2** I am as fit as a fiddle. — **3** He just earns enough for his keep. — **4** I advise you to keep yourself to yourself. — **5** That's right boys, keep it up! — **6** Keep your hair on. — **7** Keep up your spirits! — **8** You should endeavour to keep in with your guardian. — **9** Why do you keep looking down your nose? — **10** He likes to make a show of himself — **11** The bill was adopted by a show of hands.

32 Mais alors la femme l'interrompit.

33 Mais vous devez ouvrir le télégramme et me le lire, dit-elle. — Vous ne l'avez pas ouvert.

34 Oui, madame, dit Homer, comme s'il parlait à une maîtresse d'école qui venait de *lui corriger une faute* (le corriger).

35 Il ouvrit le télégramme de *ses* doigts *tremblants* (nerveux).

36 La Mexicaine se baissa pour ramasser l'enveloppe déchirée et essaya de la défroisser.

37 *En faisant* (comme elle faisait) ainsi, elle dit :

38 « Qui a envoyé le télégramme... mon fils Juan Domingo? »

(*A suivre.*)

oooooooooooooooooooooooooooooooooooooo

(5) Ma'am (maëm), ***Madame s'emploie couramment aux Etats-Unis après « oui » et « non ».***

(6) To correct someone (*corriger quelqu'un*) ***ne signifie jamais « punir ».*** **The teacher corrected the pupil and punished him only later :** ***Le professeur corrigea les fautes du garçon et ne le punit que plus tard.***

oooooooooooooooooooooooooooooooooooooo

1 C'est bonnet blanc et blanc bonnet. — **2** Je suis parfaitement d'attaque (aussi dispos qu'un violon). — **3** Il gagne juste de quoi se nourrir. — **4** Je vous conseille de ne fréquenter personne (de vous garder à v.-même). — **5** C'est ça, les gars, continuez! — **6** Ne vous emballez pas (gardez vos cheveux sur *vous*). — **7** Du courage! (Tenez « vos esprits » haut.) — **8** Vous devriez vous efforcer de rester bien avec votre tuteur. — **9** Pourquoi tenez-vous les yeux baissés? — **10** Il aime se donner en spectacle. — **11** Le projet de loi fut adopté à mains levées.

43rd LESSON

Forty-fourth (44th) Lesson

You go your way, I'll go mine

(conclusion)

1 "No, ma'am," Homer said. "The telegram is from the War Department (1)."

2 "War Department?" the Mexican woman said.

3 "Mrs. Sandoval," Homer said swiftly, "your son is dead.

4 Maybe it's a mistake. Everybody makes a mistake, Mrs. Sandoval.

5 Maybe it wasn't your son. Maybe it was somebody else.

6 The telegram *says* it was Juan Domingo. But maybe the telegram is wrong."

7 The Mexican woman pretended (2) not to hear.

PRONUNCIATION. — Wounded : ouoù'ndëd. — blood : bleud. — curses : keurciz.

VOUS IREZ VOTRE CHEMIN, J'IRAI LE MIEN (*fin*)

1 Non, Madame, dit Homer. Le télégramme *vient* (est) du *Ministère* (Département) de la Guerre.

2 *Le* Ministère de la Guerre? dit la Mexicaine.

3 Madame Sandoval, dit Homer rapidement, votre fils est mort.

4 Peut-être que c'est une erreur. Tout le monde fait *des erreurs* (une erreur), madame Sandoval.

5 Peut-être que ce n'était pas votre fils. Peut-être que c'était quelqu'un d'autre.

6 Le télégramme dit que c'était Juan Domingo. Mais peut-être que le télégramme est faux.

7 La Mexicaine fit semblant de ne pas entendre.

OOOOOOOOOOOOOOOOOOOOOOOOOOOOOOOOOOOOOO

(1) War Department : *Ministère de la Guerre. Aux Etats-Unis, les Ministères s'appellent « Départements ».* The State Department *(Département d'Etat) est l'équivalent du Ministère des Affaires étrangères.* Labor Department : *Ministère du Travail.*

(2) To pretend, *faire semblant, est aussi « prétendre ».* The pretender to the throne pretended to be ill : *Le prétendant au trône fit semblant d'être malade.*

44th LESSON

8 "Oh, do not be afraid," she said. "Come inside. Come inside (**3**).

9 I will bring you candy (**4**)."

10 She took the boy's arm and brought him to the table at the centre of the room

11 and there she made (**5**) him sit.

12 "All boys like candy," she said. "I will bring you candy."

13 She went into another room and soon returned with an old chocolate candy box.

14 She opened the box at the table and in it Homer saw a strange kind of candy.

15 "Here," she said. "Eat this candy. All boys like candy."

16 Homer took a piece of candy from the box, put it into his mouth, and tried to chew.

17 "You would not bring me a bad telegram," she said.

18 "You are a good boy—like my little Juanito when he was a little boy. Eat another piece."

8 Oh, n'ayez pas peur, dit-elle. Entrez dans *la maison.* Entrez dans *la maison.*

9 Je vous apporterai des bonbons.

10 Elle prit le bras du garçon et l'amena jusqu'à la table *qui se trouvait* au centre de la pièce,

11 et là elle l'obligea à s'asseoir.

12 Tous les garçons aiment les bonbons, dit-elle. Je vous apporterai des bonbons.

13 Elle alla dans une autre pièce et bientôt *elle* revint avec une vieille boîte à chocolats.

14 Elle ouvrit la boîte près de la table et là-dedans Homer vit *des bonbons curieux* (une étrange sorte de bonbons).

15 Voilà, dit-elle. Mangez ces bonbons. Tous les garçons aiment les bonbons.

16 Homer prit *un bonbon dans* (un morceau des bonbons de) la boîte, le mit dans sa bouche, et essaya de mâcher.

17 Vous ne m'apporteriez pas un mauvais télégramme, dit-elle.

18 Vous êtes un bon garçon, comme mon petit Juanito lorsqu'il était petit garçon. Mangez encore un *bonbon* (morceau).

oooooooooooooooooooooooooooooooooooooooo

(3) Inside : *à l'intérieur, dedans.* Outside : *à l'extérieur, dehors.* Since it's raining outside, the children must stay inside the house : *Comme il pleut dehors, les enfants doivent rester à l'intérieur de la maison.*

(4) Candy. *Aux États-Unis, « candy » au singulier s'applique à presque toute la confiserie, mais habituellement pour un bonbon on dit* a piece of candy (*« un morceau de bonbon »*). All candy is good : *Tous les bonbons sont bons.* — Have some chocolate candy : *Prenez des chocolats.* — Take a piece of candy : *Prenez un bonbon.* — *Le pluriel* candies *s'emploie rarement. Attention à la prononciation :* ka'ndi.

(5) To make someone do something : *obliger quelqu'un à faire quelque chose. Mais :* I had this suit made in Italy : *J'ai fait faire ce costume en Italie.* — She had him sit down : *Elle le fit s'asseoir.*

44th LESSON

19 And she made the messenger take another piece of the candy.

20 Homer sat (6) chewing the dry candy while the Mexican woman talked.

21 "It is our own candy," she said, "from cactus. I make it for my Juanito when he come (7) home,

22 but *you* eat it. You are my boy too."

23 Now suddenly she began to sob, holding herself in as if weeping were a disgrace.

24 Homer wanted to get up and run (8) but he knew he would stay.

25 He even thought he might stay the rest of his life.

26 In his heart he was saying over and over again (9),

27 "What can I do? What the hell can *I* do? I'm only the messenger."

28 The woman suddenly took him in her arms, saying, "My little boy, my little boy!"

19 Et elle obligea le messager à prendre encore un *bonbon* (morceau des bonbons).

20 Homer *resta là assis, occupé à mâcher* (resta assis mâchant) *ces* (les) bonbons secs pendant que la Mexicaine parlait.

21 Ce sont nos bonbons à nous, dit-elle, *faits* de cactus. Je les avais faits (« le faire ») *pour le retour de mon Juanito* (pour mon Juanito lorsqu'il « revenir » à la maison),

22 mais mangez-les, vous. Vous êtes mon garçon, *vous* aussi.

23 Alors soudain elle se mit à sangloter, en se retenant comme si pleurer était *une chose déshonorante*. (une honte).

24 Homer avait envie de se lever et *de partir en courant* (de courir) mais il savait qu'il resterait *là*.

25 Il pensait même qu'il y resterait peut-être *tout* le reste de sa vie. ...

26 Dans son cœur il *se répétait* (disait et redisait encore) :

27 « Que puis-je faire? Que *diable* (enfer) puis-je faire, moi? Je ne suis que le messager. »

28 Tout à coup, la femme le prit dans ses bras, en disant : « Mon petit garçon! »

oooooooooooooooooooooooooooooooooooooo

(6) To sit *s'emploie couramment non seulement pour « s'asseoir » mais aussi dans le sens de « rester assis ». De même pour* to stand, *qui signifie non seulement « se lever », « se mettre debout », mais aussi « rester debout ».* She sat down in her chair while I stood looking out the window : *Elle s'assit dans sa chaise pendant que je restais debout à regarder par la fenêtre.* — She sat reading her paper : *Assise, elle lisait son journal.* — *Notons également l'emploi du participe présent.*

(7) "Make", "come"... *Dans son émotion, la Mexicaine fait des fautes de grammaire.*

(8) To run, *courir, peut aussi se dire dans le sens de* to run away, *partir en courant.*

(9) Over and over again : *façon emphatique de dire* again and again. I told you over and over again : *Je vous l'ai dit et redit et encore redit.*

29 He didn't know why, because he only felt wounded* by the whole thing,

30 but for some reason he was sickened through all his blood* and thought he would need to vomit.

31 He didn't *dislike* **(10)** the woman or **any-**body else,

32 but what was happening to her seemed so wrong and so full of ugliness

33 that he was sick and didn't know if he ever wanted to go on living again.

34 "Come now," the woman said. "Sit down here."

35 She forced him into another chair and stood over him. "Let me look at you," she said.

36 She looked at him strangely and, sick **every-**where within himself, the messenger could not move. ...

37 He saw her back in time, a beautiful young woman sitting beside the crib of her infant son.

29 Il ne *comprenait* (savait) pas pourquoi, car il ne se sentait que blessé par toute *cette histoire* (la chose),

30 mais pour quelque raison il fut écœuré *jusqu'au fond de lui-même* (dans tout son sang) et il crut qu'il allait avoir besoin de vomir.

31 Il ne ressentait pas d'antipathie pour cette femme ni pour personne d'autre *au monde,*

32 mais ce qui *lui* arrivait à elle lui paraissait si injuste et si plein de laideur

33 qu'il *en* était malade et qu'il ne savait pas si jamais il aurait encore envie de vivre.

34 Venez, dit la femme. Asseyez-vous ici.

35 Elle le força *à s'asseoir* dans une autre chaise et resta debout *devant* (au-dessus de) lui. — Laissez-moi vous regarder, dit-elle.

36 Elle le regarda d'une manière curieuse, et, malade *jusqu'au fond de lui-même* (partout à l'intérieur de lui-même), le messager était incapable de bouger. ...

37 Il la vit *comme elle avait dû être autrefois* (en arrière dans le temps), une belle jeune femme assise à côté du berceau de son fils bébé.

OOOOOOOOOOOOOOOOOOOOOOOOOOOOOOOOOOOOOOO

(10) To dislike : *trouver antipathique, détester.* I dislike him very much : *Je le trouve très antipathique.* — I strongly dislike pretentious people : *Je déteste violemment les gens prétentieux.*

44th LESSON

38 He saw her l**oo**king down at this am**a**zing h**u**man thing.

39 sp**ee**chless and h**el**pless and full of the world to come.

40 He saw her r**oc**king the crib and he heard her s**ing**ing to the child.

41 Now look at her, he said to hims**el**f.

42 He was on his b**i**cycle s**ud**denly, r**i**ding sw**if**tly down the dark street,

43 tears c**om**ing out of his e**y**es and his mouth wh**is**pering young and cr**a**zy c**ur**ses*.

44 When he got back to the t**el**egraph **of**fice **(11)** the tears had st**op**ped,

45 but **ev**erything else had st**ar**ted and he knew there would be no st**op**ping it.

46 "**Oth**erwise I'm just as good as dead mys**el**f," he said,

47 as if s**om**eone were l**is**tening whose h**ea**ring was not p**er**fect.

(From *The Human Comedy*, by William Saroyan - Harcourt, Brace and Company.)

38 Il la vit regarder cette étonnante chose humaine,

39 *cette chose* muette, impuissante, (et) remplie *de ce qui devait venir plus tard* (du monde à venir).

40 Il la vit faire basculer le berceau et il l'entendit chanter à l'enfant.

41 Maintenant, regarde-la, se dit-il.

42 Tout à coup, il se trouva sur sa bicyclette, descendant rapidement la rue sombre,

43 *les yeux en larmes* (des larmes sortant de ses yeux), (sa bouche) chuchotant des jurons infantiles et insensés.

44 Lorsqu'il fut de retour au bureau du télégraphe, les larmes s'étaient arrêtées,

45 mais tout le reste avait commencé et il se rendit compte qu'il n'y aurait pas moyen de l'arrêter.

46 Autrement, je puis aussi bien être mort moi-même, dit-il,

47 comme s'il y avait à l'écouter quelqu'un dont l'ouïe n'était pas parfaite.

(Extrait de *la Comédie humaine,* de William SAROYAN.)

ooooooooooooooooooooooooooooooooooooooo

(11) Telegraph office : *bureau du télégraphe. Aux Etats-Unis, le service télégraphique est assuré par des entreprises privées.*

44th LESSON

Yankee Doodle

48 Yankee Doodle came to town
Up on a little pony,

49 He stuck a feather in his cap
And called it macaroni.

50 Yankee Doodle, doodle do,
Yankee Doodle dandy,

51 All the lassies are so smart
And sweet as sugar candy.

Yankee Doodle, vieille chanson enfantine, est devenue en quelque sorte l'air national américain. Yankee (yagn'kî), dont l'origine est indienne, probablement déformation du mot français "*anglais*", désignait d'abord les colons de la Nouvelle-Angleterre et s'applique maintenant, de façon un peu péjorative à tous les Américains du Nord.

Doodle est un mot écossais, signifiant au choix *cornemuse* (bagpipe) ou *bênet.*

oooooooooooooooooooooooooooooooooooooooooo

EXERCISE. — **1** Here you are twirling your thumbs, while every one else is at work. — **2** She twirls him round her little finger. — **3** He kept twirling his moustache. — **4** I made him lick the dust. — **5** We were greeted with loud cheering. — **6** His speech was received with three times three cheers. — **7** Come, cheer up, don't be downhearted! — **8** If you stir, you are a dead man! — **9** No one was stirring about the house. — **10** This news ought to make a stir. — **11** When I came to, I was lying in my bed.

YANKEE-DOODLE

48 Y. D. vint en ville, *à cheval* (en haut) sur son petit poney,

49 Il se colla une plume dans la casquette — Et l'appela macaroni.

50 Y. D. tra-la-la, Y. D. dandy,

51 Toutes les filles sont si chic, — Et douces comme du sucre candi.

OOOOOOOOOOOOOOOOOOOOOOOOOOOOOOOOOOOOOOOO

1 Vous voici en train de vous tourner les pouces, tandis que tous les autres sont au travail. — **2** Elle fait de lui tout ce qu'elle veut (l'enroule autour de son petit doigt). — **3** Il ne cessait de se tortiller la moustache. — **4** Je lui fis mordre la poussière. — **5** Nous fûmes accueillis par de bruyants vivats. — **6** Son discours fut accueilli par un triple ban. — **7** Allons, du courage, ne désespérez pas! — **8** Si vous bougez, vous êtes mort. — **9** Nul ne bougeait dans la maison. — **10** Cette nouvelle devrait faire du tapage. — **11** Quand je revins à moi, j'étais couché dans mon lit.

44th LESSON

Forty-fifth (45th) Lesson

The unsinkable Mrs. Brown

1 Mrs. Brown was 39 when she left Liverpool for New York on the *Titanic's* maiden (1) voyage.
2 Instead of a girlish slimness, she now was ruggedly and generously fleshed.
3 Nevertheless, she still bubbled with vitality*.
4 She sang in the ship's concert and was popular with the traveling (2) notables despite her growing eccentricities.
5 She amused some and terrified others with pistol feats,
6 one of which consisted of tossing grapefruits over the rail and puncturing them before they reached the sea.
7 Although she spent great sums on clothes, she no longer paid attention to how she wore them.
8 When she traveled, comfort was her primary consideration.
9 So, when she decided to take (3) a few turns on deck before retiring,

PRONUNCIATION. — Vitality : vaïtalité. — terrify : tér'rifaï. — tragedy : tradjedi. — calm : câ'm. — divested : divèsstëd. — rescued : rèsskioud'. — legion : lîdjië'n. — chevalier : shévalîër. — recognition : rècog'nish'n.

L' « INCOULABLE » Mme BROWN

1 Mme Brown avait 39 *ans* lorsqu'elle quitta Liverpool pour New York, *à* (sur) la première (*V. Note*) traversée du « Titanic ».

2 Au lieu d'une sveltesse de jeune fille, elle était maintenant rudement et généreusement *étoffée* (« chairée »).

3 Néanmoins, elle pétillait *toujours* (encore) de vitalité.

4 Elle chantait au concert du *bord* (navire) et était populaire *parmi* (avec) les *voyageurs de marque* (notables voyageant) en dépit de ses excentricités croissantes.

5 Elle amusait *les uns* (quelques) et en terrifiait d'autres *par* (avec) des exploits au pistolet,

6 dont l'un consistait à lancer des pamplemousses pardessus la rambarde et à les *trans*percer avant qu'ils *n'*atteignent la mer.

7 Bien qu'elle dépens*ât* de grandes sommes en vêtements, elle ne faisait plus attention à *la façon dont* (comment) elle les portait.

8 Quand elle voyageait, le confort était *ce qu'elle considérait en premier* (sa considération primaire).

9 Aussi, quand elle décida de *faire* (prendre) quelques tours sur *le* pont avant d'*aller se coucher* (*se* retirer).

(1) Maiden (méed'n) *ou* maid : *fille, jeune fille, vierge* (virgin). *Comme adjectif, signifie de début* : He made his maiden speech : *Il fit son discours de début.*

(2) En Angleterre, on écrirait travelling avec deux l. *De même* : traveler *et* traveller, traveled *et* travelled.

To blow (soap) bubbles : *Faire des bulles (de savon).*

(3) To take a turn : *faire un tour*; to take a walk *ou* go for a walk : *faire une promenade*; to take exercise : *faire de l'exercice.*

10 she came from her cabin warmly clad (4) in heavy woolies (5)

11 with bloomers (6) bought in Switzerland, two jersey petticoats,

12 a plaid (7) cashmere dress, golf stockings, a muff of Russian sables in which she kept her automatic pistol—

13 and over these frost-defying garments she wore a $ 60,000 chinchilla opera cloak!

14 If anyone was prepared for collision with an iceberg, Mrs. Brown was that person.

15 In the history of the tragedy*, her name appears as one who knew no fear.

16 She did much to calm* the women and children.

17 She refused to enter a lifeboat until crew members literally had to throw her in.

18 Once in the boat however, she seized command.

19 There were only five men aboard, and about 20 women and children.

20 "Start rowing", she told the men, "and head the bow into the sea".

21 Keeping an eye on the rowers, she began removing her clothes.

22 With her chinchilla coat she covered three small and shivering children.

10 sortit-elle (elle vint) de sa cabine chaudement vêtue *de* (en) lourds lainages,

11 avec de *grosses* culottes achetées en Suisse, deux jupons de jersey,

12 une robe de cachemire à carreaux, des bas de golf, un manchon de zibeline russe dans lequel elle *tenait* (gardait) son pistolet automatique,

13 et par-dessus ces effets *qui* défiaient le gel elle portait une *sortie* (manteau) d'opéra en chinchilla de $ 60.000 !

14 *S'il y avait* quelqu'un *de* (était) préparé pour *une* collision avec un iceberg, *c'était bien* Mme Brown (était cette personne-là).

15 Dans l'histoire de *cette* (la) tragédie, son nom apparaît comme celui d'une *personne* qui ne connaissait pas *la* peur.

16 Elle fit beaucoup pour calmer les femmes et les enfants.

17 Elle refusa d'entrer *dans* un canot de sauvetage jusqu'à ce que des membres de l'équipage dussent littéralement l'y jeter.

18 Une fois dans le bateau, cependant, elle s'empara du commandement.

19 Il n'y avait que cinq hommes à bord, et une vingtaine de femmes et d'enfants.

20 Mettez-vous à ramer, dit-elle aux hommes, et *mettez le cap sur* (dirigez la proue dans) la *pleine* mer.

21 *Tout en* gardant *l'* (un) œil sur les rameurs, elle se mit à enlever ses vêtements.

22 Avec son manteau de chinchilla, elle couvrit trois petits enfants frissonnants.

oooooooooooooooooooooooooooooooooooooooo

(4) Clad, *forme alternative de* **clothed; an ironclad** : *un cuirassé.*

(5) Woolies, *familier pour* **woolens** (*en Angl.* **woollens**), *comme* **undies** *pour* **underwear**, *ou* **nighties** *pour* **nightshirt**.

(6) Bloomers : *du nom de Mrs. Bloomer qui, en* 1849, « lança » *les grosses culottes de femmes, portées avec une jupe courte.*

(7) Plaid, *couverture écossaise, ou étoffe à carreaux, à l'écossaise.*

45th LESSON

23 One by one she divested* herself of heroic woolens.

24 She "rationed" her garments to the women who were the oldest or most frail.

25 It was said she presented a fantastic sight in the light of flares,

26 half standing among the terrified passengers, stripped (8) down to her corset,

27 the beloved Swiss bloomers, and the golf stockings.

28 One of the rowers seemed on the verge of collapse. "My heart", he said.

29 "Damn your heart!" said Mrs. Brown. "Work those oars."

30 She herself now took an oar and began to row.

31 She chose a position in the bow, where she could watch her crew.

32 Her pistol was lashed (9) to her waist with a rope.

33 Her hands blistered (10) and began to bleed.

34 She cut strips from her Swiss bloomers and taped (11) her hands.

35 She kept rowing. And swearing.

23 *L'un après l'autre* (un par un), elle se dévêtit de *ses* héroïques lainages.
24 Elle « rationna » ses effets aux femmes qui étaient les plus vieilles ou les plus frêles.
25 On a dit qu'elle *offrait* (présentait) un *spectacle* (vue) fantastique *à* (dans) la lumière de torches,
26 *presque* (demi) debout parmi les passagers terrifiés, *n'ayant gardé que* (dénudée) jusqu'à) son corset,
27 les culottes suisses chéries, et les bas de golf.
28 L'un des rameurs semblait sur le point de *défaillir* (effondrement). — Mon cœur, dit-il.
29 On se fiche de (Damnez) votre cœur ! dit Mme Brown. *Maniez* (travailler) ces avirons !
30 Elle prit *alors* (maintenant) un aviron elle-même et se mit à ramer.
31 Elle choisit une position à l'avant (dans la proue), *d'*où elle pouvait surveiller son équipage.
32 Son pistolet était attaché à sa taille avec une corde.
33 Ses mains *prirent* des ampoules et se mirent à saigner.
34 Elle *dé*coupa des bandes *dans* (de) ses culottes suisses et *se* banda *les* (ses) mains.
35 Elle continua à ramer. Et à jurer.

oooooooooooooooooooooooooooooooooooooooo

(8) To strip : *dépouiller, dénuder, se dénuder.* He **strip**ped to the skin : *Il se dépouilla de tous ses vêtements (jusqu'à la peau).* — Who stri**pp**ed the bark from this tree? : *Qui a enlevé l'écorce de cet arbre?* — He was stri**pp**ed of his **or**naments : *Il fut dépouillé de ses ornements.* — A strip : *un lambeau, une bande.* A stripe : *une raie ou rayure, un galon ou chevron.*

(9) To lash : 1) *cingler, fouetter* (to whip); 2) *attacher avec une corde ou une lanière.* The **lion** was **lash**ing his sides with his tail : *Le lion se battait les flancs avec la queue.* — The **wa**ves **lash**ed the shore : *Les vagues battaient le rivage.* — They **lash**ed (*or* tied) the pri**s**oner's hands behind his back : *Ils attachèrent les mains du prisonnier derrière son dos.*

(10) A bli**s**ter : 1) *une ampoule, une cloque*; 2) *un vésicatoire.* He **walk**ed on with **bli**stered **feet** : *Il continuait de marcher avec des ampoules aux pieds.* — The **bli**ster has not drawn pro**p**erly : *le vésicatoire n'a pas bien pris.*

(11) A **ta**pe : *une bandelette; un ruban (pour attacher).* — A **ta**pe-measure : *un mètre à ruban.* A **ta**pe-worm : *un ver solitaire.* — Red **ta**pe : *la routine bureaucratique.*

45th LESSON

36 At times, when the morale **(12)** of her passengers was at its lowest, she would sing **(13)**.

37 "The damned critics say I can't sing", she howled. "Well, just listen to this—"

38 She sang from various operas—and kept rowing.

39 She told stories—

40 When they were picked up at sea, and everyone was praising Mrs. Brown, she was asked:

41 "How did you manage it?"

42 "Just typical Brown luck", she replied. "I'm unsinkable."

43 And ever afterward she was known as "The Unsinkable Mrs. Brown."

44 After that voyage she went in for thrills.

45 She took world tours and explored far places, always meeting adventure halfway.

36 *Par moments* (à fois), quand le moral de ses passagers était *au* (à son) plus bas, elle chantait (*V. Note*).
37 *Ces sacrés* (les damnés) critiques disent que je ne sais pas chanter, hurla-t-elle. Eh bien, écoutez-*moi* (juste) ça !...

45c

38 Elle chanta *des extraits* de divers opéras, et continua à ramer.
39 Elle raconta des histoires...
40 Quand ils *eurent été* (furent) *recueillis* (ramassés) en mer, et *que* chacun *chantait les* louanges de Mme Brown, on lui demanda :
41 Comment vous y êtes-vous prise?
42 *Ce n'est que* (juste) la chance *caractéristique* (typique) des Brown, répliqua-t-elle. Je suis incoulable.
43 Et *pour* jamais (ensuite) elle fut connue comme « L'incoulable Mme Brown ».
44 Après cette traversée, elle s'adonna aux émotions.
45 Elle *fit* (prit) des *voyages* autour du monde et explora des endroits lointains, *allant toujours au-devant de l'aventure* (rencontrant toujours l'aventure à mi-chemin)

oooooooooooooooooooooooooooooooooooooo

(12) The **morale** (moral) : *le moral*; **morals** (morëlz) : *la morale*; **moral** (morël) : *moral* (*adjectif*); **immoral** : *immoral*.

(13) She would sing. Would *indique ici la répétition de l'acte, l'habitude.* — Sometimes, he would beat her : *Parfois, il la battait.* — As soon as we saw him, we would stop playing : *Dès que nous le voyions, nous cessions de jouer.* — He would drink till he dropped under the table : *Il avait l'habitude de boire jusqu'à tomber sous la table.*

45th LESSON

46 Once she **al**most **pe**rished in a mon**soon** in the **Chi**na **seas**.

47 At a**noth**er **time** she was in a ho**tel** **fire** in **Flo**rida.

48 But the Un**sink**able one was Un**burn**able as well.

49 She **res**cued* four **wom**en and three **chil**dren from that fire.

50 In France she was **giv**en a **Le**gion* of **Hon**or **rib**bon, with the rank of cheva**lier***,

51 in recog**ni**tion* **(14)** of her **char**ities and her work in es**ta**blishing a mus**eum** for the **rel**ics of **Sa**rah **Ber**nhardt.

(From *The Unsinkable Mrs. Brown.* by Gene Fowler, in *Timber Line.*)

oooooooooooooooooooooooooooooooooooooo

EXERCISE. — **1** **Nev**er **meet** **troub**le half-way. — **2** She likes to be **giv**en a thrill. — **3** Have you **read** that **book**? It is a **thril**ler! — **4** The **res**cue of the dr**own**ing **sai**lors was a **thril**ling **sight**. — **5** Shall I come to the **res**cue? — **6** She **mea**sured out the **rib**bon with a **tape**-mea**sure**. — **7** She **can**not sing for nuts. — **8** Won't you tell us ab**out** your **feats** of war? — **9** At the end of the **sto**ry, they **mar**ried and were **hap**py **ev**er **af**ter. — **10** He would **read** us from the Scrip**tures** **ev**ery night.

46 Une fois, elle *faillit périr* (périt presque) dans une mousson, dans les mers de Chine.
47 (A) Une autre fois, elle fut dans un incendie d'hôtel en Floride.
48 Mais l'Incoulable était imbrûlable *également* (aussi bien).
49 Elle sauva quatre femmes et trois enfants de cet incendie.
50 En France on lui donna le ruban de la Légion d'honneur, avec le grade de chevalier (*V. Note*),
51 en reconnaissance de ses *œuvres de* charité(s) et de son travail à créer (en établissant) un musée *des souvenirs* (pour les « reliques ») de Sarah Bernhardt.

(Extrait de *l'Incoulable Mme Brown*, de Gene Fowler.)

(14) Recognition : *l'acte de reconnaître.* Acknowledgement : *l'acte d'admettre*; gratitude; thankfulness. — *Tous ces mots correspondent à divers sens du mot français* reconnaissance.

Nous respectons ici le texte de l'auteur, qui ignore évidemment la hiérarchie de la Légion d'honneur.

OOOOOOOOOOOOOOOOOOOOOOOOOOOOOOOOOOOOOO

1 N'allez jamais au-devant des ennuis. — **2** Elle aime les émotions fortes. — **3** Avez-vous lu ce livre? Il vous empoigne! — **4** Le sauvetage des matelots qui se noyaient fut un spectacle passionnant. — **5** Dois-je venir à la rescousse? — **6** Elle mesura le ruban avec un mètre à ruban. — **7** Elle chante comme une casserole (ne peut chanter pour des noix). — **8** Ne voulez-vous pas nous raconter vos faits d'armes? — **9** A la fin de l'histoire, ils se marièrent et *eurent beaucoup d'enfants* (furent heureux pour toujours après). — **10** Il avait l'habitude de nous lire des extraits (passages) des Ecritures chaque soir.

Forty-sixth (46th) Lesson

America seen from without (1)

1 The American, quite apart from any love of money, has a great love of measurement*.
2 He will mention the exact size or weight of things in a way which appears, to Englishmen (2), irrelevant*.
3 It is as if we were to say that a man came to see us
4 carrying "three feet of walking stick" and "four inches of cigar."

(G. K. Chesterton, *What I saw in America* - Dodd, Mead.)

5 Foreign visitors are amused at American men, gray at the temples and thin in the neck,
6 who, asking the whereabouts (3) of their wives, say, "Where are the girls?"
7 They are amazed when they hear stately matrons refer to their husbands as "the boys."

PRONUNCIATION. — Measurement : mèjeur'm'nt'. — irrelevant : irr'rèlëv'nt'. — atmosphere : attmosfiër. — emphasis : èm'faciss. — idiosyncrasies : idi'oci'ncréciz. — keyed : kîëd. — analyze : anëlaïz. — analysis (*analyse*) : ënaliciss.

L'AMERIQUE VUE DU DEHORS

1 L'Américain, *en dehors* (tout à fait à part) de tout amour de l'argent, a un grand amour du mesurage.
2 Il mentionnera la taille ou le poids exact *des* (de) choses d'une façon qui (ap)-paraît à des Anglais hors de propos.
3 C'est comme si nous *allions* (étions pour) dire qu'un homme est venu nous voir
4 portant «trois pieds de canne» et «quatre pouces de cigare».

(G. K. CHESTERTON, *Ce que j'ai vu en Amérique.*)

5 *Les* visiteurs étrangers *s'amusent* (sont amusés à) *de voir* des Américains (hommes), gris aux tempes et maigres *du* (dans le) cou,
6 qui, demandant où (*V. Note*) se trouvent leurs femmes disent : « Où sont les *jeunes* filles? »
7 Ils sont ahuris quand ils entendent d'imposantes matrones *faire allusion* (« référer ») à leurs maris comme *aux* (les) « garçons ».

OOOOOOOOOOOOOOOOOOOOOOOOOOOOOOOOOOOOOOO

(1) From without : from the outside (opposite to : from within).

(2) Irrelevant : no bearing on the case in point : *sans rapport avec le sujet, hors de propos.*

(3) The whereabouts (houèr'ëbaout'ss) : *le lieu où l'on se trouve.* — Do you know his whereabouts? *Savez-vous où il se trouve?* — Whereabouts (*ou* Whereabout) did you lose it? : *Par où l'avez-vous perdu?*

46th LESSON

8 The Am**er**ican is rel**uc**tant to ackn**o**wledge that he has lost his h**o**ld on youth;

9 he wants to be pl**a**yful, and his w**i**fe wants to be k**it**tenish (**4**).

(Joseph Collins, M. D. (**5**), in *Harper's*.)

46 B

10 The Am**er**icans, as a p**e**ople, see **ev**erything m**ag**nified—

11 so that **af**ter a time the **at**mosphere* of unn**ec**essary **em**phasis* wearies one.

12 They are **al**ways m**a**king big th**e**ories out of l**it**tle things.

13 Their ch**il**dren's **id**iosy**n**crasies*, l**it**tle h**ab**its of thought of their friends, the m**ea**ning of a b**oo**k or p**ic**ture—

14 at once they are r**ea**dy with an unn**ec**essary am**ou**nt of f**ee**ling for **ea**ch occ**a**sion.

8 L'Américain *n'admet qu'à contrecœur* (est « réluctant » à admettre) que *la jeunesse lui échappe* (il a perdu sa prise sur la jeunesse);

9 il veut être enjoué, et sa femme veut être « petite chatte ».

(Joseph Collins, docteur en médecine, dans *Harper's.*)

10 Les Américains, *en tant que* (comme un) peuple, voient tout *en grand* (magnifié),

11 de sorte qu'après un *certain* temps, l'atmosphère d'emphase *superflue* (non nécessaire) *vous lasse* (lasse *l'un*).

12 Ils sont toujours à faire de grandes théories *avec* (hors) de petites choses.

13 Les *petites particularités* (idiosyncrasies) de leurs enfants, les menues *façons de penser* (habitudes de pensée) de leurs amis, la signification d'un livre ou *d'un* tableau,

14 tout de suite ils *apportent* (sont prêts avec) une quantité superflue de sentiment *à* (pour) chaque *cas* (occasion).

oooooooooooooooooooooooooooooooooooo

(4) Kitten : *petit chat.*

(5) M. D. : Doctor of medicine.

15 And what is so fatiguing is that they expect you to be keyed* (6) to the same pitch of vivid interest.

16 They ask you, earnestly, *what you think* of this or that,

17 when really you haven't thought it worth while to think of it at all.

(Anne Douglas Sedgwick, in *The Atlantic Monthly.*)

18 Americans are queer people: they don't give a damn.

19 All the world criticizes them and they don't give a damn.

20 Foreign visitors come and write them up; they don't give a damn.

21 They are told that they have no art, no literature, and no soul.

22 They never budge (7). Moralists cry over them,

23 criminalists dissect them, writers shoot epigrams at them,

15 Et ce qui est si *excédant* (fatigant), *c*'est qu'ils s'attendent *à ce que* vous soyez accordé (*V. Note*) au même diapason d'*ardent* (« vivide ») intérêt.

16 Ils vous demandent avec ferveur ce que vous pensez de ceci ou *de* cela,

17 alors qu'en réalité vous n'avez pas pensé que c'était la peine d'y penser du tout.

(A. D. SEDGWICK, dans *le Mensuel de l'Atlantique*.)

18 *Les* Américains sont de drôles de gens : ils s'en fichent.

19 Tout le monde les critique, et ils s'en fichent.

20 *Des* visiteurs étrangers viennent les décrire ; ils s'en fichent.

21 On leur dit qu'ils n'ont pas d'art, pas de littérature et pas d'âme.

22 Ils ne bougent *toujours pas* (jamais). *Des* moralistes pleurent *sur* (au-dessus d')eux.

23 *Des* criminalistes les dissèquent, *des* écrivains *les criblent d'épigrammes* (tirent des épigrammes sur eux) ;

---

(6) Key (kî) *a tous les sens du français* clé *et quelques autres en plus ; ainsi les* touches *du piano s'appellent* keys. Keystone : *clé de voûte* ; the key-industries : *les industries essentielles, qui sont « la clé de voûte » des autres.* — To key up : *accorder un instrument avec les clés.* — Pitch : 1) *poix, goudron* (It was pitch-dark : *Il faisait noir comme dans un four*) ; 2) *point, degré, ton* : He strained himself to the highest pitch : *Il fit tous ses efforts* (*s'efforça au plus haut point*). — I took it on too high a pitch : *Je l'ai pris trop haut* (*en chantant*). — Try it on a lower pitch : *Essayez-le sur un ton moins haut* ; 3) *chute, action de jeter à terre.* To play at pitch and toss : *jouer à pile ou face* (head or tails). — We pitched our tent by the side of a brook : *Nous plantâmes notre tente près d'un ruisseau.* — A pitched battle : *une bataille rangée.* — A pitchfork : *une fourche* (*à lancer le foin ou les gerbes*).

(7) To budge (*du français bouger*) : to stir, to move.

46th LESSON

24 prophets foretell the end of them; and they never move.

25 Seventeen brilliant books analyze* them every month; they don't read them.

26 The Europeans threaten to unite against them; they don't mind.

27 Equatorial Africa is dead sour on them; they don't even know it.

28 The Chinese look on them as full of Oriental cunning;

29 the English accuse them of British stupidity;

30 the Scotch call them close-fisted;

31 the Italians say they are liars;

32 the French think their morals loose;

33 the Bolsheviks accuse them of Communism.

34 But that's all right. The Americans don't give a damn;

35 don't need to—never did need to. That is their salvation.

(Stephen Leacock, in *The Forum.*)

24 *des* prophètes prédisent *leur fin* (la fin d'eux) ; et ils ne se dérangent *toujours pas* (jamais).

25 Dix-sept livres brillants les analysent chaque mois ; ils ne les lisent pas.

26 Les Européens menacent de s'unir contre eux ; cela leur est égal.

27 *L'*Afrique Equatoriale *leur en veut à mort* (est « morte aigre » sur eux) ; ils ne le savent même pas.

28 Les Chinois *les considèrent* (regardent sur eux) comme pleins de ruse orientale ;

29 les Anglais les accusent de stupidité britannique ;

30 les Ecossais les appellent *grigous* (« poings-serrés ») ;

31 les Italiens disent qu'ils sont menteurs ;

32 les Français *estiment* (pensent) leur morale relâchée ;

33 les Bolcheviks les accusent de communisme.

34 Mais tout cela est parfait. Les Américains s'en fichent ;

35 ils n'en ont *cure* (pas besoin), n'en ont jamais eu cure. C'est *là* leur salut.

(Stephen LEACOCK, dans *le Forum.*)

(N'oublions pas, à propos de l'opinion de Stephen Leacock, que c'est un humoriste. D'ailleurs, n'étant pas américain, mais canadien, il peut se permettre de porter aux nues les Américains sans être accusé de chauvinisme.)

The old folks at home

(Swanee river)

36 Way down upon the Swanee river,
Far, far away,
37 There's where my heart is turning ever.
38 There's where the old folks stay.
39 All the world is sad and dreary,
40 Ev'rywhere I roam,
41 Oh, darkies, how my heart grows weary,
42 Far from the old folks at home.

oooooooooooooooooooooooooooooooooooooooo

EXERCISE. — **1** I will never cross his threshold (*f*resh'hôld) again. — **2** He sat on in the park till it got quite chilly. — **3** Go on, it is your cue (kioû). — **4** This should be a good cue for the police. — **5** I hit him over the head with my billiard-cue. — **6** I must go, I cannot stick this sort of thing any longer. — **7** He beckoned me to keep silent. — **8** A winding staircase led up to the first floor. — **9** I crave (*or* implore) your pardon. — **10** He can't overcome his craving for drink. — **11** Why fret (*or* worry) over what can't be helped?

LES VIEUX DE CHEZ NOUS

36 *Là-bas* (chemin en bas) sur la rivière Swanee, — Loin *très loin* (loin éloigné),

37 C'est là *que* (où) mon cœur se tourne *toujours* (jamais),

38 C'est là *que* (où) les *vieux* (vieilles gens) demeurent.

39 Le monde entier est triste et lugubre,

40 Partout *où je traîne mes pas* (j'erre),

41 Oh! *mes frères noirs* (noirauds), *que* (comme) mon cœur *se lasse* (devient lassé).

42 Loin des vieux *de* chez nous.

oooooooooooooooooooooooooooooooooooooooooooo

1 Je ne mettrai plus les pieds chez lui (ne passerai plus jamais son seuil). — **2** Il resta assis dans le parc jusqu'à ce qu'il fît tout à fait frais. — **3** Allez-y, c'est votre réplique (*acteurs*). — **4** Ceci devrait être un bon indice pour la police. — **5** Je lui tapai sur la tête avec ma queue de billard. — **6** Il faut que je parte, je ne puis endurer cela (cette espèce de chose) plus longtemps. — **7** Il me fit signe de rester muet. — **8** Un escalier en colimaçon conduisait au premier étage. — **9** J'implore votre pardon. — **10** Il ne peut surmonter sa passion (envie) pour la boisson. — **11** A quoi bon se tracasser pour ce à quoi on ne peut rien?

46th LESSON

Après l'étude du ***Nouvel anglais sans peine,*** des ***Histoires Anglaises et Américaines*** et de ***La Pratique de l'Anglais,*** vous disposez d'un vocabulaire respectable et surtout vous savez le manier.

Vous pouvez maintenant aborder sans crainte la lecture de n'importe quel ouvrage anglais. Vous y rencontrerez forcément de temps à autre des mots nouveaux, mais le contexte vous suffira généralement pour en deviner la signification, et d'ailleurs vous devez avoir un dictionnaire.

Pour votre prononciation, rappelons encore une fois **les recommandations essentielles :** attention à l'accent tonique, **méfiez-vous de votre tendance naturelle à accentuer la fin des mots.** C'est par ce défaut qu'un Français qui parle anglais se trahit généralement, et aussi par **le grasseyement des r,** qu'il prononce dans la gorge et non sur le bout de la langue.

Soignez aussi vos **" l ",** qui doivent être **durcis,** non seulement quand ils sont doubles : *"all, ill, fall"*, mais d'une façon générale : " *I love, do you like, we feel* ", etc.

D'une façon générale, l'anglais se prononce plutôt **en avant de la bouche, dans les lèvres et les dents,** et non dans l'arrière-palais, comme le français.

Nous voici arrivés à la fin de ***La Pratique de l'Anglais.*** Est-ce à dire que nous en avons terminé avec le livre? Nullement.

D'abord, nous le relirons de temps à autre, et puis **n'oublions pas** la deuxième partie de notre étude, elle consiste à retrouver le texte anglais en partant du français.

Le texte français comporte des indications spéciales qui devront nous aider dans cette tâche. Mais cependant, nous ne retraduirons pas toujours mot pour mot, ce qui s'explique par la richesse du vocabulaire anglais, et la multiplicité des expressions ayant à peu près le même sens.

Il n'y a pas là de quoi s'inquiéter.

" Assimil " vous remercie de votre attention, et, espérant qu'il vous a rendu la tâche aussi aisée que possible, vous prie d'agréer ses meilleurs vœux.

Aubin Imprimeur
LIGUGÉ, POITIERS

Achevé d'imprimer en mai 1988
N° d'édition 876 / N° d'impression L 27477
Dépôt légal, mai 1988
Imprimé en France

Reliure : SIRC à Marigny-le-Chatel